Daß Worte heilen können, verspricht die Psychoanalyse. Daß Babys Sprache verstehen, lange bevor sie sprechen können, haben Françoise Dolto und andere eindrucksvoll belegt. Was jedoch bedeutet Psychoanalyse mit Neugeborenen? Plötzlich auftretende Symptome deuten auf einen latenten Konflikt hin: Atemnot, Nahrungsverweigerung, Schlafstörungen, die sich der medizinischen Therapie entziehen, sind als »Organsprache« des Babys zu deuten – als eine Botschaft, die es zu entziffern gilt. Im Gespräch mit den Eltern, zugleich im Hören, Sehen und direkten Ansprechen des Babys setzt Myriam Szejer einen Kommunikationsprozeß in Gang, der unmittelbare Heilungserfolge ermöglicht.

In einer Reihe eindrucksvoller Fallgeschichten erzählt die Autorin von ihrer Arbeit, die mit neuesten wissenschaftlichen Erkenntnissen übereinstimmt; dies belegt sie anhand von Forschungsergebnissen aus Neurobiologie, Sprach-, Gedächtnis- und Verhaltensforschung.

Myriam Szejer, 48, ist Kinderpsychiaterin und Psychoanalytikerin; sie arbeitet in eigener Praxis in Paris sowie am *Hopital Beclere* in Clamart. Sie ist Gründerin und Präsidentin von »La Cause des Bebes«, die Projekte zur Neugeborenen-Forschung und fetaler Entwicklung unterstützt.

Unsere Adresse im Internet: www.fischer-tb.de

Myriam Szejer

Platz für Anne

Die Arbeit einer Psychoanalytikerin
mit Neugeborenen

Aus dem Französischen
von Edgar Peinelt
und Barbara Brumm

Fischer Taschenbuch Verlag

Geist und Psyche
Begründet von Nina Kindler 1964

2. Auflage: Mai 2001

Veröffentlicht im Fischer Taschenbuch Verlag GmbH,
Frankfurt am Main, November 2000

Lizenzausgabe mit freundlicher Genehmigung
des Verlag Antje Kunstmann GmbH, München

Titel der Originalausgabe:
Des mots pour naître.
L'écoute psychanalytique en maternité.
Druck und Bindung: Clausen & Bosse, Leck
Printed in Germany
ISBN 3-596-14867-7

Inhalt

Vorwort

Nachdem ich viele Jahre lang Kinder im vorsprachlichen Alter behandelt und über die dabei gemachten Erfahrungen nachgedacht hatte, erhielt ich Gelegenheit, in einer Entbindungsklinik als Psychoanalytikerin mit Neugeborenen zu arbeiten. Diese sehr besondere Form des Praktizierens weckte in mir den Wunsch, von meinen Erlebnissen und Einsichten zu berichten. Der ungewöhnliche Ansatz, den ich gewählt hatte, und die Wirkungen, die sich dabei zeigten, stellten mich vor immer neue Fragen, wiesen meinem Forschungsinteresse viele neue Richtungen und führten mich in ganz unterschiedliche Wissenschaftsbereiche.

Ich danke René Frydman und allen Mitarbeitern der Entbindungsklinik Béclère für das Vertrauen, das sie mir geschenkt haben und für die gute Zusammenarbeit, die uns verbunden hat.

Lucien Kokh danke ich für das, was er mich gelehrt hat, und für seine Anregungen, die es ermöglichten, meine praktischen Erfahrungen begrifflich zu fassen.

Mein besonderer Dank gilt dem Psychoanalytiker Hervé Bernard, der bereit gewesen ist, sich auf eine langdauernde Zusammenarbeit mit mir einzulassen: Er hat mich in die Entbindungsklinik begleitet, mir zugehört und schließlich mit seinem Wissen und seinen Fähigkeiten als Autor einen wichtigen Beitrag zu diesem Buch geleistet.

Myriam Szejer

Geburtsanzeigen

»Es gibt ein Alter, in dem man lehrt, was man weiß;
doch danach kommt ein anderes, in dem man lehrt,
was man nicht weiß: das nennt man Forschen.«
Roland Barthes

In meinem Beruf gibt es Tage, an denen man sich verloren vorkommt. Da hilft es nichts, wenn man sich sagt, daß man doch langjährige Erfahrung als Psychoanalytikerin gesammelt hat, daß man psychiatrisch mit Erwachsenen und Kindern gearbeitet hat, daß man die besten Lehrer hatte – wenn ein Patient erzählt, wie ihm alles Leid der Welt widerfahren ist, dann ist man sprachlos. Was bleibt einem schon anderes übrig? Nichts zu sagen, gibt wenigstens Gelegenheit zuzuhören. Und vielleicht später etwas zu sagen.

Ein vages Unbehagen

Vor einigen Jahren, als ich wie üblich am Montagmorgen in die Klinik kam, spürte ich, daß auf den Gängen vor den Entbindungszimmern eine seltsame Atmosphäre herrschte. Es schien nichts Ernstes vorgefallen zu sein, doch die Ärzte, die Hebammen, die Pflegerinnen und Säuglingsschwestern schienen sich alle ganz besonders um eine der Wöchnerinnen zu sorgen, Mme Lemercier, die zwei Tage zuvor ihr erstes Kind bekommen hatte, einen Sohn namens Yvon. Bei der Geburt hatte es keine Komplikationen gegeben, was um so erfreulicher war, als die Mutter drei Jahre vorher ein Kind im vierten Monat ihrer Schwangerschaft verloren hatte. Da war nur ein kleines Detail, das beim Personal der Klinik jenes vage Unbehagen auslöste: Nachdem sie wieder in ihr Zimmer gebracht worden war, hatte Mme Lemercier alle Lampen gelöscht und die Vorhänge zugezogen – und diese Atmosphäre der Abgeschiedenheit erhielt sie seither aufrecht. Da sie sich sonst über nichts beklagte und auch keine Erklärung für ihr Verhalten abgab, wußte man nicht recht, was davon zu halten sei, und bedrängte sie nicht mit Fragen. Es war nur zu hoffen, daß diese Merkwürdigkeit keine weiteren Folgen haben würde. Dennoch sorgte die Sache für Irritation. Normalerweise erfahre ich von den Mitarbeitern der Station, welche der Mütter vielleicht ein Problem hat, bei dem ich helfen kann, aber in diesem Fall wollte man mir zunächst nicht erzählen, daß man sich Sorgen machte. Kurz: Alle waren beunruhigt, nur die Mutter nicht.

An diesem Montagmorgen zeigte sich allerdings auch Mme Lemercier plötzlich besorgt. Was sie mit großer Angst erfüllte, war die Vorstellung, daß ihr Kind – das gerade zwei Tage alt war – »noch nicht Pipi gemacht« habe. Sie ließ die Kinderärztin kommen, die das Kind trinken ließ und es dann im Beisein der Mutter untersuchte – zu deren großer Erleichterung begann der kleine Yvon noch während dieser Untersuchung zu urinieren. Die Ärztin war allerdings überzeugt, daß das Kind seit der Geburt bereits mehrfach Wasser gelassen hatte und die Bedenken der Mutter eher Ausdruck einer Angstvorstellung waren. Nach Rücksprache mit der Hebamme entschied sie sich, Mme Lemercier darauf hinzuweisen, daß es in der Klinik eine »Psychoanalytikerin für Säuglinge« gebe, mit der sie über ihre Befürchtungen reden könne. Da die Mutter bislang äußerst schweigsam gewesen war, was ihre Befindlichkeit anging, mußte man fürchten, daß sie den Vorschlag ablehnen würde, doch zur allgemeinen Überraschung zeigte sie sich bereit, sich mit mir zu treffen.

Tatsächlich war es ihr eigener Wunsch, mit einer Psychoanalytikerin zu sprechen, und ich erfuhr auch, warum: Sie hatte sich bereits einer psychiatrischen Behandlung unterzogen und danach (auf Vorschlag ihrer Mutter, die den Rat eines Psychiaters aus ihrer Bekanntschaft eingeholt hatte) eine mehrjährige Psychoanalyse durchlaufen. Somit war ihr die Idee nicht fremd, sich erneut mit einer Analytikerin, eben mit mir, zu besprechen.

Eine Leidensgeschichte: als Mutter, als Frau, als Tochter

Kaum war ich eingetreten und hatte mich vorgestellt, begann sie, mir ihre Leidensgeschichte als Frau und als Mutter zu erzählen. Ihre Leiden als Frau hatten begonnen, als sie zwölf Jahre alt war: Kurz nach ihrer ersten Monatsblutung blieb die Regel aus, und diese Amenorrhoe hielt an bis zu ihrem achtzehnten Lebensjahr, als sie ihren Mann kennenlernte. Ihre Leiden als Mutter begannen einige Jahre darauf, als ihr Mann und sie ein Kind haben wollten und dieses Vorhaben scheiterte. Ich fragte sie, ob denn irgend etwas Besonderes geschehen sei, als sie zwölf Jahre alt war, und sie erzählte mir folgende Geschichte: Ihr Vater, dem alle, auch sie, großen Respekt entgegenbrachten, bittet sie, ihm eine Flasche Wein aus dem Keller zu holen; sie empfindet das als Auszeichnung und beeilt sich, den Auftrag auszuführen. Aber auf der Kellertreppe stürzt sie, und die Flasche zerbricht. Sie trägt dabei eine ernsthafte Verletzung am Knie davon, einen Bänderriß, der eine Operation notwendig macht. Kurz nach dem chirurgischen Eingriff macht die Familie Lemercier Ferien an der See. Die Tochter, die sich für eine gute Schwimmerin hält, hat beim Schwimmen plötzlich das Gefühl, daß ihr verletztes Knie nicht mehr funktioniert, daß ihr Bein gelähmt ist und sie zu ertrinken droht. Sie ruft um Hilfe, und ihr Vater springt ins Wasser und schwimmt zu ihr, doch er erleidet dabei einen Herzanfall – nun versucht die Tochter, den Vater zu retten, sie glaubt, daß ihr das Bein wieder gehorcht, und bemüht sich, den Bewußtlosen zum Ufer zu bringen. Doch der Mann ist zu schwer für sie, sie schafft es nicht. Abermals ruft sie um Hilfe, diesmal für den Vater. Man zieht schließlich beide aus dem Wasser, aber der Vater ist bereits tot. Die Abdunklung ihres Zimmers hat offenbar mit dieser schrecklichen Erinnerung zu tun – ist sie vielleicht ein unbewußter Ausdruck der Trauer um den Vater?

Zum einen: das Mädchen, das vom Vater geschickt wird, eine Flasche zu holen, und dabei stürzt und sich am Knie verletzt. Eine einfache Geschichte, in der die unterschiedlichsten Aspekte der Familiengeschichte enthalten sind und die, wie eine Flaschenpost, erst viel später, nach der Geburt von Yvon, von der jungen Frau entschlüsselt werden kann. Zum anderen: der Tod des Vaters. Es hat ganz den Anschein, als habe dieses äußerst schmerzhafte Erlebnis die Bedeutung der ersten Episode auf Dauer festgeschrieben, als sei diese erst nachträglich, im zweiten Akt des Dramas offenbar geworden. In der Psychoanalyse sind solche nachträglichen Umkehrungen bekannt. Zwei entscheidende Szenen, zwei Hilferufe, später zwei Kinder... und zwei Analytiker – damit ist der Ablauf dieses Dramas und seiner symbolischen Verknüpfungen bestimmt. Drittens schließlich: die Geburt des Kindes und die Ängste der Mutter wegen des Harnlassens. Wenn man dann auch noch weiß, daß es bei den Großeltern väterlicherseits schwere Alkoholprobleme gegeben hatte, kann man sich vorstellen, was da alles im Fluß gewesen sein mag – von den zerbrochenen Flaschen und dem vergossenen Blut des ersten Aktes über den Herztod im Wasser und die Amenorrhoe des zweiten Aktes bis zu der befreienden »Flut«, die das Kleinkind im dritten Akt erzeugt. Das Problem zeigte sich im Versiegen des Stroms. Auf das Ertrinken des Vaters folgt die Amenorrhoe, mit der zugleich das Blut jener Verletzung eintrocknet: Der Körper hat vor dem väterlichen Auftrag versagt, Wein zu holen, der Körper ist verstummt angesichts des Todes des Vaters, den er glaubte, verschuldet zu haben. Der Schmerz, den Mme Lemercier beim Tod des geliebten Vaters empfand, blieb gewissermaßen ausdruckslos. Sie verharrte damals zwei Tage lang in einem Zustand der schweigenden Erstarrung – dann sprang sie vor aller Augen vom Dach des elterlichen Hauses. Sie war schon öfter dort hinaufgeklettert, um zu spielen, aber angesichts der Umstände machte sich die Familie nun große Sorgen, als das Mädchen auf dem Dach erschien. Da man sie nicht dazu bringen konnte, wieder herunterzukommen, rief man die Feuerwehr – die gerade rechtzeitig eintraf, um sie aufzufangen, als sie fiel. War es ein bewußter Selbstmordversuch? Schwer zu sagen, auch Mme Lemercier kann die Frage nicht beantworten: Sie hat diese drei Tage vollständig aus ihrer Erinnerung gelöscht und weiß von der Szene nur, was man ihr erzählt hat, als sie sich in die Analyse begab. Erinnerungsverlust also, aber kein Vergessen. Sie erzählt, wie sie, als Heranwachsende, ihre Mutter so lange provozierte, bis sie eine Ohrfeige bekam – nur um dann zu erklären: »Du hast mich geschlagen, weil ich Papa umgebracht habe.«

Der Ort des Kindes

An die Stelle der Trauer um ihren Vater, die ihr nicht gelang, trat allein das Schuldgefühl, das in der Amenorrhoe Ausdruck fand. Dieses posttraumatische Symptom verschwand allerdings, als sie, mit achtzehn, ihren Mann kennenlernte: Versöhnt mit dem Bild der Männlichkeit konnte sie einen Teil ihrer Weiblichkeit wiedergewinnen. Einige Jahre darauf mußte sie sich jedoch mit dem Problem der Unfruchtbarkeit auseinandersetzen – sie war nun Frau, aber noch nicht Mutter. Die Geburt von Yvon bedeutete also eine Erfüllung, gerade weil sie eine lange und leidvolle Zeit der Hoffnungen auf ein Kind beendete. Mme Lemercier hatte einige Jahre zuvor bereits einen Gynäkologen konsultiert, um Mittel gegen die Unfruchtbarkeit zu finden, die ihr attestiert worden war. Diese Behandlung brach sie ab, weil sie nicht den gewünschten Erfolg brachte, doch wenige Wochen darauf wurde sie unverhofft schwanger. Allerdings endete diese Hoffnung mit einer späten Fehlgeburt – nach dreiundzwanzig Wochen Schwangerschaft. Ihr erstes, totgeborenes Kind erhielt den Vornamen Jean-Yves, eine Verbindung aus den beiden Namen, die sich Vater und Mutter gewünscht hatten, und dieser Doppelname klingt dann auch im Namen des zweiten Kindes an, das Yvon genannt wird. Nachdem sie mehr als drei Jahre lang nicht wieder schwanger geworden war, folgte Mme Lemercier der Empfehlung einer Freundin, deren Rat sie schätzte, und nahm Kontakt mit der Antoine-Béclère-Klinik auf. Offenbar war es die Aussicht, dort weiterversorgt zu werden, die sie dazu brachte, sich abermals einer Behandlung gegen ihre Unfruchtbarkeit zu unterziehen. Diese Behandlung, die im übrigen nicht sehr aufwendig war, führte sehr bald zu einer erneuten Schwangerschaft. Mme Lemercier war beglückt und empfand es zugleich als beruhigend, in der Béclère-Klinik weiterbetreut zu werden. In dieser Atmosphäre des Vertrauens kam Yvon zur Welt.

Vielleicht hatte auch die Fehlgeburt mit ihren Schuldgefühlen zu tun; sie könnte bedeuten: Ich habe meinen Vater getötet, der Himmel fordert Vergeltung, ein Kind muß geopfert werden. Jedenfalls war sie nun, um Mutter zu werden, gezwungen, sich über ein Verbot hinwegzusetzen, das aus ihrer Unfähigkeit zu trauern resultierte. Und außerdem mußte sie sich mit ihrer Mutter identifizieren, denn um die Mutterrolle anzunehmen kann sich eine junge Frau, die ihr erstes Kind zur Welt bringt, nur an einem Vorbild orientieren: ihrer eigenen Mutter. Während unserer Gespräche erfuhr ich, daß sie ihre Mutter verehrte und ihr auch beruflich nacheiferte: Sie wollte im Bereich der Medizin arbeiten, wie sie. Wie erwähnt, hatte sie auch die Psychoanalyse auf Anraten ihrer Mutter begonnen. Ich denke, daß diese Identifikation mit der Mutter eine Rolle bei der Entscheidung spielte, eine bestimmte Klinik zu wählen, in der ihre Unfruchtbarkeit behandelt werden sollte und in der sie sich während der Schwangerschaft versorgen lassen wollte. So erklärt sich, daß sie sich dort so gut aufgehoben fühlte. In der Klinik konnte sie Mutter werden, weil sie sich dort bemuttern lassen konnte.

Man muß diese Geschichte nicht noch weiter interpretieren, die Schilderung der Szenen ist ja selbst bereits eine Interpretation, sie trägt die Spuren der Analyse, der sich Mme Lemercier mehrere Jahre lang unterzogen hat. Aber die Geschichte bringt mich dazu, den Ort deutlich zu machen, an dem das Kind seinen Platz findet. In diesem Fall kommt das Neugeborene genau in dem Augenblick, als die Trauer um den Vater sich vollziehen kann, vielleicht wird diese Trauer überhaupt erst durch das Kind möglich, das – mit dem Harnlassen – den Erwartungen der Mutter mehr als gerecht wird. Mme Lemercier erzählte mir im übrigen, daß sie das Gefühl gehabt habe, ihr Kind sei erst nach diesem rettenden »Pipi« wirklich lebendig geworden; zuvor habe sie nur Angst um das Kind und Schmerz verspürt.

Auf der symbolischen Ebene kann man es wohl so zusammenfassen: Das Kind hat durch sein Harnlassen die Mutter wieder an den Punkt gebracht, an dem sie als Opfer der schrecklichen Ereignisse erstarrt war, und hat ihr damit einen Neuanfang ermöglicht. Der Säugling löst eine »Überschwemmung« aus, die die alte Bedeutung der Flüssigkeit, des Wassers, des Meeres, das seinen Großvater getötet hat, mit sich fortträgt. Es handelt sich gewissermaßen um eine Neutaufe. Für Mme Lemercier ist der ewige Kreislauf von Geburt und Tod in diesem Augenblick durchbrochen: Das neue Leben macht es möglich, dem Tod die Ehre zu erweisen. Genau darin bestand die Logik des Rituals, das sie in ihrem Zimmer in der Klinik vollzog. Die Frau, deren Beziehungen zu dem von ihr verehrten Vater durch dessen Tod auf so schreckliche Weise »geregelt« waren, erhält durch die Ehrbezeigung angesichts seines symbolischen Ablebens die Gelegenheit, sich dem Kind mit allen Hoffnungen zuzuwenden, die ein neues Leben stiftet. Es ist das »Symptom« des Kindes, dieser winzige Störfaktor, der die selbstzerstörerische Logik der Mutter durchbricht und beide ins Leben führt.

Vom Tod ins Leben

Daß dieses »Kind der Analyse«, im Unterschied zum ersten Kind, sich zum Leben entschloß, kann bereits als eine vitale Antwort auf den Tod seines Großvaters gelten, auf einer anderen Ebene als der des realen »Symptoms«, das immer noch für den Schrecken und die Unmöglichkeit dieser Perspektive steht. Durch seine Geburt wird die Mutter, indem ihr die Trauer gelingt, auf die Bedeutung der symbolischen Schuld verwiesen: Für sie ist, wie Françoise Dolto in diesem Zusammenhang hervorgehoben hat, der tote Vater das Vatersymbol. Im wirklichen Leben war der Vater, zu dem die ganze Familie in Verehrung aufschaute, zunächst das Kind alkoholkranker Eltern, die ihn mißhandelten. Mit achtzehn war er von zu Hause ausgerissen und zur Armee gegangen. Später gelang es ihm, die Vormundschaft für seinen Bruder zu bekommen und ihn in einem Internat unterzubringen, um ihn vor der Familie zu schützen. Damit hatte er, als ältester Sohn, auch noch die Rolle des Vormunds und des Familienoberhaupts übernommen – ein bedeutender Schritt auf der symbolischen Stufenleiter. Und nicht nur symbolisch gewann er an Größe: Während seiner Militärzeit wuchs er in zwei Jahren um zwanzig Zentimeter. Er hatte es geschafft, zum alleinigen Versorger seiner Familie zu werden, und schließlich nahm er, im Alter von 38 Jahren, eine Achtzehnjährige zur Frau.

Um diese dramatische Geschichte nicht allzu ernst abzuschließen, will ich auch noch folgende Nebenhandlung erzählen: Daß dieses Kind zur Welt kam, half der Mutter schließlich sogar aus dem Gefängnis. Mme Lemercier hatte nämlich, nach einer Ausbildung in der staatlichen Verwaltung, eine Arbeit im Strafvollzug gefunden, wo auch ihr Mann arbeitete. Wie ich von ihr weiß, fand sie es damals faszinierend, ein Frauengefängnis kennenzulernen. Es ergab sich, daß ihr Mann, während ihrer zweiten Schwangerschaft, auf einen anderen Posten versetzt wurde. Nach dem Mutterschaftsurlaub begann Mme Lemercier wieder zu arbeiten, allerdings außerhalb von Gefängnismauern – das fügte sich glücklich mit der Geburt von Yvon.

Wie man sieht, kann zwischen einer Todesanzeige und einer Geburtsanzeige ein enger Zusammenhang bestehen. Wer ein Ereignis von persönlicher Bedeutung bekanntmacht, wendet sich damit an die Öffentlichkeit, und sei es nur an die Freunde und Verwandten, um seine Freude oder seinen Schmerz zu teilen und zu vermitteln. Das setzt Vertrauen in die Mitmenschen voraus, die Zeugen des Schmerzes oder der Freude werden sollen, und es ist zugleich Ausdruck der Hoffnung, daß dieses Vertrauen auch in der Zukunft nicht enttäuscht wird. Wir alle haben dieses Bedürfnis, mitzuteilen, was uns bewegt, und unser Leben mit anderen zu teilen – nur so können wir unseren Weg weitergehen. Das gilt auch für eine Gesprächsanalyse: Mme Lemercier konnte sich auf diese Weise der ungesagten Wahrheiten entledigen, die sie zum Schweigen gebracht hatten. Aber es gilt ebenso für das Unterfangen, ein Buch zu schreiben, in dem Erfahrungen vermittelt werden sollen – und darum will ich jetzt deutlich machen, wie ich diese Erfahrungen erworben habe.

Die drei Phasen der Psychoanalyse

»Psychoanalyse in einer Entbindungsklinik ist doch nichts Besonderes« erklärte Professor René Frydman einer Journalistin, die ihn über meine Arbeit in der Klinik befragte. »Da gibt es eben Analytiker, die mit Kleinkindern reden.« Nichts Besonderes also? Man kann es ganz einfach formulieren: Es gibt keine speziellen Analytiker für Kleinkinder, sowenig wie es Analytiker für Erwachsene oder für Kinder gibt – allenfalls Sprachregelungen, die im Rahmen unseres Berufs dazu dienen, die unterschiedlichen Erfahrungsbereiche und Vorgehensweisen zu bezeichnen. Alle sind gleichermaßen Psychoanalytiker, und daß wir diesen Beruf ausüben, hat weniger damit zu tun, wie wir zu Freud und seinen Nachfolgern stehen, sondern damit, daß Menschen, die leiden, unsere Hilfe brauchen.

Das Grundbedürfnis des Neugeborenen

Neu ist allerdings der Versuch, sich systematisch, methodisch und in geduldiger Kleinarbeit mit dem Grundbedürfnis des neugeborenen Kindes auseinanderzusetzen. Jedes Wesen hat, indem es geboren wird, seine Daseinsberechtigung, aber es besteht die Gefahr, daß dieses erste Bedürfnis übergangen wird, wenn das Kind Symptome zeigt, die von der Medizin nicht ohne weiteres erklärbar sind. Ich stelle hier keine theoretischen Behauptungen auf, sondern ich habe das von den Kindern selbst erfahren.

Ganz am Anfang meiner Erfahrungen mit Kleinkindern hatte ich mit einer Mutter zu tun, die augenscheinlich an einer leichten Form des Baby Blues litt. Wir führten eine gepflegte Unterhaltung, als plötzlich das Kind, das offenbar gehört hatte, wie ich seinen Namen nannte und von seiner Geschichte zu sprechen begann, sich rührte und zu wimmern begann – seine Mutter hatte mir zuvor erzählt, daß es seit der Geburt keinen Laut von sich gegeben habe. Sofort nahm unser Gespräch eine Wendung: Das Wort, auf das das Kind reagiert hatte, benannte nämlich den Ort, an dem seine Großmutter begraben lag. Für die Mutter war diese Einsicht ein Schock, und sie fing an, mir ausführlich zu erklären, welche Probleme sie mit jener Großmutter gehabt hatte. Es zeigte sich, daß ein enger Zusammenhang bestand zwischen der Depression, die sie nach der (ersehnten) Geburt ihres Kindes erlebte, und der Enttäuschung darüber, daß ihr die eigene Mutter dabei nicht mehr zur Seite stehen konnte.

Auf jeden Fall kann man sagen, daß dieses Neugeborene, wie so viele andere, mich deutlich an meine Aufgabe als Analytikerin erinnert und mir auf seine Weise zu verstehen gegeben hat: »Hör mir zu, auch wenn dir die Vernunft sagt, daß ich nicht mit dir sprechen kann. Und begreife, daß ich dir zuhöre, auch wenn du mich für denkunfähig hältst.« Solche einfachen Botschaften waren es, die meine praktische Arbeit als Analytikerin neu gestaltet haben, und davon will ich in diesem Buch berichten. In einer Zeit, in der die wissenschaftlichen Erkenntnisse über den Fetus und das Neugeborene ebenso rasch wachsen wie die Unsicherheiten in der theoretischen Erklärung, scheint es mir wichtig, die praktischen Wirkungen der psychoanalytischen Arbeit mit Neugeborenen deutlich zu machen. Und die Wirkungen dieser Arbeit setzen mich immer wieder in Erstaunen: Sie zeigen sich sehr rasch, oft in geradezu atemberaubendem Tempo.

Die drei Gefangenen

Um dieses Vorgehen und seine Wirkungen zu erläutern, muß man grundlegende Verfahrensweisen der Psychoanalyse einbeziehen, die von einem ihrer Gründerväter entwickelt wurden – und zwar im Rückgriff auf ein bekanntes logisches Problem, das Problem der drei Gefangenen. Ein Gefängnisdirektor möchte einen von drei Gefangenen entlassen, die es nach seiner Meinung gleichermaßen verdient haben, aber da er nur einen begnadigen kann, weiß er nicht, wie er mit gutem Gewissen sein Urteil fällen soll, und überläßt die Entscheidung dem Scharfsinn der Betroffenen, indem er ihnen folgendes erklärt: »Sie sind hier zu dritt. Hier sind fünf Scheiben, die sich nur durch ihre Farbe voneinander unterscheiden: Drei sind weiß, und zwei sind schwarz. Ohne ihm zu erkennen zu geben, welche Wahl ich getroffen haben werde, werde ich jedem von Ihnen eine dieser Scheiben zwischen den Schultern befestigen, das heißt außerhalb der direkten Reichweite seines Blicks (...) Folglich wird Ihnen in aller Ruhe Gelegenheit gegeben werden, Ihre Gefährten und die Scheiben, als deren Träger jeder von Ihnen sich erweisen wird, zu betrachten; aber, wohlgemerkt, ohne daß es Ihnen erlaubt ist, einander das Ergebnis Ihrer Inspektion mitzuteilen. Denn der erste, der daraus auf seine eigene Farbe schließen kann, soll in den Genuß der Maßnahme der Freilassung kommen, über die wir verfügen. (...) Zu diesem Zweck sei vereinbart, daß sobald einer von Ihnen bereit sein wird, solch eine Schlußfolgerung zu formulieren, er durch jenes Tor gehen wird, damit er, beiseite genommen, gemäß seiner Antwort beurteilt werde.«[1]

Lacan hat diese Situation in einer Weise interpretiert, die über den Ansatz der traditionellen Logik hinausgeht. Er nimmt an, daß die Lösungsstrategie in drei Stufen besteht. Im Wesentlichen sagt er folgendes: Für den Gefangenen, der die Prüfung erfolgreich bestehen will, zählt zunächst, was augenfällig ist, was er ohne Nachdenken feststellen kann, also ob die beiden anderen Gefangenen schwarze Scheiben auf dem Rücken tragen, denn in diesem Fall kann er sofort den Schluß ziehen, daß er eine weiße Scheibe hat und augenblicklich hinausgehen. Diese unmittelbare Einsicht nennt der Autor den »Augen-Blick« *(instant du regard).*

In die zweite Phase der logischen Bewegung dagegen kann man nur vermittels des alter ego eintreten, der Gefangene braucht eine »Zeit zum Begreifen« *(temps pour comprendre),* daß er aus dem Zögern der beiden anderen auf seine eigene Farbe schließen kann: Ist sie schwarz, werden die beiden sofort den Schluß ziehen, weiß zu sein, und hinausgehen – wenn nicht, werden sie zögern. Zu diesem Zeitpunkt findet eine »objektive« Analyse der Situation statt.

Bei der abschließenden Entscheidung, dem »Moment des Schließens«, ist, nach Ansicht Lacans, das Moment der Dringlichkeit und damit die subjektive Entscheidung des Gefangenen bestimmend: Er muß nun, ohne objektiven Beweis, sich auf eine Farbe festlegen, damit nicht sein Zögern den beiden anderen zur Entscheidung verhilft.

Ein Ansatz für die Arbeit mit Neugeborenen

Für Jacques Lacan sind diese drei »Skandierungen« – der Augen-Blick, die Zeit zum Begreifen und der Moment des Schließens – ein Modell der psychoanalytischen Situation. Ein halbes Jahrhundert danach zeigen uns diese Schritte, wie wir auf Neugeborene zugehen können. Für mich bestand der »Augen-Blick« darin festzustellen, wie man in Frankreich mit Kindern umgeht, die unter problematischen Umständen zur Welt kommen. Der Versuch, ihnen zur Seite zu stehen, warf eine Reihe praktischer, aber auch ethischer Probleme auf. Ich werde von den Erfahrungen berichten, die F. Dolto bei ihren Sprechstunden im Säuglingsheim von Antony gemacht hat, und von den Erkenntnissen, die ich selbst an der Seite von Caroline Eliacheff sammeln konnte – das hat mich dazu gebracht, über diese Fragen nachzudenken. Auch der Alltag in der Entbindungsklinik, die René Frydman leitet, und die Bewegung, die er gestiftet hat, werden zu beschreiben sein, und nicht zuletzt muß die Zusammenarbeit mit der außerordentlich fähigen Belegschaft der Klinik Antoine Béclère in Camart hervorgehoben werden, der ich viele Anregungen für meine Behandlungsmethoden verdanke. Aber letztlich wird vor allem davon die Rede sein, was ich von den Kleinkindern zu hören und zu sehen bekam. Denn im Unterschied zum Verfahren der klassischen Psychoanalyse, bei dem Arzt und Patient keinen Blickkontakt haben, beginnt die Arbeit mit den Kleinkindern mit dem Blick. Die Geburt und die ersten Tage danach stiften zumeist eine stark emotionale Atmosphäre, und in diesem Klima können uns die Säuglinge ihre Schwierigkeiten geradezu zum Greifen nahe bringen.

Die Psychoanalyse mit Kleinkindern folgt eigenen Regeln – um in der Entbindungsklinik wirklich psychoanalytisch arbeiten zu können, mußten die einfachsten Grundregeln neu formuliert werden. Der Analytiker geht vom Verlangen – im Unterschied zum Bedürfnis und zum Wunsch – einer Person aus; einen Patienten, der nichts verlangt, kann und darf er nicht behandeln. Aber wie verhält man sich in einer Entbindungsklinik, wo es doch darum geht, direkt am Wochenbett Hilfe zu leisten? Es muß eine Vereinbarung getroffen werden, die für das Kind und die Eltern klarstellt, daß man nur auf ihr Verlangen reagiert und daß die Analytikerin wirklich nur dann erscheint, wenn sie es wollen, und nicht etwa nur aufgrund eines psychoanalytischen Fachinteresses regelmäßige Visiten durchführt. Diese »Zeit zum Begreifen« ist unverzichtbar, um mit der Arbeit beginnen zu können. Natürlich wäre ein solcher Ansatz nicht denkbar ohne die zahlreichen neuen wissenschaftlichen Erkenntnisse über den Fetus und den Säugling – aber das macht die Sache nur noch spannender. In vielen Bereichen hat die Forschung in den letzten Jahren zu grundlegenden neuen Einsichten und empirischen Resultaten geführt, in der Neurologie, der Verhaltensforschung und der Psychoanalyse, aber auch in der Pädiatrie, der Echographie (Ultraschalluntersuchung) und Neonatologie. Die Liste ist lang, und es würde den Rahmen des Buches sprengen, auf alle neuen Forschungsergebnisse einzugehen – ich werde mich darauf beschränken, die Arbeiten zu würdigen, die mir geholfen haben, meine neue Form psychoanalytischer Arbeit zu definieren.

Was bleibt, ist die entscheidende ethische Grundannahme, auf der die Arbeit eines Psychoanalytikers beruht: Jedes menschliche Wesen, gleich welchen Alters, ist von Wünschen geleitet. Wie wird man diesen Wünschen und ihrem unbewußten Hintergrund gerecht? Wenn man dem Neugeborenen nicht bereits eine eigene »Sprache« unterstellt, wie läßt sich dann die aus der psychoanalytischen Praxis gewonnene Überzeugung begründen, daß es eine Gedankenwelt besitzt und daß dieses Denken des Kleinkinds unmittelbar mit der Bedeutung verknüpft ist, die es offenbar den Worten beimißt, die ihm gelten und ihm helfen können, seiner Erfahrung einen Sinn zu geben? Wo setzt die analytische Deutung an, wie bestimmt man, ob sie notwendig ist? Meine Arbeit hat mich zu Antworten auf diese Fragen geführt, die sich in einigen Hypothesen im klinischen Bereich ausdrücken – das war mein »Moment des Schließens«. Vor allem geht es mir dabei um die Zeit unmittelbar nach der Geburt und den nachfolgenden Baby Blues, aber auch um einfache Präventionsmaßnahmen, etwa bei anonymen Entbindungen, wenn die Kinder zur Adoption freigegeben werden sollen.[2]

Häufig, und nicht zuletzt auch von Analytikern, wird beklagt, daß bestimmte psychoanalytische Behandlungsformen erst nach langer Zeit Wirkung zeigen. So gesehen ist die Arbeit mit Neugeborenen zweifellos sehr angenehm, denn sie hat oft ganz unmittelbare Auswirkungen. Das kann begeisternd sein, weil es den Analytiker in seinem Anspruch bestätigt: Im Verlauf einer Analyse kann man ständig neue Entdeckungen machen, auch als Analytiker. Aber solche praktischen Erfolge sind nicht nur interessant, sie müssen auch überprüft werden. Einige der Gründe für diese Resultate benennen zu können, bedeutet bereits einen Beitrag zum Verständnis bestimmter »archaischer« Aspekte in der Analyse von Erwachsenen, die bislang verdeckt waren, und jede Erweiterung dieser Einsichten wird auch der Analyse von älteren Kindern und Erwachsenen zugute kommen. Jedenfalls findet die Auseinandersetzung mit den Neugeborenen fast immer unter Umständen statt, die der ganzen Bandbreite menschlicher Gefühle Raum geben. Schon deshalb ist es wichtig, davon zu berichten. Aber ich bin sicher, daß ich mehr als meine eigenen Gefühle anführen kann, um zu belegen, daß die Neugeborenen fähig sind, sich mit uns zu »verständigen«. Ich bin davon zutiefst überzeugt, und ich denke, daß die Leser zu dem gleichen Schluß kommen werden.

Im Interesse der Kinder

»Die großen Leute verstehen nie etwas von selbst, und für die Kinder ist es zu anstrengend, ihnen immer und immer wieder erklären zu müssen.«
Antoine de Saint-Exupéry

»Wie geht es dem Baby?«

Die Frage, die man beiläufig an Freunde richtet, ist auf der Ebene der Gesellschaft nicht mehr so leicht zu beantworten. Kommt ein Mensch am Ende dieses Jahrhunderts unter besseren Umständen zur Welt als an seinem Anfang, oder bedeutet die medizinische Betreuung von Schwangerschaft und Geburt, daß Mutter und Kind als seelenlose Wesen behandelt werden? Bekommt ein Kleinkind heute mehr familiale Nestwärme als vor hundert Jahren, oder leidet es unter den Folgen des Zerbrechens der Kernfamilie? Ist es ein Gewinn, daß man das Baby als »Person« behandelt, oder soll man dem Historiker Philippe Ariès glauben, der erklärt, die große Zeit der Kindheit sei lange vorbei? Haben die Kleinkinder etwas davon, daß die gesellschaftlichen Rollen neu verteilt sind, daß es berufstätige Frauen und »neue Väter« gibt? Oder geht es ihnen nicht eher wie dem Winzling in der Bildergeschichte von Claire Bretécher, der immer an den Hosenträgern an die Garderobehaken gehängt wird – morgens im Hort, mittags in der Kindergruppe und abends im neuesten Kreativkurs?

Klare Antworten auf diese Fragen sind gar nicht so leicht zu finden, es kommt immer auf den persönlichen Standpunkt an. Sicher, die Fortschritte in der Medizin, vor allem dank der Hygieniker und Sozialmediziner des 19. Jahrhunderts, haben die Kindersterblichkeit zurückgehen lassen; seit in den Kliniken angemessene Einrichtungen für Wöchnerinnen und Kinder bestehen, und seit es Antibiotika und Asepsis gibt, ist auch das Kindbettfieber besiegt. Wir haben es weit gebracht, seit damals. Heute, am Ende des 20. Jahrhunderts, kann sich jede Frau darauf verlassen, daß ihre Mutterschaft von aufwendigen Präventionsmaßnahmen begleitet wird: Hygiene, sorgsame Betreuung für sie und das Kind, vor und nach der Geburt, Vorsorgeuntersuchungen... Wenn man es recht bedenkt, gibt es eine Vielzahl von Formen der Einflußnahme. Gerade im Rückblick zeigt sich, welche entscheidenden Fortschritte sich auch für die Babys ergeben haben: Die Zeiten sind vorbei, als bei Kindern im Säuglingsalter keine Anästhesie vorgenommen wurde, weil man glaubte, »daß sie nicht leiden«. Heute vermögen die Ärzte auch bei einem Neugeborenen die verschiedenen Anzeichen von Schmerz zu erkennen und können zumeist etwas dagegen tun, zunehmend sind sie dazu sogar bei einem Fetus in der Lage. Eine Geburt ist darum noch lange nicht zu einer harmlosen Angelegenheit geworden, nicht in rein medizinischer und schon gar nicht in affektiver Hinsicht. Obwohl in der Geburtshilfe beeindruckende Fortschritte zu verzeichnen sind, müssen wir noch immer mit Erkrankungen und Komplikationen rechnen. Vor allem der unerklärliche »plötzliche Kindstod« im Säuglingsalter bleibt ein Rätsel: Es gab zahlreiche Fälle dieser Art, die natürlich die Fachwelt beschäftigt haben, aber auch in der Öffentlichkeit für Aufregung sorgten. Die Kinderärzte der Béclère-Klinik haben aus verschiedenen internationalen epidemiologischen Studien den Schluß gezogen, daß es eine sinnvolle Präventionsmaßnahme ist, die Babys immer auf dem Rücken schlafen zu lassen, und geben darum grundsätzlich diese Empfehlung. Den gleichen Standpunkt vertreten die Hebammen und auch ich selbst, wenn wir bei Informationsveranstaltungen für Wöchnerinnen auftreten. Wir drängen die Mütter dazu, die Kinder auf diese Weise schlafen zu legen, und können uns zu den Ergebnissen nur beglückwünschen: Seit diese Empfehlungen befolgt werden, ist die Säuglingssterblichkeit unbestreitbar zurückgegangen.

Grundlegende neue Erkenntnisse in der Medizin, der Gynäkologie und der Geburtshilfe, aber auch in der Pädiatrie, finden rasch Eingang in die Praxis der Klinik. Auch was meinen Berufsstand angeht, sind Fortschritte zu verzeichnen: Psychiater, Psychologen und Psychoanalytiker werden von den Wöchnerinnen in den Entbindungskliniken konsultiert und können den Müttern Hilfestellung leisten. All das soll letztlich dazu beitragen, daß die Gesellschaft lernt, mit ihren neuen Mitgliedern, den Neugeborenen, besser umzugehen.

In der Öffentlichkeit ist das begriffen worden, man zeigt großes Interesse an diesen Annäherungen zwischen der kalten Welt der Fachmedizin und der Intimität der Familie. Wenn es um Kleinkinder geht, sucht man nicht mehr in verstaubten Bibliotheksregalen unter »S« wie Säuglingspflege. Es gibt längst eine Reihe auflagenstarker Zeitschriften, die sich diesem Thema widmen – eine bunter als die andere. Babys sind interessant. Und von den Müttern kann man heute Bemerkungen hören wie: »Ich mache das mit meinem Kind so, weil bei Dolto empfohlen wird…«, oder »Ich habe gehört, daß man stillen soll, weil bei der Ernährung mit der Flasche dem Kind die menschliche Wärme fehlt…«, oder auch »Ich habe gelesen, daß Babys sehr empfänglich für Musik sind, deshalb spiele ich meinem Kind jeden Abend vor dem Einschlafen die ›Kleine Nachtmusik‹ vor…« Häufig muß man gegenüber solchen subjektiven und etwas übereilten Schlußfolgerungen eher zur Vorsicht raten, aber sie sind auf jeden Fall Ausdruck eines neuen Interesses an der ersten Lebensphase der Kinder.

Geht man davon aus, daß gesellschaftliche Haltungen sich in Parlamentsbeschlüssen angemessenen widerspiegeln, dann muß man den Schluß ziehen, daß Kindern heute mehr Achtung entgegengebracht wird. In den letzten zehn Jahren ist eine Flut von Gesetzen verabschiedet worden, die ihren Status betreffen: Gesetze über die Adoption, über die anonyme Geburt, über die neuen Formen der Zeugung. Außerdem sind allgemeine Erklärungen zu den Rechten der Kinder beschlossen worden, es gibt Ethikkommissionen, die das Recht des Kindes und des Neugeborenen in der Gesellschaft bestimmen sollen – ganz offensichtlich finden die Babys gerade ein wohlwollendes Interesse.

Alle diese Bemühungen darum, daß es den Babys »besser geht«, finden natürlich meinen Beifall. Glücklicherweise leben wir nicht in einer Gesellschaft, die den Handel mit Kleinkindern toleriert, und auch nicht in jenen vergangenen Zeiten, als sie starben, nur weil man ihre Leiden nicht erkannte. Dennoch muß ich hinter all diese positiven Meldungen ein kleines Fragezeichen setzen, einfach weil das Baby – und nicht ohne Grund – uns nicht selber sagt, wie es ihm geht. Ich bin ausgebildete Ärztin, und ich weiß, daß die Patienten nicht immer befragt werden, wenn es um die Diagnose und Therapie ihres Leidens geht. Zweifellos bin ich deshalb Psychoanalytikerin geworden. Aber ich bin noch immer voller Bewunderung für jene praktischen Ärzte, die Probleme geradezu riechen können, indem sie ihren Patienten einfach nur zuhören, und denen auf eine bestimmte Weise klar ist, daß man das Wichtigste nur von den Patienten selbst erfährt. Seit Anfang der neunziger Jahre sind meine Patienten vorwiegend Kleinkinder in der Entbindungsstation der Antoine-Béclère-Klinik; allerdings habe ich erst nach einigen Jahren der praktischen Arbeit begriffen, weshalb.

Stationen einer beruflichen Entwicklung

Besser als durch wissenschaftliche Erklärungen läßt sich die Frage, warum sich die Psychoanalyse mit den Neugeborenen beschäftigt, vielleicht auf dem Umweg einer Darstellung meiner eigenen beruflichen Entwicklung beantworten. Nach dem Medizinstudium und der Ausbildung zur Psychiaterin habe ich in verschiedenen Einrichtungen des Gesundheitswesens in der Region von Paris psychiatrische Beratung für Erwachsene durchgeführt. Seit den achtziger Jahren hatte ich eine eigene Praxis als Psychoanalytikerin. In meinem Berufsleben gab es keinen Ansatzpunkt für ein besonderes Interesse an den Neugeborenen, und auch daß ich einen Teil meiner medizinischen Fachausbildung in der staatlichen Kinderpsychiatrie absolvierte, war weniger ein Zeichen von persönlichem Interesse als ein Moment von Weiterbildung – ich hatte damit die Qualifikation als Pädopsychiaterin erworben. Seitdem sind zwanzig Jahre vergangen, aber ich will diese zwangsläufige Ahnungslosigkeit nicht verleugnen – es gibt nichts Schlimmeres, als sich für einen Spezialisten in Fragen der Kindheit zu halten. In diesem Sinne bin ich bis heute nicht spezialisiert, und ich führe als Psychoanalytikerin auch weiterhin meine Privatpraxis, die allen Erwachsenen offensteht. Was hätte man schon davon, über eine »Technik« zu verfügen, die hilft, die Kinder zu verstehen, wenn man nicht bereit ist, den Erwachsenen zuzuhören, wenn sie von den Wonnen der Kindheit schwärmen? Und umgekehrt: Wie soll man einem Neugeborenen helfen, wenn man sich nicht vorstellen kann, wie der symbolische Ort beschaffen ist, den es als soziales Wesen in der Welt der Erwachsenen einnehmen soll?

Das Wenige, was ich über Kinder wußte, hatte ich von den Müttern erfahren, die mit einem Baby Blues oder einer Post-Partum-Depression zu mir in die Praxis gekommen waren. Dies beschäftigte mich jedoch so, daß ich mit meiner Freundin und Kollegin Claudine Cohen, mit der ich auch die Praxisräume teilte, einen Gesprächskreis zum Problem des Baby Blues gründete. Zu dieser Runde gesellten sich schon bald einige Psychoanalytiker, aber auch Kinderärzte und Gynäkologen. Wir begannen, systematisch Literatur über den Baby Blues zusammenzutragen, und tauschten Erfahrungen aus … Außerdem erstellten wir einen Fragebogen für Mütter, der bei den Gynäkologen ausgelegt wurde. Die Antworten erwiesen sich als sehr interessant. Wir hatten natürlich keine Statistik erstellen wollen, aber die Häufigkeit bestimmter Antworten gab uns doch zu denken. Zum Beispiel hatten wir die Frage gestellt: »Würden Sie dem Rat folgen, über die Probleme, die Sie nach der Geburt Ihres Kindes hatten, mit einem Spezialisten zu reden?« Mütter beantworteten diese Frage überwiegend mit ›Ja‹, was uns um so mehr überraschte, als es damals keinerlei Programme zur Behandlung der Folgen einer Geburt gab – für die meisten öffentlichen Beratungsstellen gilt dies übrigens bis heute. Für Probleme, die in den ersten Monaten nach der Geburt auftraten, waren die Kinderärzte zuständig, soweit sie die Kinder betrafen, und wenn es um die Mutter ging, wurde vielleicht ein Psychiater hinzugezogen. In den Entbindungsstationen gab es jedenfalls keine speziellen Angebote, obwohl die Nachfrage ganz offensichtlich vorhanden war.

Der Einfluß von Françoise Dolto

Neben diesem Gesprächskreis spielten auch die Erfahrungen aus den Sprechstunden eine Rolle, die ich seit 1979 in einem Zentrum für medizinisch-psychologische Behandlung (CMP) abhielt. Ich hatte dort mit Kindern zu tun, die Verhaltensstörungen zeigten – das reichte von kleinen Problemen in der Schule bis zu ernsten Psychosen. Überwiegend waren es Kinder in der »Latenzperiode«, im Alter zwischen fünf bis sechs Jahren und dem Beginn der Pubertät. Man könnte sagen, daß ich damals zur Spezialistin für das »Bettnässen« geworden bin, denn dieses Symptom kommt in dieser Altersstufe häufig vor. Aber vor den Kleinsten hatte ich große Scheu, ich fand keinen Weg, ihnen zu helfen.

Meine Kollegin Caroline Eliacheff kam auf die Idee, mich in die Sprechstunden von Françoise Dolto mitzunehmen, an denen sie regelmäßig teilnahm. In die Praxis von F. Dolto in der Rue Cujas wurden damals, in Begleitung einer Betreuerin, Kleinkinder aus dem Säuglingsheim von Antony gebracht. Diese Babys, im Alter zwischen acht Tagen und drei Jahren, waren unter sehr schwierigen sozialen und psychologischen Bedingungen zur Welt gekommen, manchmal hatten die Mütter sie anonym zur Welt gebracht. Françoise Dolto kannte ich nur durch ihre Bücher[1], das heißt als Vertreterin einer bestimmten Richtung in der Psychoanalyse, und aus ihren Rundfunksendungen. Persönlich war sie mir überhaupt nicht wichtig, und auf die Idee, daß ich von ihr etwas lernen könnte, war ich nie gekommen, obwohl gerade in den erwähnten Sprechstunden stets ein Dutzend Psychoanalytiker anwesend waren, die mehr über die Behandlung von Kindern erfahren wollten.

Bald darauf lernte ich sie sogar fürchten. Ich hatte ihr geschrieben, daß ich gerne an ihrer Sprechstunde teilnehmen würde – mit der Begründung, daß ich lernen wolle, das Leiden der Babys zu verstehen, um es bei meinen erwachsenen Patienten erkennen zu können. Nachdem ich eine Einladung in die Rue Cujas erhalten hatte, erschien ich zum vereinbarten Termin, nur um mir von Françoise Dolto sagen zu lassen, daß sie sich wohl getäuscht habe und daß es in ihrer Sprechstunde bereits zu viele Frauen gebe. Ich hatte schon zuvor gehört, daß eine bestimmte Bewerberin abgewiesen worden war, weil ihre Kenntnisse in der Kinderpsychiatrie nichts mit Psychoanalyse zu tun hatten. Eine bittere Enttäuschung. Mir blieb nichts übrig, als meinen Ärger herunterzuschlucken und zu warten, bis ein »Frauenplatz« frei wurde, was sechs Monate später tatsächlich geschah. Die Ungeduld, die durch die anfängliche Ablehnung bei mir entstanden war, führte dazu, daß ich mich fast wie eine übermotivierte Studentin fühlte.

Wer je eine dieser Sprechstunden mitverfolgt hat, wird es bestätigen: Es war ein Erlebnis. Jemand unter den Anwesenden meinte einmal: »Sie glaubt wirklich an die Psychoanalyse!« Daß man bei ihr etwas lernen konnte, lag zunächst daran, daß Françoise Dolto eine ausgezeichnete Ärztin war, sie hatte eine unnachahmliche Art, mit den Kindern zu reden, und meist erhielt sie ganz unmittelbar Antwort. Aber es hatte auch mit ihrem Leitsatz zu tun, daß man Psychoanalyse nicht lehren kann, sondern daß jeder auf sein eigenes unbewußtes Wissen zurückgreifen muß, um abzuwägen zwischen dem, was die Theorie sagt, und dem, was einem das Kind an den Kopf wirft. Und schließlich nahm sie jede Gelegenheit wahr zu betonen, daß es im sogenannten präverbalen Alter, weit mehr als im archaischen, von dem die traditionelle Psychoanalyse spricht, einen sprachlichen Ausdruck gebe. Sie sprach sehr viel zu den Babys, und sie war überzeugt, daß sich mit ihnen ein viel direkterer sprachlicher Austausch herstellen lasse als mit Erwachsenen. Aber sie redete auch mit den anwesenden Psychoanalytikern: Sie kommentierte die gerade abgelaufene Sitzung und fragte uns, was wir verstanden hätten; mehr noch, sie griff unsere Antworten auf, sie dankte uns oder übte Kritik, je nach Lage der Dinge. Das alles ergab eine Art von Vermittlung, wie wir sie noch nicht erlebt hatten, weder im Studium noch bei den Supervisionen durch erfahrene Psychoanalytiker oder auf unseren Kongressen.

Françoise Dolto hat mir geholfen, in einem Bereich zu arbeiten, in den ich mich kurze Zeit zuvor noch nicht gewagt hätte. Ich begann, in meiner Sprechstunde auch Kleinkinder zu behandeln, und konnte feststellen, daß, wie in ihrer Praxis, die Symptome manchmal schon nach einigen Sitzungen abklangen. Diese unmittelbare Wirkung verblüffte mich. Psychoanalytiker sind an die Vorstellung gewöhnt, daß eine solche Genesung als zusätzlicher Effekt einer Therapie eintritt, und auch, daß manche Personen dies gar nicht wünschen oder den Wunsch immer wieder aufschieben… Hier dagegen war alles einfach und klar. Psychoanalytiker bleiben immer auch Therapeuten, und so hatte ich als Analytikerin einen Gewinn: Ich war begeistert, nun in meiner Praxis auch von Kleinkindern etwas erfahren zu können, während ich ein Jahr zuvor noch überhaupt nichts verstand. Im übrigen hat uns F. Dolto, bei unseren Versuchen, den Kleinsten zuzuhören, durch ihre engagierte Vermittlungsarbeit immer wieder ermutigt. Ich habe also weitergemacht – und das verdanke ich eindeutig ihr.

Ihr Engagement für die Kinder ist in meiner Erinnerung eng verknüpft mit jenem Tag kurz vor ihrem Tod, als ich sie, nach einem langen Vormittag mit vielen Konsultationen, nach Hause fuhr. Ihre Lungenfibrose machte ihr zu schaffen, und sie fühlte, daß der Tod nahe war, aber die Sprechstunden für die Neugeborenen aus dem Säuglingsheim hatte sie nicht aufgegeben – das war die einzige Beschäftigung, der sie noch nachging. Wie seit längerem, trug sie auch an diesem Tag ihren Sauerstoffapparat und die Sonde (die »Nasenbrille«, wie sie immer beiläufig zu den Kindern sagte) bei sich, die ihr das Atmen erleichterten. Nachdem sie mühsam aus dem Auto geklettert war, bat sie mich, den Apparat zu tragen, und lotste mich, so gut sie konnte, zu einer Konditorei an der Ecke. Ich protestierte: »Seien Sie doch vernünftig, Sie müssen sich ausruhen…«

»Nein, nein, meine Enkel kommen mich besuchen, und ich muß ihnen doch ein paar Süßigkeiten kaufen.«

Da wurde deutlich, was Françoise Dolto auszeichnete: ihre Lebenskraft und ihre begeisterte Hinwendung zu den Kindern.

Als sie 1988 starb, stellte sich die Frage, wie man ihre Sprechstunden weiterführen konnte – es war ihr Wunsch gewesen, daß dies geschehen solle, und nun lag es bei der ASE (Aide sociale à l'enfance, eine Art ›Jugendamt‹), die für das Säuglingsheim von Antony zuständig war, dieses Vermächtnis zu erfüllen. Zu denen, die bereit waren, sich im Medizinisch-psychologischen Zentrum (CMP) dieser Aufgabe zu stellen, gehörte Caroline Eliacheff. Ich leistete meinen Beitrag, indem ich die psychoanalytische Arbeit mit (bereits adoptierten) Kindern übernahm, die mir vom ASE überstellt wurden. Außerdem assistierte ich Caroline Eliacheff einige Monate lang bei den Sprechstunden, um meine Erfahrungen mit Säuglingen zu vertiefen.

Françoise Dolto hatte mir die Befangenheit im Umgang mit Kleinkindern genommen, aber noch wußte ich nicht so recht, was ich mit ihnen anfangen sollte. Was mich an den Sprechstunden begeisterte, war ihre unmittelbare Wirkung. Selbst bei sehr kleinen und sehr verstörten Kindern verschwanden die Symptome schon nach wenigen Sitzungen. Obwohl es sich um ernste Störungen handelte, zeigte sich eine Besserung, sobald mit den Kindern in einer Weise gesprochen wurde, die ihnen half, die Bruchstücke ihrer Geschichte zusammenzufügen.

Vor allem bei Kindern, die anonym zur Welt gekommen waren, zeigte sich dieser Effekt so deutlich, daß ich Caroline Eliacheff eines Tages mit der folgenden Frage konfrontierte: »Wenn Kinder, die von ihrer Mutter verlassen werden, am Fehlen der Worte leiden und darum bestimmte Symptome zeigen, die wir durch unser Eingreifen mildern, wäre es dann nicht sinnvoller, daß wir uns früher einmischten – bevor die Symptome auftreten?«

Unsere Erfahrungen sprachen dafür: Zweifellos war es angebracht, direkt in einer Entbindungsklinik zu arbeiten. Die Aufgabe reizte mich, aber das Problem lag darin, daß es so etwas noch nie gegeben hatte: Kein Krankenhaus war je bereit gewesen, eine Psychoanalytikerin einzustellen, die sich um die Neugeborenen kümmert. Es ging also darum, einen Ort zu finden, an dem man bereit war, sich auf etwas Neues einzulassen.

Die Entbindungsklinik Béclère

Doch der Zufall kam mir zu Hilfe, und zwar in Gestalt von Professor René Frydman. Er war damals bereits Leiter der Entbindungsstation in der Antoine-Béclère-Klinik in Clamart, die zum selben Verwaltungsbereich »Kleinkinder/Jugendliche« gehörte wie das Säuglingsheim von Antony und das CMP, an dem ich arbeitete. Viele der Kinder im Säuglingsheim waren in jener Entbindungsstation zur Welt gekommen. Dennoch spielte dabei nicht nur der institutionelle Zusammenhang eine Rolle. Um mit Neugeborenen, die leiden, reden zu können, müssen drei Grundvoraussetzungen erfüllt sein: Die Babys müssen deutliche Zeichen psychischer Verletzung zeigen, es muß einen psychoanalytischen Ansatz für die Sitzungen mit diesen Kindern geben, und es braucht einen Ort für diese Bemühungen – natürlich eine äußerst fortschrittliche Institution.

Die Béclère-Klinik war bekannt dafür, allen neuen Therapieformen gegenüber aufgeschlossen zu sein. Es gab dort eine der ersten Einrichtungen für künstliche Befruchtung, und es gab eine Abteilung für sogenannte Risikoschwangerschaften, die hoch spezialisiert war und mit Neonatologen zusammenarbeitete; aus diesen Abteilungen entstand später im übrigen ein Netzwerk verschiedener Einrichtungen in der Region von Paris, die ihre besonders schwierigen Fälle in die Béclère-Klinik überwiesen. Das Krankenhauspersonal genoß einen ausgezeichneten Ruf; man war dort bereit, alles zu versuchen, was neue Lösungen versprach, und Béclère gehörte auch zu den ersten Kliniken in Frankreich, die eine sogenannte »Känguruh-Abteilung« einrichteten.

Der Zweck dieser Abteilung bestand darin, Frühgeborenen den Kontakt mit der Mutter zu erhalten. In allen anderen Kliniken werden frühgeborene Kinder sofort in die Obhut der Neonatologen gegeben, während die Mütter auf der Entbindungsstation bleiben. (Und wenn eine Klinik keine Spezialabteilung für Neugeborene besitzt, werden die Kinder in ein anderes Behandlungszentrum gebracht.) Wann und wie oft eine Mutter ihr Kind sehen darf, richtet sich nach den jeweiligen Gepflogenheiten in der Klinik und der medizinischen Versorgung, die das Kind braucht. Jedenfalls besteht nicht die Möglichkeit, daß eine Mutter in dauerndem Kontakt mit ihrem Kind bleibt, und das Kind in der Abteilung für Neugeborene aufzusuchen bedeutet – vor allem wenn die Mutter selbst unter den Folgen der Geburt leidet – eine erhebliche Anstrengung.

In der Béclère-Klinik werden die Mütter und die Kinder auf derselben Etage untergebracht – die Grundidee der »Känguruh-Abteilung« besteht darin, daß Mutter und Kind zusammmen bleiben und das Pflegepersonal sich zu ihnen begibt (statt umgekehrt).

Es geht dabei sowohl um Kinder, die zwar nicht zu früh geboren, aber unterentwickelt sind, als auch um die untergewichtigen Frühgeburten (mit einem Geburtsgewicht um zwei Kilo), also um Kinder, die keine aufwendige Spezialbehandlung brauchen. Diese Neugeborenen werden nachts in der Spezialabteilung versorgt, aber tagsüber dürfen sie im Zimmer der Mutter bleiben. Manchmal rät man der Mutter, das Kind zu sich zu nehmen, damit es Hautkontakt bekommt, und wenn nötig wird auch ein Brutkasten im Zimmer der Mutter installiert. Die Spezialisten kümmern sich um die nötige Behandlung, aber die Mutter hat jederzeit Gelegenheit, ihr Kind zu sehen, mit ihm zu reden und an den Behandlungsmaßnahmen teilzunehmen, sie wird von den Säuglingsschwestern und Pflegerinnen sogar immer wieder dazu angehalten: Gerade wenn eine Mutter glaubt, sie könne nichts für ihr Kind tun, weil es so schwach ist, soll sie dazu ermutigt werden, sich ihm zuzuwenden.

Der weltweite Erfolg solcher »Känguruh-Abteilungen«, vor allem in Hinblick auf die Entwicklung von Frühgeborenen, ist in zahlreichen Veröffentlichungen gewürdigt worden.[2] Es steht außer Zweifel, daß Neugeborene, die in einer solchen Einrichtung behandelt werden, sich rasch erholen, und daß auch die Mütter sich weniger Sorgen machen und allemal eine Menge lernen können. Weil hier die frühen Beziehungen zwischen Mutter und Kind nicht unterbrochen werden, gelingt es dem Kind, nach der Geburt an die vertrauten vorgeburtlichen Wahrnehmungen anzuknüpfen und sich darum eher in Geborgenheit zu entwickeln. Wie schon Françoise Dolto, betont auch die Haptotherapeutin Catherine Dolto-Tolitch, daß dem Neugeborenen damit Gelegenheit gegeben wird, sich in einer »Gleichheit des Seins« zu entfalten, ohne daß eine künstliche Trennung zwischen der Zeit vor und nach der Geburt eingeführt wird.

All das machte auf mich den Eindruck, daß ich meinen Versuch in dieser Klinik wagen konnte, und es war die Persönlichkeit von Professor Frydman, die daraus eine konkrete Hoffnung werden ließ. Denn Frydman hatte schon einiges riskiert und an vielen Fronten gekämpft – er war an den militärischen Fronten gewesen, als Mitarbeiter von Ärzte ohne Grenzen und dem Internationalen Roten Kreuz, in Nicaragua und Palästina, aber er hatte auch als Arzt in den Auseinandersetzungen um das Recht auf Abtreibung oder die In-vitro-Befruchtung Stellung bezogen – Frydman gehört zu den wissenschaftlichen »Vätern« von Amandine, dem ersten Retortenbaby Frankreichs. Er hat nicht nur Pionierarbeit im Bereich jener neuen Techniken der Zeugung geleistet, die man zu Unrecht als »künstliche« bezeichnet, sondern er ist auch für seine engagierten Beiträge zur Diskussion über die ethische Problematik der künstlichen Befruchtung bekannt. Einen Mann, der offenbar Neuerungen im Bereich der Geburt für eine wichtige Aufgabe hielt, konnte ich vielleicht überzeugen, ein ganz neues Experiment zu wagen.

Unsere Zusammenarbeit entwickelte sich in kleinen Schritten. Zunächst wurde ich eingeladen, vor den Ärzten und Pflegern über mein geplantes Projekt auf der Entbindungsstation zu sprechen, dann erhielt ich einen Brief mit dem Angebot, mich einem Diskussionskreis von Psychiatern und Psychologen der Klinik anzuschließen. Und schließlich bat mich René Frydman zu einem Gespräch über die Möglichkeiten, Neugeborenen durch Sprache zu helfen, und er kam dabei zu dem Schluß, daß man einen dreimonatigen Versuch machen sollte. Daraus wurde bald eine Honorarstelle, so daß ich nun offiziell zu den Mitarbeitern der Klinik gehörte. Frydman schien das Experiment also für lohnend zu halten; auch wenn er selbst noch keine Gelegenheit gefunden hatte, sich von der Richtigkeit meiner Annahmen zu überzeugen, gewann er offenbar aus den Berichten der Mitarbeiter einen günstigen Eindruck. Aber noch war nichts gewonnen, denn das Projekt mußte finanziert werden, und die für den Mutterschutz zuständige Behörde (PMI) hatte sich nicht bereit gefunden, dafür Mittel zu bewilligen. Die staatlichen Stellen zeigten sich damals eindeutig weniger risikofreudig als die Klinik – im Kern gab man mir zu verstehen, daß Neugeborene weiter nichts brauchten und schließlich noch nie Forderungen gestellt hatten! Zunächst war also die Voraussetzung für meine Arbeit in der Béclère-Klinik, daß ich als Ärztin von der staatlichen Pädopsychiatrie dorthin überstellt wurde. Neben meiner praktischen Tätigkeit hielt ich auch Besprechungen mit den Mitarbeitern ab, um ihnen die Besonderheit meiner Bemühungen verständlich zu machen. Dann beschloß die Abteilung für Pädopsychiatrie, mich in dieser Funktion nicht mehr zu unterstützen, aber ich wurde von der Entbindungsstation weiterbeschäftigt.

Die Rolle des Psychoanalytikers

Was sieht man bei der täglichen Arbeit in einer Entbindungsstation, in der Béclère-Klinik oder anderswo? Man sieht Frauen, die sich mit ihrem neugeborenen Kind unterhalten. Da stellt sich natürlich zunächst das Bild glücklich plappernder Säuglinge ein, die auf die liebevolle Zuwendung der Mutter reagieren – aber man darf nicht vergessen, daß es auch den Baby Blues gibt, den, mehr oder weniger heftig, fast jede Mutter erlebt. Bei meiner Arbeit in der Entbindungsstation konnte ich feststellen, daß der Baby Blues zwar einerseits durch das bloße Vorhandensein des Babys ausgelöst wird, aber andererseits das Baby auch zum Sprechen bringt. Anders gesagt: Der Psychoanalytiker muß hier von den geheiligten Regeln abweichen, er muß beiden zuhören, und er muß nicht nur mit der Mutter, sondern auch mit dem Baby sprechen – davon wird im Kapitel über den Baby Blues noch ausführlich die Rede sein. Vorab läßt sich jedoch schon soviel sagen: Mutter und Kind sind nur zusammen zu verstehen. Die Diskussionen in meinem Gesprächskreis über den Baby Blues hatten mich zu der Einsicht geführt, daß die Mütter den Wunsch haben, darüber zu sprechen; und zugleich hatte ich erlebt, wie positiv sehr kleine

Kinder in einer psychoanalytischen Gesprächssituation reagieren. Das brachte mich auf die naheliegende Idee, die Bemühungen in beiden Bereichen zu verknüpfen und mich an Mutter und Kind zu wenden, ohne sie zu separieren. Natürlich müssen sich Mutter und Kind eines Tages trennen, wenn es nicht zu einer pathologischen Bindung kommen soll – beide müssen ihr eigenes Leben leben. Aber gerade bei den Müttern, denen es schwerfällt, eine Grenze zwischen sich und dem Kind zu ziehen, das sie als ihre Leibesfrucht verstehen, geht es in den ersten Tagen darum, wie sie mit der wechselseitigen Abhängigkeit umgehen können.

Neugeborene – ein Spezialgebiet?

In den Berufen, die mit der Behandlung psychischer Erkrankungen zu tun haben, besteht die fragwürdige Neigung, das Leben der Individuen in Zeitabschnitte aufzuteilen: Es gibt die Kinder- und Jugendpsychiatrie, in der man zwischen der Psychopathologie der Kinder und der Jugendlichen unterscheidet (und in der sich, wenn man nicht aufpaßt, auch noch eine Abteilung für Säuglinge und eine Unterabteilung für Neugeborene bilden könnte), es gibt die Erwachsenenpsychiatrie, die Geronto-Psychiatrie... Und, wie erwähnt, legen einige Psychoanalytiker Wert darauf, als Analytiker speziell für Erwachsene oder für Kinder zu gelten. Natürlich muß man die unterschiedlichen Vorlieben der Ärzte ebenso respektieren wie die Verschiedenheit der Gruppen von »Kranken« – aber dabei darf nicht übersehen werden, daß sich das Leben eines Menschen als Kontinuum vollzieht. Die Äußerungen von Kindern in den ersten Lebensmonaten lassen sich jedenfalls nicht unabhängig von dem betrachten, was die Mutter (und übrigens auch der Vater) sagt. Aber selbst in der Béclère-Klinik macht sich diese gängige Praxis geltend, wenn auch in harmloser und rein formaler Weise: Die Abteilung für die Wöchnerinnen untersteht verwaltungstechnisch der Entbindungsstation von Professor Frydman, während die »Känguruh-Abteilung« und alle Kinderärzte zur Abteilung für Neonatologie gehören. Grundsätzlich ist also für eine Mutter ein anderer Verwaltungsbereich zuständig als für ihr Kind. Das fällt nicht groß ins Gewicht, weil zumeist beide auf derselben Etage untergebracht sind, aber es besteht diese Trennung.

Psychoanalytiker, die in einer Klinik arbeiten, gibt es schon seit vielen Jahren, allerdings wurden sie, was Geburten anging, nur im Bereich der Vor- und Nachsorge tätig: Sie halfen bei Risikoschwangerschaften und in Fällen medizinisch unterstützter Zeugung, und sie kümmerten sich um Probleme in der Neonatologie und Pädiatrie. Mit den »normalen« Wöchnerinnen hatten sie nichts zu tun. Stets ging es vor allem um die Mütter, nicht um die Babys, und dieser Setzung der Prioritäten lag sehr häufig auch die stillschweigende Annahme zugrunde, daß man für die Symptome bei einem Baby nicht zuständig war – damit sollten sich Medizin und Pädiatrie befassen. Man konnte ja nicht alles durcheinanderwerfen. Es gab doch wohl einen Unterschied zwischen den leidenden Müttern und den Babys, die ja offenbar nichts zu sagen hatten, und erst recht zwischen ernsten Fragen und Seelenklempnerei. Und nun tauchte auch noch jemand auf, der behauptete, mit den Babys reden zu können... Dabei wollte ich lediglich das, was ich bei F. Dolto über Kleinkinder im Alter von wenigen Wochen gelernt hatte, auf Neugeborene übertragen, die erst einige Tage alt waren. Es ging dabei um Psychoanalyse, um das Bemühen, für jedes Symptom, das sich zeigt und das einen bestimmten Teil der unbewußten Wahrheit repräsentiert, das treffende Wort zu finden – so wie man »den Nagel auf den Kopf trifft«. Dabei wird nicht nach Alter oder Vernunft der Subjekte gefragt. Was die Psychoanalyse hier jedoch braucht, ist ihr eigenes Protokoll, das sie vom Vorgehen der Psychiatrie und der Psychologie unterscheidet. Da man sich ans Bett leidender Menschen begibt, wird der Ablauf natürlich anders sein als in der Praxis eines Psychoanalytikers, aber es geht auf jeden Fall darum, einen Rahmen zu schaffen, der psychoanalytischen Kriterien genügt.

Betrachten wir zum besseren Verständnis die lange Liste der Beschwerden, mit denen man auf einer Entbindungsstation konfrontiert wird. Die Neugeborenen leiden zum Beispiel an den unterschiedlichsten Verdauungsstörungen: Aufstoßen und Erbrechen, Verstopfung oder Durchfall – manchmal so heftig, daß es lebensbedrohend wird. Sie sind ohne Appetit, weigern sich hartnäckig, an der Brust zu trinken, oder sie sind unersättlich, verlangen unablässig nach mehr. Manche weinen unaufhörlich, Tag und Nacht, andere schlafen ständig, oder sie wachen viel zu oft auf. Sie haben Hautprobleme, sie leiden an Atembeschwerden, von leichten bis zu bedrohlichen Störungen. Sie leiden an Hypotonie, ihr Gewicht zeigt nach drei Tagen nicht die übliche Aufwärtsentwicklung, sie wirken merkwürdig »reglos«, sie schreien, sie sind hyperaktiv…

Die Reaktionen der Mütter hängen von ihrem Gesundheitszustand und ihren Gefühlen ab. Von den Mitarbeitern erhalten sie Zuspruch, selbst in schwierigen Fällen. Und was tut der Psychoanalytiker?

Der Blick und die Stimme

Der Psychoanalytiker soll aufmerksam zuhören und versuchen zu verstehen, was das Baby, die Mutter und der Vater sagen. Damit ist noch nichts erklärt, wenn man nicht hinzufügt, daß er dabei seinen Blick einsetzen muß. Wenn ich ein Zimmer betrete, in das ich von einer Mutter gerufen wurde, weil sie ihre eigenen Probleme oder die ihres Kindes besprechen will, nehme ich zunächst einen Platz ein, der mir erlaubt, die beiden (oder, wenn der Vater dabei ist, die drei) Protagonisten im Blick zu haben, und der ihnen wiederum erlaubt, mich zu sehen. Das ist eine andere Anordnung, als wir sie in der Analyse von Erwachsenen treffen, wo der Analysand auf der Couch liegt und keinen Blickkontakt mit dem Analytiker hat. Hier soll das entscheidende Sprachwerkzeug das Auge sein. Es geht darum, dem Neugeborenen durch den Blick Zugang zu jenem Raum der Sprache zu gewähren, der nun eröffnet wird. Man muß Zeuge werden: Die Mutter ansehen, das Kind ansehen, angeschaut werden, darum geht es.

Nun heißt es allerdings, daß das Kleinkind auf diesem Weg gar nichts mitbekommen könne, weil seine Rezeptoren auf der Netzhaut noch nicht genug entwickelt sind. Aber bei diesem Thema muß man auch die experimentellen Arbeiten über den Blick des Säuglings zur Kenntnis nehmen.[3] Dort wird gezeigt, daß ein Kleinkind auf bestimmte Weise von den Lippen liest und daß es besser versteht, was es zugleich sieht. Außerdem imitiert es die Erwachsenen, indem es die Lippen öffnet und die Zunge herausstreckt, und es kann einen freundlichen oder ernsten Gesichtsausdruck nachmachen. Ein einfacher bedingter Reflex? Oder begreift das Kind, daß seine Mutter sich besorgt zeigt, wenn sie die Brauen zusammenzieht, und daß ihm ihr Lächeln Besseres verheißt? Es spricht alles dafür, daß man aus diesem Verhalten des Kindes auf die Fähigkeit zur symbolischen Repräsentation jenseits des Blicks schließen kann. Die Forscher betonen daher auch, daß für ein Kind ein neues Objekt wie ein »déja vu« erscheint. Ist damit gesagt, daß es ein Leben vor der Geburt gibt, daß ein neugeborenes Kind schon eine Geschichte hat? Jeder kann sich darüber seine Gedanken machen; wir gehen jedenfalls davon aus, daß wir den Blick der Neugeborenen für bare Münze nehmen müssen.

Aufgabe des Psychoanalytiker ist es, alle Stimmen ihre Wirkung entfalten zu lassen – seine eigene, die des Babys und die der Mutter. Ich habe diese Überzeugung auch aus persönlicher Erfahrung gewonnen: In einer Gesangsausbildung ist mir klar geworden, wie die Stimme unmittelbar aus dem Körper entsteht. Es braucht die Stimmritze, die Stimmbänder, Resonanzräume, Muskeln und die Bewegung der Luft – aber zugleich ist der Körper außer sich und bewegt sich auf den anderen, auf den Hörer zu.

Der Psychoanalytiker Denis Vasse hat deutlich gemacht, daß der Augenblick des Eintritts ins Leben zusammenfällt mit der Abnabelung und dem Öffnen des Mundes: Sobald die Nabelschnur durchtrennt ist und der Nabel sich schließen muß, ist für das Kind die Zeit gekommen, in seinem eigenen Körper zu leben. Und häufig ist dies auch der Moment des ersten Schreis.

Nun kommt auch die Stimme des anderen ins Spiel, und es eröffnet sich eine neue Dimension: »In den Körperkontakt mit der Mutter tritt jetzt die Stimme als vermittelnde Instanz ein – die Stimme des Babys, der Mutter oder auch des Vaters. In der Stimme findet die regelmäßige Zuwendung ihren Ausdruck, und damit auch alles, was diese Zuwendung an ganz unbewußten Regungen bei den Eltern hervorruft.«[4] Mit anderen Worten: Es ist die Stimme, durch die das Baby für den anderen seinen symbolischen Ausdruck findet, weil es ihm auf diese Weise repräsentiert, vokalisiert und zugesprochen ist. Durch die Stimme anderer Menschen wird das Neugeborene vom bloßen Körper zu einem Wesen von symbolischer Geltung. Mehr noch als das Durchtrennen der Nabelschnur markiert die Stimme den Eintritt ins Leben. Erst durch sie wird der Körper des Kindes benannt, gekennzeichnet und gepriesen.

Diese Eigenschaft der Stimme – so wie ein Kind sie von den ersten Augenblicken an versteht – stiftet eine lebenslange Bindung an zwei eng verknüpfte Ordnungsprinzipien: den Körper und seine geschichtliche

Vermittlung. Da ist als das eine »Moment« die Nabelschnur, und da ist die Menschheit, die Gesamtheit derer, die sprechen, die Gesellschaft; dies ist die Benennung. Man muß darum im Ansprechen und Verstehen des Säuglings die Sprache als Lebenskraft begreifen.

Was den Zusammenhang von Blick und Stimme angeht, kann man einen Fall aus der ärztlichen Praxis von Françoise Dolto anführen, bei dem es um ein Problem ging, das unmittelbar nach der Geburt entstanden war. Es handelte sich um ein Kind namens Frédéric, das nach der Geburt zur Adoption freigegeben wurde. Der kleine Frédéric weigerte sich, richtig lesen und schreiben zu lernen. Aber in den Zeichnungen, die er für die Analytikerin anfertigte, kamen viele Formen vor, die dem Buchstaben »A« ähnelten. Françoise Dolto fand das bemerkenswert und wollte wissen, ob es sich vielleicht um die Abkürzung des Vornamens eines Familienmitglieds oder einer Betreuerin handelte? Dieser Ansatz schien nicht weiter zu führen, bis die Mutter des Kleinen die Auskunft gab, daß er vor der Adoption Armand geheißen hatte. Daraufhin erklärte Françoise Dolto dem Kind, daß die ungelenken »A«s in seinen Zeichnungen den Schmerz über die frühe Trennung von der Mutter ausdrückten. Aber auch das half nicht weiter. An dieser Stelle kam ihr die Idee, das Kind wie von fern zu rufen, mit einer hohen, unpersönlichen Kopfstimme, und zwar »ohne das Kind anzusehen, indem ich mich nicht an seine durch seinen Körper vor mir anwesende Person wende, sondern mit hoher Stimme, deren Klang von verschiedener Stärke ist, meinen Kopf in die Richtung aller wichtigen Punkte, zur Decke, unter den Tisch drehe, als riefe ich jemanden im Raum, von dem ich nicht wüßte, wo er sich befindet: ›Armand…? Armand…? Armand…?‹« Es sollte ein wenig so klingen, wie die Stimmen der unbekannten Betreuerinnen, die er vor seiner Adoption zweifellos auf den Gängen des Säuglingsheims gehört hatte. Tatsächlich horchte das Kind nun plötzlich in jede Ecke des Zimmers, ohne Françoise Dolto anzusehen, die ebenfalls den Blick abwandte – bis zu dem »Augenblick, wo die Augen des Kindes meinem Blick begegnen, und ich zu ihm sage: ›Armand war dein Vorname, als du adoptiert worden bist.‹ Da habe ich in seinem Blick eine außerordentliche Intensität wahrgenommen. Das Subjekt Armand, beim Namen genannt, hatte sein Körperbild mit demjenigen von Frédéric wieder verknüpfen können. (…) Dieses Wiederfinden einer archaischen Identität, die er seit dem Alter von elf Monaten verloren hatte, hat ihm in der Übertragung auf mich, seine Psychoanalytikerin, erlaubt, in den folgenden vierzehn Tagen seine Schwierigkeiten beim Lesen und Schreiben zu überwinden.«[5] Stimme und Blick: Bereits im ersten Kontakt mit dem Neugeborenen bietet sich die Chance, Schwierigkeiten zu lösen.

Zuhören

Die Arbeit auf der Entbindungsstation beginnt damit, zu begreifen, was dort vor sich geht – das ist noch keine psychoanalytische Tätigkeit, sondern eine Vorarbeit, ein Versuch, die Konstanten in der Vielzahl unterschiedlicher Situationen auszumachen. Was geschieht also? Was erlebt der Analytiker, wenn es jemandem »nicht gutgeht«, wenn eine Frau ihn ruft, damit er ihr zuhöre? Er wird feststellen, daß sie weint, daß sie nachdenkt, daß sie fordert und bittet, daß sie sich ereifert, kurz – daß sie redet! Dieser Redefluß trägt auch alle vielleicht vorhandene Scheu gegenüber dem Vertreter der »Psycho-Zunft« mit sich fort; das stimmt mit der Reaktion der Wöchnerinnen auf den Fragebogen überein, von dem bereits die Rede war. Auch die Säuglingsschwestern und und Hebammen können sich oft kaum noch retten: Sie wollen sich nur einen Augenblick zu den Gebärenden ans Bett setzen, um ein paar Worte zu wechseln, aber dann gelingt es ihnen kaum, das Zimmer zu verlassen, so sehr kommen die Mütter ins Plaudern. Glücklicherweise haben sie auch selbst etwas davon: Ihr Umgang mit den Müttern wird auf diese Weise viel menschlicher, und das kommt auch ihrer Arbeit zugute. Dennoch sind sie froh, wenn sich ein Psychoanalytiker einschaltet, sobald dies nötig scheint. Was da an Worten hervorsprudelt, muß jedoch unter qualitativen, nicht quantitativen Gesichtspunkten betrachtet werden. Die Geschichten, die diese Frauen erzählen, mit all ihren persönlichen Aspekten und ihrem Leid, lassen keinen Zweifel, daß sich in diesen Augenblicken etwas zeigt, das aus dem Unbewußten kommt und sich mit Macht Geltung verschafft.

Damit stellt sich ein praktisches Problem: Man hat einfach viel zu wenig Zeit, um zuzuhören. Selbst in einer so flexiblen Einrichtung wie der Entbindungsstation der Béclère-Klinik bleibt eine Wöchnerin normalerweise höchstens vier Tage oder sieben Tage, wenn ein Kaiserschnitt vorgenommen wurde. Aber der Austausch zwischen Mutter und Kind beginnt eigentlich erst am dritten oder vierten Tag nach der Geburt. Und häufig stellt sich am vierten Tag der Baby Blues ein. Zumeist treten zu diesem Zeitpunkt auch Konflikte auf, ausgelöst etwa durch einen Besuch der Eltern oder durch Probleme beim Stillen ... Unter diesen Umständen kann man manchmal gar keine wirksame Hilfe leisten, selbst wenn »aus medizinischen Gründen« der Aufenthalt in der Klinik verlängert wird oder eine Mutter oder ein Kind auch nach der Entlassung aus der Klinik noch die Möglichkeit haben, in die Sprechstunden zu kommen. Früher blieben die Frauen zwei Wochen in der Entbindungsklinik – »um sich zu erholen«. Heute verlassen sie das Bett nach kaum vier Tagen. Sicher, der Geldmangel im Sozialsystem ist bedrohlich, aber soll man diese Reform wirklich für eine kluge Umsetzung des medizinischen Fortschritts halten? Auf allgemeinerer Ebene würde ich bei den Verantwortlichen gerne Interesse für das Konzept einer weiterführenden Betreuung in den Entbindungskliniken in der Phase nach der Geburt wecken. In diesem Bereich gibt es von Seiten der Frauen eine sehr große Nachfrage. Zum Beleg kann ich auf den Erfolg einer Sprechstunde verweisen, die wir erst vor einigen Monaten in Béclère eingerichtet haben. Dieser Dienst, der aus Mitteln der Sozialversicherung finanziert wird, ist für Eltern und Kinder gedacht, die in den Monaten nach der Geburt mit Schwierigkeiten zu kämpfen haben. Er soll die Folgen einer zu frühzeitigen Entlassung aus der Klinik lindern und genau jenen Problemen begegnen, die man aus Zeitmangel nicht behandeln konnte und die darum nach der Geburt in den Familien auftreten. Wichtig ist dabei, daß diese Einrichtung in der Entbindungsklinik zur Verfügung steht, weil man den Patienten damit erspart, pädiatrische oder pädo-psychiatrische Hilfe eigens anfordern zu müssen. Man muß unbedingt begreifen, daß eine Geburt ein Anfang ist und nicht ein Ende – und daß wir darum in der Lage sein sollten, eine weitergehende Nachsorge anzubieten.

Léa, das kleine Mädchen, dem ein Vorname fehlte

Während jener intensiven Erfahrung, die eine Mutter in der Zeit nach der Geburt macht, sind, mehr noch als der Blick und die Stimme, die Worte wichtig, die an ein neugeborenes Kind gerichtet werden. Als ich meine Arbeit in der Béclère-Klinik begann, wollte ich herausfinden, ob diese Einwirkung auf Neugeborene tatsächlich Resultate bringt. Oder, eher strategisch gedacht: Welche Bedingungen mußte man schaffen, um solche Wirkungen zu erzielen? Wo galt es anzusetzen, um mit dem Baby zu reden? Aber bevor man über das Wie und Warum reden konnte, mußte sich erst zeigen, ob es überhaupt möglich war.

Ich möchte im folgenden ein Beispiel schildern, das untypisch ist, weil es dabei nicht um heftige Symptome bei der Mutter oder dem Kind ging. Dennoch ergab sich in diesem Fall eine unangenehme Situation, nicht nur für die Eltern, sondern auch für das Pflegepersonal. Das Kind sagte dazu zwar nichts, aber es war klar, daß ihm der Gang der Ereignisse nicht recht sein konnte.

Die Mutter hatte das Kind durch Kaiserschnitt zur Welt gebracht, und zwar unter recht problematischen Umständen. Sie war mit Zwillingen schwanger gewesen, eine gewollte Schwangerschaft, und sie hatte sich zunächst in die Obhut einer anderen Klinik begeben. Dort entdeckte man, daß eines der Zwillingskinder eine schwere Mißbildung aufwies; die Diagnose bedeutete, daß dieses Kind nach der Geburt nur eine sehr geringe Lebenserwartung haben und ganz sicher das Krankenhaus nicht verlassen würde. Die Ärzte hatten die Eltern vor die Alternative gestellt, das Leben des Kindes *in utero* zu beenden, oder den Dingen ihren Lauf zu lassen – eine Entscheidung, die den Eltern sehr schwer fiel. Von Bekannten, die in einer ähnlichen Lage gewesen waren, erfuhren sie, wie schlimm es für sie gewesen war zuzusehen, wie ihr Kind nur einige Wochen, unter schrecklichen Qualen, überlebte. Entsetzt beschloß das Elternpaar, den Fetizid an dem mißgebildeten Zwilling ausführen zu lassen – zwei Wochen vor dem Geburtstermin. Der Eingriff wurde also sehr spät vorgenommen. Weil die Eltern den Wunsch äußerten, daß die Geburt nicht am selben Ort stattfinden solle, wurde die Entbindung vierzehn Tage später in der Béclère-Klinik vorgenommen. Die Mutter bestand auf einem Kaiserschnitt, weil sie befürchtete, bei einer natürlichen Geburt ihr totes Kind anblicken zu müssen.

Es wurde also ein Kaiserschnitt ausgeführt. Wenn ein Fetizid zu einem späten Zeitpunkt vorgenommen wird, bleibt der tote Fetus bis zur Geburt im Uterus. Man nimmt daher, im Fall von Zwillingen, keine Epiduralanästhesie vor, um toxische Wirkungen auf den anderen Fetus zu vermeiden. Es bleiben also nur zwei Möglichkeiten: die natürliche Geburt durch den Geburtskanal ohne Betäubung oder der Kaiserschnitt unter Vollnarkose. Die Mutter wollte ihren Gewissensqualen nicht noch die Schmerzen der Geburt hinzufügen, überdies wäre der tote Fetus zuerst zur Welt gekommen, und davor hatte sie, wie erwähnt, besondere Angst. Ein Kaiserschnitt erschien also durchaus gerechtfertigt.

Dennoch löste dieser Fall bei den Mitarbeitern der Klinik eine gewisse Irritation aus. Sie verurteilten die Mutter nicht, schließlich hatten sie alle schon genug Dramen im Zusammenhang mit Geburten erlebt, um Toleranz zu üben. Aber auch wenn sie das Elternpaar nicht direkt kritisierten, fühlten sie doch das Bedürfnis, ihr wachsendes Unbehagen zum Ausdruck zu bringen, das man etwa so wiedergeben könnte: »Was ist das für eine Frau, die auf einem Kaiserschnitt besteht, weil sie von ihrem toten Kind nichts wissen will? Was sind das für Eltern, die sich so kurz vor dem Geburtstermin noch zu einem Fetizid entschließen? Hätte man das nicht normal zu Ende gehen lassen können?« Ich machte ihnen dagegen sehr rasch klar, was ich für die wichtigste Präventionsmaßnahme hielt: Sie mußten dem überlebenden Zwillingskind unbedingt bedeuten, daß seine Schwester tot war und daß es sie nie wiedersehen würde.

Der Vorschlag wurde zurückhaltend aufgenommen, niemand sah es als Teil seiner Aufgabe, mit dem Baby zu reden. Ich selbst konnte nicht eingreifen, weil ich als Psychoanalytikerin nur aktiv werden darf, wenn ich gerufen werde – aber weder der Vater noch die Mutter hatten irgendwelche Fragen an mich. Was war zu tun? Nach allem, was ich über die Wirkung pränataler Schockerlebnisse wußte, war das Baby gefährdet; die Eltern, auch wenn sie ihren Schmerz nicht zeigten, waren verzweifelt und kapselten sich ab; und die Ärzte und Schwestern hatten Probleme, unvoreingenommen mit ihnen umzugehen. Der einzige Ansatzpunkt war das Baby selbst, das sich dem Problem auf keinen Fall entziehen konnte: Es hatte mehrere Monate in der Gesellschaft seiner Zwillingsschwester verbracht, um dann zu erleben, wie diese plötzlich leblos wurde und ihm dann ganz verloren ging. Aber ohne eine Aufforderung durch die Familie konnte ich nicht tätig werden.

Außerdem war ein weiteres, scheinbar weniger bedeutsames Problem entstanden. Die Eltern konnten sich nicht auf einen Vornamen einigen, was jedoch nötig war, um die Geburtsurkunde auszustellen. Damit ergab sich immerhin eine neue Situation, weil klar wurde, daß die Eltern sich in eine Sackgasse manövriert hatten, aus der sie nicht mehr herauskamen. Ich konnte das als einen Hilferuf von ihrer Seite auffassen und schlug darum der Hebamme vor, ihnen zu sagen, daß ich bereit sei, ihnen in der Angelegenheit mit dem Namen Hilfestellung zu leisten. Die Eltern waren einverstanden. Mein Eindruck war, daß sie ihrem Kind keinen Namen geben konnten, weil seine tote Schwester keinen Namen erhalten hatte. Sie war gewissermaßen eine »lebendige Tote«, und darum mußten sie unbedingt beiden Kindern Namen geben.

Es war gar nicht mehr nötig, ihnen das klarzumachen. Zwischen dem Moment, als sie um mein Eingreifen baten, und dem Moment meines Erscheinens lag weniger als eine Stunde, aber das war genug, um das Problem zu lösen: Sie hatten das tote Kind Sophie genannt und seine überlebende Schwester Léa. Das Kind Léa sah ganz wie eine Frühgeburt aus, obwohl es eigentlich nur ein wenig zu früh gekommen war. Ich wandte mich zuerst an das kleine Mädchen:

»Deine Schwester Sophie, die im Schoß deiner Mutter bei dir war, ist gestorben. Deshalb hast du schon vor der Geburt gespürt, daß sie sich nicht mehr bewegte. Und deshalb siehst du sie jetzt nicht, und du wirst sie auch nie wiedersehen. Du kannst dir die Erinnerung an sie bewahren, aber sie wird nie mehr an deiner Seite sein.«

Die Mutter war erstaunt, mich so mit dem Kind reden zu hören. Vor dem medizinischen Schwangerschaftsabbruch hatte sie die Ärzte gefragt, ob das Kind etwas von dem Eingriff mitbekommen würde, aber sie hatte nur ausweichende Antworten erhalten und nichts verstanden. Ich versicherte ihr, daß ihr Kind dabei ganz sicher etwas empfunden habe und daß es gerade deshalb wichtig sei, für diese Wahrnehmungen Worte zu finden.

Als ich drei Tage später wieder vorbeischaute, war die Situation kritisch: Léa hatte viel Gewicht verloren. Man hatte ihr die Milch ihrer Mutter einflößen müssen, aber sie gab sie immer wieder von sich, und alle machten sich Sorgen. Ich hatte inzwischen von der Kinderärztin erfahren, daß Léa eine Syndaktylie aufwies, eine Verwachsung zweier Zehen. Diese offensichtliche und hinderliche Mißbildung war jedoch durch einen chirurgischen Eingriff zu einem späteren Zeitpunkt ohne weiteres zu beheben.

Bei meinem zweiten Besuch war Léa nicht im Zimmer, weil man in einer anderen Abteilung damit beschäftigt war, ihr Nahrung einzuflößen. Ich machte den Eltern den Vorschlag, daß wir sie dort gemeinsam aufsuchen sollten, und ich sprach wieder zu ihr:

»Léa, mir scheint, daß du gern zur Welt kommen wolltest, aber daß du dich noch nicht recht zum Leben entschlossen hast und deshalb auch nichts essen willst. Aber man muß essen, um zu leben. Du hast eine Mißbildung unten am Fuß, aber die ist bei weitem nicht so schlimm wie die Mißbildung, an der deine Schwester gelitten hat. Du kannst daran nicht sterben, sondern man muß dich nur später einmal operieren, und dann wird dein Fuß ganz normal sein.«

Danach gab ich nur noch ein paar Ratschläge zur Behandlung des Kindes.

Den Säuglingsschwestern empfahl ich, Léa die Milch ihrer Mutter aus einer Tasse trinken zu lassen. Das ist ein bekannter »Trick«, den man bei Frühgeborenen anwendet, die noch nicht gelernt haben, an der Brust zu trinken. Im Fall von Léa war das so gemeint, daß sie wirklich – und zwar im Beisein ihrer Mutter – von der Muttermilch in Schlucken »kosten« sollte. Der Mutter schlug ich vor, sich das Kind auf den Bauch zu legen, damit es Hautkontakt bekommen, ihren Herzschlag hören und sich an ihren Geruch und ihre Wärme gewöhnen könne. Wie es die Haptotherapie empfiehlt, riet ich ihr auch, die Kleine auf die linke Seite zu legen, mit der Hand unter dem Kreuzbein, um ihr die Sicherheit zu geben, die sie brauchte, um vertrauensvoll trinken zu können.

Léa war zutiefst verstört, der Tod ihrer Zwillingsschwester hinderte sie daran, sich selbst als lebend zu begreifen. Um einen beruhigenden Zusammenhang zwischen der Zeit vor und nach der Geburt herstellen zu können, brauchte sie Bezüge zur Zeit vor der Geburt – eben den Geschmack und den Geruch ihrer Mutter. Das war um so wichtiger, als ihr, durch den Kaiserschnitt, in den ersten Augenblicken die Mutter gefehlt hatte, die ihr nicht helfen konnte, das Unbekannte zu erschließen. Nur wenn sie diese Empfindungen wiedergewann, die ihr durch die Trennung von der Mutter so gewaltsam verlorengegangen waren, konnte sie sich als lebendig empfinden. Und nur so konnte sie die Trauer um ihre

Schwester zu einer »Sache des Lebens« machen, statt sich der todbringenden Identifikation mit ihr zu überlassen.

Schon am nächsten Tag hatte Léa beschlossen, »ihre Haut zu retten«: Sie fing an, selbständig an der Brust zu trinken, und zwar reichlich – was für ein Frühgeborenes außergewöhnlich ist. Zwei Wochen später konnte sie die Entbindungsstation verlassen. Ihr Körpergewicht bei der Entlassung wurde mit Erstaunen zur Kenntnis genommen. Ganz klar: Léa hatte die Initiative ergriffen. Diese Rettung aus eigener Kraft war nicht nur für das Pflegepersonal eine Erleichterung, das ihr bis dahin keine großen Chancen gegeben hatte, sie hatte auch bei den Eltern eine deutliche Wirkung.

Vater und Mutter wollten natürlich zunächst alles abwehren und erklärten, das sei »leider alles ganz normal, das Kind ist eben eine Frühgeburt«. Aber sie zeigten nun viel mehr Interesse, sich mit Léa zu beschäftigen. Ich mußte diese Abwehrhaltung respektieren, die es ihnen erlaubte, sich vor übergroßen Schuldgefühlen zu schützen. Wäre ich auf diese Weigerung, den Ernst der Lage zu erkennen, zu sprechen gekommen, hätte ich das gerade erst gefundene neue Gleichgewicht zwischen den Eltern und ihrer Tochter in Gefahr gebracht. Es ist eben nicht so einfach, zwei Kinder zu erwarten und nur eines zu bekommen. Aber nun, da Léa ihren Eltern geholfen hatte, sich wieder zu fangen, konnte sie auch auf eine eigene Zukunft hoffen …

Für die Belegschaft wie für mich war dieses Zusammentreffen mit Léa eine entscheidende Erfahrung. Ich hatte alles auf eine Karte gesetzt, ich war anders vorgegangen als sonst, ich hatte nicht, wie so oft, mit den Kollegen nur über die Situation der Eltern gesprochen, sondern ich hatte mich ganz auf die Worte verlassen, die ich dem Kind sagte. Worte über das, womit es leben mußte – und ich hatte auf seine Fähigkeit vertraut, zu verstehen. Wenn das Schweigen von Léa so beredt war, dann mußte man sie eben beim Wort nehmen. Es ging um Leben und Tod, doch ich konnte nicht ungefragt das Geheimnis lüften, weil ich dann vielleicht kein Gehör gefunden hätte. Aber weil man nicht wußte, wie man dieses kleine Mädchen rufen sollte, hat man mich gerufen.

Das Neugeborene ist kein Studienobjekt

So sahen also die Anfänge meiner Arbeit in der Béclère-Klinik aus. Ich hatte gewissermaßen die Wirkung von Sprache auf die Neugeborenen direkt vor Augen, und auch andere hatten Gelegenheit bekommen, sich gemeinsam mit mir davon zu überzeugen. Ärzte, deren Fachgebiet die Kindheit ist, sind immer wieder erstaunt, wenn sie erleben, wie eine Psychoanalytikerin ihre Fähigkeiten im sogenannten vorsprachlichen Bereich anwendet. Eines muß ich allerdings ganz deutlich festhalten: Daß ich auf diesem Weg weiter vorankommen konnte, verdanke ich weniger der traditionellen Psychiatrie, sondern eher den Anregungen aus der Forschung und der medizinischen Praxis. Darum war es auch mein Anliegen, die Organisation »La Cause des Bébés« zu gründen, eine Institution, die Vertretern dieser Bereiche Gelegenheit bietet, sich mit den Positionen der Psychoanalyse auseinanderzusetzen. Kinderärzte, Hebammen, Säuglingsschwestern, Psychologen, Psychiater ebenso Neurobiologen, Psycho-Physiologen und Geburtshelfer, aber auch Historiker und Erkenntnistheoretiker berichten dort von ihrer Arbeit und den Ergebnissen ihrer Forschung. Was sie verbindet, ist ihr berufliches Interesse am Wahrnehmungs- und Empfindungsvermögen des Babys vor und nach der Geburt. Ihnen allen erschien die Reifikation des Kindes problematisch, die Tendenz, es als eine Art virtuelles, nichtidentifiziertes Objekt zu betrachten, das in manchen Forschungen zum Gegenstand verschiedener Versuchsanordnungen und Voyeurismen wird. Mit einem Wort: Sie alle ließen dem Kind seine Würde als Subjekt.

Die Psychoanalyse hat oft den Eindruck erweckt, sie halte Abstand zur »Wissenschaft« und es komme in dieser Distanzierung auch eine gewisse Geringschätzung des menschlichen Körpers zum Ausdruck. Vor dreißig Jahren, als die Kybernetik ihre große Zeit hatte, wurde den Analytikern vorgehalten, sie behaupteten zu wissen, wie die Psyche funktioniert, seien aber im Unterschied zu den Naturwissenschaftlern nicht bereit, einen Blick in die »black box« des Schädels zu tun, in der sich der Schlüssel zum Verständnis finde. Heute wirft man ihnen vor, den organischen, wenn nicht gar genetischen Ursprung bestimmter Geisteskrankheiten zu leugnen und vor den Entdeckungen der Biochemie die Augen zu verschließen. All dem liegt ein bestimmtes Mißverständnis zugrunde. Die Psychoanalyse wendet sich durchaus nicht von den Naturwissenschaften ab, sie verweigert sich lediglich der Schlußfolgerung, den Menschen als Objekt, und sei es als Studienobjekt zu betrachten, und sie kann nicht verstehen, wie man vom menschlichen Subjekt zu jenem »entleerten Subjekt der Wissenschaft« gelangen kann, von dem Lacan in seiner Kritik an Galilei spricht – einem Subjekt ohne jedes Verlangen. Es handelt sich also um eine Frage der Sichtweise. Im Übrigen ist den Wissenschaftlern längst klar, daß sie selbst nicht ohne jedes Verlangen sind, spätestens seit Einstein, der lieber Klempner geworden wäre, wenn er die Möglichkeit bekommen hätte, »noch einmal von vorn zu beginnen«. Dennoch haben die Psychoanalytiker keinen Grund, sich zu beklagen. Zumindest was die Theorien bezüglich des Zeitraums kurz vor und nach der Geburt angeht, stützen sich ihre Fortschritte in hohem Maß auf naturwissenschaftliche Erkenntnisse. Was das Wahrnehmungsvermögen des Fetus und des Neugeborenen betrifft, den Erwerb der Sprache, das Gedächtnis, den Zusammenhang von Körper und Denken, so treffen die Erwartungen der modernen Wissenschaft heute mit denen der Psychoanalyse zusammen, die damit Gelegenheit erhält, einige ihrer als hinreichend gesichert geltenden Hypothesen neu zu überprüfen. Diese Verständnisleistung wird uns abverlangt und zu diesem Zweck bietet die Naturwissenschaft ihren Beitrag, der nun im einzelnen gewürdigt werden soll.

Man wird mindestens zweimal geboren

»Es gibt also keine Freiheit ohne Gesetze (...). Ein freies Volk gehorcht, allein es dient nicht; es hat Oberhäupter, aber keine Herren; es gehorcht den Gesetzen, aber es gehorcht nur den Gesetzen, und durch die Gewalt der Gesetze gehorcht es nicht den Menschen.«
Jean-Jacques Rousseau

Theorien: Das Kind als Akteur

1905 veröffentlicht Sigmund Freud in Wien seine »Drei Abhandlungen zur Sexualtheorie«. In dieser Schrift wird die Sexualität des Kindes in einer Weise offen behandelt, die für viele unannehmbar war: Freud schreibt dem Kind im Babyalter die aktive Rolle eines bereits unabhängigen, wenn auch nicht selbständigen Wesens zu.

Seine Formulierung, »daß der Geschlechtstrieb des Kindes ... als polymorph pervers«[1] gelten müsse, hat Furore gemacht. Zum einen konzentriert das Kind seine Sexualität auf verschiedene erogene Zonen, deren Erregungszustand es auf einem erträglichen Maß halten will – den Mund, den Anus, den Penis. Das ist die berühmte Theorie der Phasen. Zum anderen ähneln die sexuellen Reaktionen des Kindes auf diese Erregungszustände bestimmten Verhaltensweisen, die man bei Erwachsenen als »pervers« bezeichnen würde: So kann das präpubertäre Kind abwechselnd Voyeur, Exhibitionist oder Fetischist sein, sich grausam oder im Gegenteil masochistisch zeigen usw. Freuds Beschreibung der Onanie des Säuglings ist erstaunlich genau, wenn man bedenkt, daß er seine Theorien aus den Beschreibungen und Erinnerungen der Erwachsenen gewann, die bei ihm in Analyse waren. Bestimmte Störungen, die im Säuglingsalter auftreten – Probleme beim Saugen, Aufstoßen, Verdauungsstörungen –, sieht er im Zusammenhang mit der Onanie, sie gelten als Formen der Masturbation, mit denen das Kind auf die Erregung der entsprechenden erogenen Zonen (also Mund und Darmtrakt) reagiert. In all diesen Fällen wird das Kind als Person verstanden, die ihre Sexualität »ausagiert«, nicht als passives Wesen, das von körperlichen Störungen oder den Einflüssen des familiären Umfelds bestimmt ist. Freud beschreibt die Onanie im übrigen ausdrücklich als »Exekution der Phantasie (...), dieses Zwischenreiches, welches sich zwischen das Leben nach dem Lustprinzip und dem nach dem Realitätsprinzip eingeschaltet hat«.[2] Entscheidend sind für ihn die tiefer liegenden Phantasien, die Verarbeitung, der das Kind seine Gefühle unterzieht und die Sexualtheorien, die es erstellt. Wie irrig diese Theorien auch sein mögen, sagt Freud, nur durch sie kann das Kind den körperlichen Erregungszuständen und den Wahrnehmungen, die ihm unverständlich sind, einen Sinn verleihen. Genau dies ist seine Antwort auf die Frage »Wo kommen die Kinder her?«.

Allerdings beziehen sich diese Erwägungen auf Kinder von wenigstens drei Jahren, sie müssen also für unsere Überlegungen nicht unbedingt eine Rolle spielen. Aber abgesehen von der Frage des Alters wird in diesen beiden Thesen und den Kontroversen, die sie ausgelöst haben, die grundlegende Auffassung deutlich, die Freud von Anfang an vertritt: Das Kind bedenkt, entwickelt und bestimmt sein Leben und vor allem seine Sexualität. Es zeigt sich dabei aktiv und begehrend, und ihm diese Eigenschaften abzusprechen, wäre ein Irrweg und eine Sackgasse. So gesehen, sind alle Psychoanalytiker nur die ›Zwerge auf den Schultern des Riesen‹. Die großartigen Fortschritte all jener, die sich nach Freud mit Kleinkindern befaßt haben – Anna Freud, Melanie Klein, Donald Winnicott, Françoise Dolto, um nur die bekanntesten zu nennen –, wären ohne jene grundlegenden Vorgaben von Freud nicht denkbar gewesen. Wir müssen auf diesem Weg weitergehen und anerkennen, daß das Neugeborene bereits geboren ist, bevor es zur Welt kommt, genauer gesagt, daß sein Leben schon etwa neun Monate zuvor begonnen hat, daß es davon auf seine Art auch weiß und daß ihm dies vom ersten Tag an einen Sinn verbürgt.

Die sensorischen Fähigkeiten des Neugeborenen

Raphaël, oder wie man seinem Leben einen Sinn gibt

Daß ein Neugeborenes die ihm zu Gebote stehenden Mittel nutzt, um seinem Leben einen Sinn zu geben, und daß der Psychoanalytiker vor allem aufgerufen ist, dies anzuerkennen, soll im folgenden an einem Beispiel gezeigt werden – einem Fall von Tausenden, die mir im Säuglingsheim zu Ohren gekommen sind.

Der kleine Raphaël, kaum drei Tage alt, litt an schlimmem Durchfall. So etwas kommt bei Säuglingen häufig vor, ihr Verdauungssystem muß sich erst noch entwickeln. Aber in diesem Fall hielt der Durchfall an, trotz aller Behandlungsversuche. Das Kind hatte Schmerzen, es weinte und schrie in einer Weise, daß selbst die Ärzte und Schwestern, die solche Probleme natürlich kennen, es kaum ertrugen. Außerdem verlor das Kind bedrohlich an Gewicht.

»Das hat nichts zu bedeuten«, meinte die Mutter. »Abgesehen von diesem Durchfall ist alles in Ordnung.« Aber dennoch hatte sie mich rufen lassen. Sie war eine Zeitlang magersüchtig gewesen; und als sie schwanger wurde, hatte sie heftige Anstrengungen unternommen, ihr Ideal einer flachen Bauchpartie nicht aufgeben zu müssen: Hungerkuren, Erbrechen, Phantasien, wie sie das Kind loswerden könne... Obwohl sie das Kind wollte und hoffte, daß es zur Welt kommen würde, mag sie es in manchen Augenblicken verflucht haben, weil es sie so »unförmig« machte. In meinen Gesprächen mit ihr wurde sie auch auf ihre eigenen Probleme aufmerksam, sich als Frau und Mutter zu sehen, aber zunächst ging es vor allem darum, das Kind teilhaben zu lassen.

Was ich zu Raphaël sagte, war im Wesentlichen, daß seine Mutter zwar daran gedacht haben mochte, ihn auf irgendeine Art loszuwerden, daß sie diese Vorstellungen aber überwunden habe und sehr froh darüber sei, daß ihr dies gelungen sei und sie ihn bekommen konnte. Und außerdem: Er, Raphaël müsse sich, um von ihr wirklich akzeptiert zu werden, nun aber nicht diesen Vorstellungen fügen und sich auf seine Weise »davonmachen«, als sei er kein Baby, sondern nur ein Abfallprodukt seiner Mutter. Daß Raphaëls Symptome noch am selben Tag verschwanden, konnte allerdings nicht nur auf diese Mitteilung zurückgeführt werden, denn bei der Zusammenkunft waren noch andere Momente wirksam geworden. Aber es hatte sich auf diese Weise ein Kontakt hergestellt, der weitere Möglichkeiten eröffnete: Wäre nicht zunächst der Sinn anerkannt worden, den das Kind seinem Dasein und seiner gefährdeten Existenz gab, dann wäre es vielleicht gar nicht zu diesem Dialog gekommen.

Grundlage des Umgangs mit Neugeborenen in der psychoanalytischen Praxis muß die Einsicht sein, daß ein Baby, ganz gleich, unter welchen Umständen es zur Welt gekommen ist, seiner Erfahrung einen Sinn zu verleihen versucht – und dies in einer Außenwelt, in der alles neu ist und in der es noch kaum weiß, wie es sich zurechtfinden soll.

Wie soll dieser Lebenssinn aber auf Verständnis treffen, wenn niemand da ist, der ihn anerkennt? Wie verschafft man ihm Rückhalt, wenn er schwindet? Wie kann man für die Kommunikationsversuche des Neugeborenen den geschützten Ort schaffen, den ihm, aus den verschiedensten Gründen, die unmittelbare Umgebung nicht bietet?

Eine einfache Antwort auf diese Frage gibt es nicht – sie stellt sich immer wieder neu, schon weil sich seit zwanzig Jahren die wissenschaftlichen Erkenntnisse über den Fetus und den Säugling äußerst rasch erweitert haben. Die Forschung hat grundlegend neue Einsichten erbracht, und die daraus erwachsenen neuen Verfahrensweisen haben wiederum zu neuen theoretischen Überlegungen geführt. Besonders deutlich zeigt sich dies am Wissensstand über den Fetus: In den siebziger Jahren war man noch auf Vermutungen angewiesen, doch dann setzte eine Entwicklung in der Embryologie und der Genetik ein, die neue Ansätze in der pränatalen Praxis ermöglichte; die Ultraschalluntersuchung brachte ungeahnte Möglichkeiten im Bereich der Schwangerschaftsdiagnostik und -vorsorge; die In-vitro-Fertilisation bedeutete für zahlreiche unfruchtbare Paare den Ausweg aus ihrer Lage...

In der Entbindungsstation der Béclère-Klinik können wir diese Fortschritte und ihren Nutzen in unserer Tätigkeit unmittelbar verfolgen. Paradoxerweise machen sie die Situation nach der Geburt nicht einfacher: Je mehr medizinische Kenntnisse man über den Fetus, das Neugeborene und die Gebärende besitzt, je stärker die Pflege in der Klinik medizinisch bestimmt ist, desto größer wird die Gefahr, daß kein Platz mehr bleibt für die Worte. Ich will jetzt nicht mit der beliebten Übertreibung kommen, daß die Patienten in einer Klinik infantilisiert werden – das stimmt einfach nicht. Inzwischen geht man mit diesen Fragen viel bewußter um, und ich kann versichern, daß es bei uns viele Ärzte, Hebammen, Pflegerinnen und Kinderschwestern gibt, die in ihrer Arbeit die Menschenwürde der Wöchnerinnen und der Babys sehr wohl bedenken. Das eigentliche Problem liegt auf der institutionellen Ebene.

Frühgeborene, denen die Mutter fehlt

Nehmen wir das Beispiel der Frühgeburten. Kinder, die nach einer Schwangerschaft von sechsundzwanzig Wochen zur Welt kommen, sind oft aus medizinischer Sicht lebensfähig, auch wenn sie natürlich eine ständige Betreuung brauchen, die im Rahmen der »normalen« Nachsorge nach der Geburt nicht zu leisten ist. Also trennt man sie von der Mutter und verlegt sie in die Intensivstation für Neugeborene, die sich in einem anderen Trakt der Klinik befindet. Sie wiegen sehr wenig (manchmal nur 400 Gramm), ihre Atmung und ihr Nervensystem sind noch nicht ausreichend ausgebildet, daher brauchen sie ständige Hilfe in einer Einrichtung, die alles bietet, um ihnen die weitere Entwicklung außerhalb des Mutterleibs zu ermöglichen. Und die Mütter? Sie bleiben allein zurück, in ihrem Zimmer in der Entbindungsstation, ja es kann geschehen, daß sie nicht einmal wissen, was für ein Kind das ist, auf das sie warten – dann nämlich, wenn sie unter Vollnarkose entbunden haben oder das Kind in die Neonatologie-Abteilung gebracht wurde, bevor sie es sehen konnten. Dann bleibt ihnen nur, wieder und wieder das längst abgegriffene Polaroid-Photo ihres Kindes anzuschauen, das man ihnen ausgehändigt hat. Voller Sorge und Zweifel versuchen sie, einen Zusammenhang herzustellen zwischen dem Bild jenes virtuellen Wesens, das jetzt an eine seltsame Apparatur angeschlossen ist, und der von ihnen ersehnten Leibesfrucht. Natürlich dürfen sie ihr Kind besuchen, allerdings erst, wenn es ihr eigener Gesundheitszustand erlaubt. Also erwarten sie – das Beste oder des Schlimmste, je nach innerer Einstellung. Bei Gesprächen mit den Müttern sehr früh geborener Kinder ist man immer wieder überrascht, wie ausgeprägt ihre Sorge um das Kind ist (jene *primäre Mütterlichkeit* von der D. Winnicott[3] spricht), die doch kein Ziel findet. Sie stellen sich vor, und häufig ganz zu Recht, daß ihr

Kind in dieser Lage ihrer besonderen Zuwendung bedürfte. Und weil sie dazu gerade während dieser Trennungszeit keine Möglichkeit finden, sind sie verzweifelt und niedergeschlagen.

»Ich bin eine schlechte Mutter – gerade jetzt, wo es mich am meisten braucht, kann ich ihm nicht helfen«, erklärt mir eine Mutter unter hilflosem Schluchzen. »Sie als Psychoanalytikerin wissen doch, wie entscheidend die ersten Tage sind...«

Eine andere macht sich den Vorwurf: »Ich habe es ja nicht einmal geschafft, das Kind richtig auszutragen... das alles ist meine Schuld.«

Eine dritte klagt: »Wozu soll ich das Kind besuchen und mit ihm reden? Es wird mich gar nicht erkennen, mit all den Schläuchen in der Nase und im Mund.« Und wieder eine andere versucht, den Mangel an Mutterliebe so zu entschuldigen: »Ich würde dort doch nur stören. Und außerdem sagt man mir, daß ich selbst noch sehr schwach bin. Die Säuglingsschwestern in der Intensivstation können das viel besser als ich.«

Zu Beginn einer Sitzung erzähle ich diesen Frauen, die durch die Apparatemedizin um ihre primäre Mütterlichkeit gebracht worden sind, was ich über frühgeborene Kinder weiß – ich gebe »medizinischen Aufklärungsunterricht«, wie Françoise Dolto zu sagen pflegte. Zunächst mache ich deutlich, daß die Frühgeborenen die Gegenwart der Mutter und auch des Vaters mehr als andere Kinder brauchen, und daß sie auch sensibler als andere auf diese Anwesenheit reagieren. Ich erkläre, daß nach wissenschaftlich gesicherten Erkenntnissen ein Neugeborenes seine Mutter und deren Stimme unter Hunderten erkennt[4], daß es sich die Klangfarbe und die tiefen Frequenzen der Stimme des Vaters merken kann, in welchem Maße es den Körpergeruch der Mutter, den Geschmack ihrer Muttermilch identifizieren kann... Und ich weise darauf hin, daß sie mit den Worten, die sie an ihr Baby richten, eine Bindung schaffen können, daß es sehr wichtig ist, das Kind mit dem Namen anzusprechen, ihm vielleicht von seinen Brüdern und Schwestern zu erzählen und die genauen Umstände von Schwangerschaft und Geburt zu schildern – kurz: dem Kind alle Signifikanten zu bieten, die es braucht, um sich zu entwerfen.

Unter normalen Umständen würden die Eltern ihrem Kind das alles vermutlich erzählen, und das Kind wäre sicher aufgehoben in den Worten der Mutter, im alltäglichen Austausch und den Gesprächen beim Besuch von Familienangehörigen. Aber im Fall einer Frühgeburt ist das leider nicht möglich, wie sehr es sich die Eltern auch wünschen mögen – statt dessen besteht die Gefahr, daß die aus medizinischen Gründen unvermeidbare Trennung bei ihrem Kind ein sprachliches Defizit, eine Art »Sprachlücke« erzeugt. Ich gebe den Müttern darum den Rat, sofern es ihr eigener Zustand erlaubt, das Kind so oft wie möglich zu besuchen, um diesen Mangel auszugleichen. Wenn sie sich schon nicht ständig um ihr Kind kümmern können, sollen sie doch mit ihm sprechen, ihm etwas vorsingen, wenn ihnen danach ist, ihm Zärtlichkeit zukommen lassen. Sie sollen darauf achten, ob das Baby die Augen aufschlägt und Kommunikation sucht oder ob es Müdigkeit zeigt, ob man besser still bei ihm bleibt, ohne es zu stören... Alles in allem versuche ich, den Müttern jeden Weg aufzuzeigen, wie sie die wichtige, aber noch schwach ausgeprägte Aufnahmefähigkeit ihres Kindes richtig einschätzen und behandeln können.

Das imaginierte Kind

Nicht bei allen stößt diese sprachliche Unterstützung der zu früh geborenen Kleinkinder auf Zustimmung. Manche Psychoanalytiker, die mit Neugeborenen arbeiten, halten es für dringender, den Müttern dabei zu helfen, ihr »imaginiertes Kind« aufzugeben, damit die Trennung von ihrem wirklichen Kind nicht unerträglich wird. Sie erklären, es sei unsere berufliche Pflicht, nicht um jeden Preis zu versuchen, die unwiderrufliche Schädigung ungeschehen zu machen, die durch eine Frühgeburt bewirkt wird. Ob man die Diskussion auf dieser Ebene führen muß, bleibt fraglich. Der Psychoanalytiker sollte vor allem an das Neugeborene denken, die schlimmsten Folgen der Trennung hat schließlich das Kind zu tragen. Dieser Situation entgegenzuwirken ist auch der Zweck solcher Einrichtungen wie der »Känguruh-Abteilung«: Anders als in einer herkömmlichen Station kommen hier die Pflegepersonen zu den Neugeborenen und nicht umgekehrt, und indem die Bindung zwischen Mutter und Kind gestützt wird, soll alles unternommen werden, was den pathogenen Zustand sensorischer Deprivation mildern kann, in den das Kind durch eine längere Trennung geraten würde.

Und was die Idee angeht, die Mutter müsse sich von ihrer Vorstellung, von ihrem »imaginierten Kind« trennen – welchen Sinn ergibt das? Kann man nicht im Gegenteil feststellen, daß dieses imaginierte Kind niemals stirbt? Ist nicht gerade dieses Kind gemeint, wenn Vater oder Mutter enttäuscht sind, daß ihre Nachkommen als Erwachsene doch nicht ganz nach Wunsch geraten sind, und dann erklären: »Weißt du, selbst wenn du sechzig bist – du bleibst doch immer mein Kind!«

An diesem idealen Kind, auf das sich bereits vorab die größten Hoffnungen richten, orientiert sich auch der Erziehungsstil der Eltern. Ob sie streng sind oder nachsichtig, es hängt immer von ihrem eigenen Ich-Ideal im Freudschen Sinne ab, in welchem Maße sie in der Lage sein werden, mit den Überraschungen zurechtzukommen, die ihnen ihr reales Kind zweifelsohne bereiten wird. Aber wie es ihnen mit ihrem Erziehungsprogramm auch ergehen mag, sie müssen das imaginierte Kind keineswegs sterben lassen, um das reale Kind zu akzeptieren. Und dieses Kind wird sich – trotz oder wegen des Etiketts, daß man ihm anhängt – seinen »eigenen Namen machen«. Stark vereinfachend könnte man dieses Problem so beschreiben: Alles hängt davon ab, wie das Kind selbst mit den Identifizierungen, die durch sein Ideal-Ich gesetzt sind und den Phantasien, die sein Ich-Ideal bestimmen, zurechtkommen wird, wie es sich zwischen dem Bereich des symbolischen Gesetzes und der Verpflichtung der Nachkommen und dem Bereich des übermächtigen und phantasmatischen Moralprinzips bewegt.[5]

Zurück zu den Ratschlägen, die ich den Müttern sehr früh geborener Kinder gab: Ich konnte mich nur selten überzeugen, welche Wirkung sie hatten, weil ich zu den Kindern nur in Ausnahmefällen Zugang bekam. Was ich wußte, erfuhr ich bestenfalls von den Müttern, sofern ich noch einmal mit ihnen zusammentraf. Aber es fiel mir immer wieder auf, wie sie nach unseren Gesprächen strahlten, wie erleichtert sie waren, eine aktive Rechtfertigung ihrer mütterlichen Sorge zu erhalten. Ich kam zu dem Schluß, daß mein Eingreifen nicht nur pädagogischer Art war und daß ich mich nicht darauf beschränken mußte, nur dann tätig zu werden, wenn ich im konkreten Fall gerufen wurde.

Für die Eltern stellte sich das Problem so: Wie wird man Mutter (oder Vater) eines frühgeborenen Kindes? Worauf richten sich die mütterlichen und väterlichen Gefühle? Also ging es darum, eine Form der systematischen Vorsorge zu etablieren, ohne dabei die Grundsätze der Psychoanalyse zu verletzen.

Zunächst mußten die Frauen in ihrem Selbstwertgefühl bestärkt werden, die den Eindruck hatten, nach der Geburt des Kindes kaum noch eine Rolle zu spielen, zum anderen mußten sie ermutigt werden, in einer Situation, in der sie nicht mehr wußten, auf welche Vorstellung von ihrem Baby sie sich nun einlassen sollten, sich auf ihre *primäre Mütterlichkeit* zu verlassen. Aber darüber hinaus ging es vor allem darum, dem Kind die entscheidenden Voraussetzungen seiner Entwicklung nicht vorzuenthalten – und zwar ganz unabhängig von medizinischen Erwägungen. Inzwischen habe ich mit den Ärzten und Schwestern die Abmachung getroffen, daß ich die Mütter, deren Kind in der Intensivstation versorgt wird, regelmäßig in ihrem Zimmer aufsuche. Ich biete gewissermaßen eine Vorsorgeinformation, die mir gerade in der Abteilung für Neugeborene der Béclère-Klinik sehr wichtig scheint, wo Fälle dieser Art recht häufig sind.

Das Empfindungsvermögen des Säuglings

Daß es überhaupt möglich ist, den medizinischen Auswirkungen der Trennung Neugeborener von ihrer Mutter entgegenzuwirken, haben wir den sehr hilfreichen Erkenntnissen zu verdanken, die sich aus der Forschung im prä- und postnatalen Bereich ergeben.[6] Nach Meinung der Wissenschaftler sind bei der Geburt, ob vorzeitig oder nicht, bereits die entscheidenden Grundlagen vorhanden: Der Fetus besitzt genug Empfindungsvermögen, um sich in der neuen Welt zurechtzufinden.

Die Stimme wird wiedererkannt

Neugeborene Kinder sind in der Lage, die Stimme ihrer Mutter mit der Stimme zu identifizieren, die sie während der Schwangerschaft – also verzerrt durch die Trennwand der Bauchhöhle – gehört haben. Ebenso erkennen sie die Stimme des Vaters wieder, oder des Mannes, der an der Seite der Mutter war und nahe bei ihrem Bauch gesprochen oder sich direkt an das Kind gewendet hat. Seit den Erkenntnissen von T. B. Brazelton, einem der ersten, die über die erhöhte Aufnahmefähigkeit von

Neugeborenen geforscht haben, ist dieser Befund unumstritten. M.-C. Busnel hat als wichtiges Kriterium für diese Hypothese die Verlangsamung des Herzschlags angeführt, die jedesmal eintrat, wenn die Mutter zu sprechen begann – besonders deutlich zeigte sich dieser Effekt, wenn die Mutter zu ihrem Kind sprach. Andere verweisen darauf, daß in eben dieser Situation eine Zunahme der Saugreflexe zu bemerken ist, die nicht durch Hunger ausgelöst wird. Wieder andere Beobachtungen belegen, daß die Kinder motorische Reaktionen auf die Worte der Mutter zeigen (sie drehen den Kopf in die Richtung, aus der die Stimme kommt, öffnen die Augen, bewegen die Arme).

Aus alledem ergibt sich: Ein wenige Tage altes Kind reagiert auf sprachliche Stimuli stärker als auf andere Arten von Stimuli, obwohl es doch eigentlich kein Wort verstehen sollte. Bereits als Fetus hat es gelernt, die Stimme der Mutter vom Hintergrundgeräusch im Uterus, von anderen äußeren Geräuschquellen und sogar von den Stimmen anderer Personen zu unterscheiden. Als Neugeborenes unterscheidet es diese Stimme von der anderer Frauen, es ist ihm die liebste, und es begreift, daß sie von jener Frau kommt, deren Stimme es bereits *in utero* gehört hat. Überdies erkennt das Kind nach der Geburt die Sprache seiner Mutter, während es auf Sprachen, die es während der Schwangerschaft nie gehört hat, nicht reagiert. Was bedeutet das? Tatsächlich hat man nachweisen können, daß der Fetus in der Lage ist, Silben in der Sprache der Mutter zu unterscheiden. Es ist, als verfüge das neugeborene Kind über einen Vorrat an Phonemen der Sprache, die es während der Schwangerschaft gehört hat, als sei es bei der Geburt bereits für diese Sprache »vorgeprägt«. Diese Prägung bleibt etwa sechs Monate lang wirksam, so lange behält das Kind die Vorliebe für seine »Muttersprache« – im wörtlichen Sinne. Natürlich verliert es damit nicht die Fähigkeit, viele andere Sprachen zu lernen, aber die Vorliebe bleibt.

Soll das heißen, daß ein Kleinkind bereits unsere Sprache spricht? Natürlich nicht – kein Psychoanalytiker und kein Forscher würde sich zu dieser Behauptung versteigen. Das Thema wird im letzten Kapitel des Buches behandelt, hier will ich es bei der nicht ganz ernst gemeinten Feststellung belassen, daß ein Baby wenigstens so sprechen kann wie ein Gehörloser. Tatsächlich haben zwei Forscherinnen aus einem anderen Wissenschaftsbereich, zwei Psycholinguistinnen[7], den Nachweis geführt, daß Babys, die von Geburt an vollständig taub sind, und deren Eltern ebenfalls taub sind, also die Taubstummensprache benutzen, anfangen, »mit den Händen zu plappern«, bevor sie die Zeichensprache beherrschen. In der Untersuchung wurden die Handbewegungen von fünf Babys (zwei von ihnen taub, die anderen nicht) im Alter von zehn bis vierzehn Monaten verglichen. Es war auch darauf geachtet worden, normale Gesten (etwa das Ausstrecken der Arme, um hochgehoben zu werden) von Gesten ohne eindeutigen Anlaß (eben dem »manuellen Geplapper«) zu unterscheiden. Das Ergebnis: Bei den tauben Kindern machte dieses Plappern mit den Händen mehr als die Hälfte ihrer gestischen Aktivität aus, während es bei den anderen Kindern nur einen Anteil von zehn Prozent hatte, und es führte in den selben Entwicklungsphasen zur Formulierung der ersten Worte in der Gestensprache. Neugeborene, ob taub oder nicht, sind also keineswegs stumm – sie kommen mit einem kleinen Sprachrepertoire zur Welt, und sie sind fähig, eine Art von Sprache hervorzubringen. Anders gesagt: Sie sprechen, bevor sie sprechen gelernt haben, sie plappern drauf los, auch wenn sie noch über keinen Wortschatz und kein semantisches und lexikalisches Repertoire verfügen. Wir wollen hier nicht behaupten, daß sie verstehen, was sie tun oder was wir zu ihnen sagen – das ist ein weites Feld. Halten wir also zunächst nur fest, daß die Babys in der Lage sind, Botschaften zu verstehen und Botschaften auszusenden, und daß letztere vielleicht einen Sinn haben. Diesen Sinn zu entschlüsseln ist unsere Aufgabe.

Der Stoff, der gut nach Mama riecht

Bei der Geburt sind die Grundlagen der sensorischen Fähigkeit schon vorhanden, der Fetus wie das Neugeborene verfügen bereits über ein bedeutendes Spektrum an Sinneseindrücken, aber damit ist noch nichts gewonnen, denn um seine Eindrücke vor und nach der Geburt verknüpfen zu können, braucht das neugeborene Kind seine Eltern. Jede noch so kleine Unterbrechung dieser Verbindung dagegen zeigt, wie unersetzlich für das Kind sie ist, um sich selbst zu entwerfen.

Mme Perrier ließ mich eines Tages rufen, weil sie mit mir reden wollte – seit Tagen hatte sie immerzu weinen müssen. Sie war zum ersten Mal

Mutter geworden, und trotz ihrer Tränen freute sie sich über ihr erstes Kind, und es gab in dieser Hinsicht nichts, worüber sie sich beklagte. Wie sich zeigte, hatte ihre Tochter Marie eine leichte Gelbsucht, die lichttherapeutisch behandelt werden mußte. Das Kind wurde zu diesem Zweck wiederholt für jeweils vier Stunden von starken Lampen angestrahlt; dabei legte man es nackt und mit verbundenen Augen in eine Art Hängematte unter die Lichtquellen. Das Verfahren hatte eigentlich nichts Gewaltsames, auch wenn die hell ausgeleuchtete Umgebung auf ein kleines Mädchen, das neun Monate an einem vergleichsweise dunklen Ort verbracht hatte, natürlich etwas verstörend wirken mußte. Auch die Apparatur ist recht gewaltig, und die Nacktheit wie die Augenbinde können zur Verunsicherung beitragen. Obwohl die Behandlung harmlos und ganz schmerzlos ist, kommt es daher vor, daß Babys in dieser Lage ihrem Unbehagen Ausdruck geben. Marie allerdings empfand die Behandlung als völlig unerträglich: Sie weinte und schrie so heftig, daß ihre Mutter in Panik geriet und sich nicht anders zu helfen wußte, als in das Weinen ihres Kindes einzustimmen. Das alles stiftete so viel Unruhe, daß die Pfleger der Mutter empfahlen, sich an mich zu wenden.

Dieses Kind war von allem getrennt worden, was es zuvor gekannt hatte. Einmal mehr mußte ich mich nur an die Forschungsergebnisse erinnern, um zu begreifen, daß ihm die Möglichkeit fehlte, eine Brücke zu schlagen, einen Weg zum Verständnis all der Erfahrungen zu finden, die es nun mit unbekannten Personen und völlig neuen Situationen machte. Ich erklärte, daß Mme Perrier mit ihrem ständigen Weinen durchaus nicht »übersensibel« auf das Unbehagen ihres Kindes reagiert habe; und statistisch gesehen sei es auch nichts Ungewöhnliches, daß Marie sich so gegen die Gelbsuchtbehandlung wehrte. Was sie brauche, sei die Möglichkeit, auf die ihr bekannten Empfindungen zurückzugreifen, um mit Situationen fertig zu werden, die ihr unbekannt sind. Ich sah mich gehalten, für Marie und ihre Mutter ein Verfahren der Trennung zu erfinden, das dem Kind helfen sollte, seine natürliche Empfindungsfähigkeit als Rückhalt zu gebrauchen, statt sie zu einer Quelle der Angst werden zu lassen. Darum empfahl ich der Mutter, ihrer Tochter vorab zu erzählen, daß die Behandlung anstand, ihr den Ablauf und die Gründe zu erklären, ihr den Pfleger zu nennen, dem sie anvertraut würde, und ihr Gelegenheit zu geben, sich mit seiner Stimme vertraut zu machen – und ihr auch zu sagen, daß sie nach vier Stunden wieder bei der Mutter sein würde.

Dieses Vorgehen empfehle ich inzwischen allen Müttern, mit denen ich zu tun habe, für den Fall, daß sie von ihrem Kind getrennt werden. Da wir inzwischen wissen, daß der Herzrhythmus und die Atemfrequenz von Neugeborenen sich verändern, sobald sie die Stimme der Mutter unter den Stimmen mehrerer Frauen heraushören, daß sie sich auf diese Stimme orientieren, indem sie die Augen öffnen und den Kopf wenden – sollten wir dann nicht versuchen, diese Einsichten umsetzen, wenn es darum geht, einfache Vorsorgemaßnahmen zu treffen?

Mme Perrier suchte also ihre Tochter auf und legte ihr, auf meinen Rat, ein Wäschestück ans Gesicht, das den Geruch der Mutter trug. Welche Bedeutung der Geruchssinn bei Neugeborenen hat, ist spätestens seit den fünfziger Jahren bekannt. Die Arbeiten von Konrad Lorenz, dem Begründer der modernen Verhaltensforschung, befaßten sich mit diesem Phänomen bei Tieren; der Psychoanalytiker René Spitz thematisierte die Frage im Zusammenhang mit Fällen von Hospitalismus, Françoise Dolto setzte diese Kenntnisse bereits in den Kriegsjahren um, Schaal führte dann in den achtziger Jahren den experimentellen Nachweis: Neugeborene Kinder verfügen über einen besonders entwickelten Geruchssinn, der später nachläßt. Außerdem sind sie in der Lage, sich sehr genau an bestimmte Gerüche zu erinnern – ein Wäschestück, das nach ihrer Mutter riecht, hat darum eine deutlich beruhigende Wirkung, wenn die Mutter gerade abwesend ist. Marie konnte also das Stück Stoff riechen, das neben sie gelegt wurde, und sich sogar daran anschmiegen. Dieses kleine Mädchen, das vier Tage zuvor noch unter der Bauchdecke seiner Mutter geborgen war, fand sich dann plötzlich im leeren Raum unter den Lampen, ohne Rückhalt, ohne Kontakt zu irgend etwas. Sie war auch noch nicht alt genug, um die eigenen Körpergrenzen klar zu erkennen. Zweifellos diente Marie dieses Stück Stoff als Halt und Stütze, so wie die Ränder der Wiege den Säuglingen helfen, sich »zurechtzufinden«. Mme Perrier kam jedenfalls eine Stunde später glückstrahlend zu mir, um mir zu erzählen, daß die Behandlung heute ganz problemlos gewesen sei und Marie jetzt friedlich in ihrer »Hängematte« schlafe.

Daß der Geruchssinn für Säuglinge eine so große Bedeutung hat, liegt zweifellos daran, daß ein bestimmtes Substrat der Hirnrinde gerade in diesem Alter besonders entwickelt ist. Durch den starken Einfluß dieses Rhinenzephalons (Riechhirns), der später zurückgeht, wird ein Säugling zeitweilig zu einem Genie, was seinen Geruchssinn angeht. Neurophysiologisch ist dies im übrigen ein kleines Rätsel. Jeder hat schon einmal die Erfahrung gemacht, daß in seinen Träumen mehr oder weniger phantastische Bilder auftauchen, daß er wunderbare Musik hört, mehr oder minder angenehme körperliche Berührungen oder auch seltsame Geschmacksempfindungen erlebt. Aber kein Träumer konnte sich je nach dem Erwachen an einen bestimmten Geruch in seinem Traum erinnern und sagen, ob er süß oder herb, stark oder sanft gewesen war. Tatsächlich scheint der Geruchssinn, im Unterschied zu den anderen Sinneseindrücken, nicht durch den Thalamus verarbeitet und gespeichert zu werden, jenen Teil des Hirns, der als wichtigste Stütze für die Erinnerung an affektive Zustände gilt.

Von den Babys weiß man aber, daß sie sich nicht nur an die Mutterbrust drängen, weil sie ihren Hunger stillen wollen, sondern auch um den Duft der Mutter aufzunehmen, den Geruch ihres Körpers und ihrer Milch. Wie gelingt ihnen das? Haben sie sich diese Gerüche, die sie nun »auskosten«, bereits gemerkt, indem sie Fruchtwasser schluckten, als sie noch im Uterus lebten? Der Geruch der Mutter und der Geschmack dessen, was sie ißt, gehen in der Tat ins Blut und ins Fruchtwasser über. Vielleicht verfügen die Babys ja über ähnliche Fähigkeiten wie die »Nasen«, jene Menschen, deren Beruf es ist, Parfums zu entwickeln und die in der Lage sind, zwei- bis dreihundert verschiedene Parfums am Geruch zu unterscheiden – eine wissenschaftlich bislang nicht erklärbare Fähigkeit. Oder soll man diese gesteigerte Empfindungsfähigkeit sogar als prägenden Einfluß und große Gabe begreifen – man denke nur an den berühmten Jean-Baptiste Grenouille in Patrick Süskinds Roman »Das Parfum«[8], der in einem Fischverkaufsstand auf dem Markt zur Welt kommt, wo der Gestank kaum den Leichengeruch vom nahegelegenen Friedhof überdecken kann. Die Leser wissen, welches Schicksal die Phantasie des Autors seinem Helden aufgrund dieser Geburtsumstände zugedacht hat: Er ist völlig verrückt nach dem Duft der Frauen und der Essenz des Lebens…

Obwohl die Neurophysiologen noch keine Lösung dieses Rätsels gefunden haben, muß man als Psychoanalytiker davon ausgehen, daß der

Geruchssinn bei Neugeborenen eine entscheidende Rolle für die Bindung an die Mutter spielt, ebenso wie das Saugen und Schlucken, mit dem er in Verbindung steht. In der körperlichen Nähe zur Mutter beginnt das Kind sich selbst zu entwerfen. Sein Körper ist eng verbunden mit der Brust der Mutter, der Quelle der Lust, und ihr Geruch bestimmt auch seine Vorstellung vom eigenen Körper: vom Mund, der schluckt und Geräusche macht, von der Nase, die riechen kann, von den Lippen, die saugen, von den Ohren, die der vertrauten Stimme lauschen... Folglich verliert das Kind die Gewißheit des eigenen Körpers, wenn die Mutter auf unerklärte Weise verschwindet; und darum ist es so wichtig, daß die Folgen einer solchen Abwesenheit, was auch die Ursache sein mag, durch Worte gemildert werden. Im Fall von Marie war das nicht schwierig, und die Wirkung zeigte sich rasch, weil die Mutter selbst ihrer Tochter den Grund ihrer zeitweiligen Abwesenheit erklären konnte. Aber in anderen Fällen ist das nicht möglich, etwa wenn die Geburt geheimgehalten wird, wenn die Mutter einen Unfall hatte oder gestorben ist. Genau das hatte Françoise Dolto wohl im Sinn, als sie von einer »Verletzung in der Beziehung des Subjekts zu seinem eigenen Körper« sprach, »weil das Körperbild einer mit der Mutter weggegangenen erogenen Zone amputiert worden ist, welche die Geruchsempfindung und die Schluckbewegung des Babys war. Dieses Körperbild kann ihm zurückgegeben werden, indem man ihm, wenn man es so sagen kann, materiell oder subtil /materiellement ou subtilement den Geruch seiner Mutter, welcher an ihren Kleidern haftet, zurückbringt. Sein Körper erhält dann wieder Leben. Es ist sein Basisbild eines eigenen Körpers; es ist das Bild des Funktionierens, die Möglichkeit des Saugens; während es ohne den Geruch der Mutter zum Beispiel nicht mehr saugen oder etwas schlucken könnte.«[9] Damit wird auch klar, warum das Kind unbedingt eine »Geruchskontinuität« braucht.

Im Fall der Trennung

Mme Perrier war mit meinen Ratschlägen und den Folgen ihres eigenen Einwirkens auf Marie sehr zufrieden, und wollte darum unbedingt, daß ich sie vor jedem Behandlungstermin des Kindes aufsuchte. Natürlich ging ich darauf nicht ein – die Mutter sollte ja nicht glauben, daß es sich um eine Art von »Zauberformel« handelte, sondern begreifen, daß sie selbst diese Wirkung hervorrufen konnte.

Es ist schließlich weniger die Person der Psychoanalytikerin, von der die Patientin etwas erwarten sollte, sondern das System der Psychoanalyse: In diesem Rahmen kann sie sich auf Gesetze, eingeführte Verfahren und Regeln verlassen, die ihr die Möglichkeit geben, nicht mehr Menschen (also hier der Analytikerin) zu gehorchen, sondern »nur den Gesetzen«, wie es bei Rousseau heißt. Eben darum ist die genaue Beachtung der einzelnen Schritte des Vorgehens so wichtig.

Man könnte meinen, solche Verfahrensfragen seien eher nebensächlich oder nur ein Ritual. Doch die Ärzte und das Pflegepersonal sehen das ganz anders und äußern sich entsprechend – sie sind nämlich die unmittelbaren Nutznießer der positiven Auswirkungen. Der Psychoanalytiker Lucien Kokh, dessen theoretische Überlegungen mir bei der Klärung entscheidender Aspekte meiner praktischen Arbeit sehr geholfen haben, hält derartige Verfahrensregeln für »unabdingbar, um die Sprache ins Spiel zu bringen«. Andernfalls wäre es schwierig, die unterbrochenen Kommunikationslinien zwischen der Mutter und dem Säugling wiederherzustellen. Im Rahmen der Psychoanalyse hat die Mutter die Möglichkeit sich an etwas zu erinnern, das sie vielleicht zu vergessen gehalten war: Reden ist die klassische Form der Kommunikation zwischen Menschen. Warum sollte sie zögern, davon Gebrauch zu machen, nur weil es heißt, das Kind sei dafür noch zu klein, oder weil sie befürchtet, daß ihre Reden als geschwätziger Monolog gelten könnten?

Aus meiner Praxis regelmäßiger Besuche bei Müttern frühgeborener Kinder gibt es über die belebende Wirkung dieses Vorgehens nur das Beste zu berichten: Fast immer überwanden die Mütter ihre Niedergeschlagenheit – und in den Fällen, wo dies nicht gelang, lagen andere, schwerwiegende Gründe vor. Meist entwickelten sie einen Eifer, den es erst einmal zu dämpfen galt – etwa wenn sie sich unverzüglich in die Abteilung für Neugeborene aufmachen wollten, um ihr Baby zu sehen, obwohl ihr eigener Zustand (etwa nach einem Kaiserschnitt) Anlaß zur Vorsicht gab. Aber gerade durch dieses neuerweckte Verlangen nach dem Leben können die Mütter den frühgeborenen Babys helfen, ihre schwierige Lage zu ertragen.

Seit der Erfahrung, die Mme Perrier gemacht hat, sind auch in der

Behandlung der Gelbsucht einige Fortschritte erzielt worden. Heute gibt es mobile Sonnenbänke, die im Zimmer der Mutter aufgestellt werden – die Gegenwart der Mutter entschärft die Probleme. Aber diese Behandlungsmethode ist auch in anderen Fällen erfolgversprechend, in denen die Trennung des Kindes von der Mutter nicht zu umgehen ist.

Diese Vorgehensweisen weichen allerdings von der allgemeinen Verfahrensregel für den Umgang mit einem Behandlungswunsch ab (von dem noch die Rede sein wird): Während ich sonst nur auf Verlangen tätig werde, greife ich hier regelmäßig ein. In beiden Fällen geht es einerseits darum, die Möglichkeit jener intrapsychischen sensorischen Beziehung zwischen Mutter und Kind zu bewahren, die vor der Geburt bestand, und andererseits dafür zu sorgen, daß die Mutter nicht durch Routinevorgänge in der Klinik daran gehindert wird, ihrem Kind die Worte zu sagen, die es dem Neugeborenen ermöglichen können, seine Wahrnehmungsfähigkeit vollständig auszubilden.

Wenn in wissenschaftlichen Zusammenhängen von Verfahren, Protokoll und Methoden die Rede ist, geht es immer auch um Bewertungen. Ist ein Verfahren reproduzierbar? Halten die Kriterien einer Überprüfung stand? Besteht eine ausreichende Korrelation zwischen einerseits dem betrachteten Gegenstand und den entsprechenden Verfahren und andererseits den Verfahren und den Ergebnissen? Diese Überprüfung soll falsche Schlußfolgerungen oder gar falsch gestellte Arbeitshypothesen vermeiden. Wer sich daran nicht hält, kann sich in allzu kühne Interpretationen versteigen – davon leben unzählige Studentenwitze.

Soll der Psychoanalytiker also, um solche Fehler zu vermeiden, alle Verfahren vorab wissenschaftlich überprüfen, die er anwenden will? Gerade in der Klinik, wo die richtige Wahl der Behandlungsmethode darüber entscheidet, ob es dem Kranken besser gehen wird, scheint diese Haltung angemessen. Und es fehlt ja auch nicht an freundlichen, aber bestimmten Hinweisen auf dieses Problem. Ich will daher gleich unmißverständlich klarstellen, was ich dazu meine. Wenn sich der Psychoanalytiker um Babys in einem Säuglingsheim kümmert, tritt er nicht als Wissenschaftler auf, sondern als eine Art Facharzt für Sprache. Das ist allemal gedeckt durch die Voraussetzung, daß Psychoanalyse eine Heilung durch Sprache ist, eine »talking cure«, wie man zu Freuds Lebzeiten zu sagen pflegte. Man kann auch Lucien Kokh zitieren (aus einer persönlichen Aufzeichnung): »Wer sich in die Praxis der Arbeit mit der Sprache begibt, wer dort seine Annahmen formuliert, kann nicht gleichzeitig den Standpunkt dessen einnehmen, der die Überprüfung im Sinn hat. Wo es um das Unbewußte geht, kann man nicht gleichzeitig drinnen sein [also auf das hören, was im Gesagten nicht zur Sprache kommt] und draußen sein [also versuchen zu bewerten, ob dieses Ungesagte zur Sprache kommen sollte oder unerheblich ist].« Das leuchtet ein: Man betreibt nicht Studien an einem Objekt, über das man etwas aussagen will, sondern man hört einem Subjekt zu, das spricht. Es handelt sich um zwei verschiedene Formen des Zugangs. Und dabei muß man bedenken, was die Psychoanalyse aus dem künstlerischen Schaffen gelernt hat, und man kann sich an einen Ausspruch von André Malraux halten, an den man bei seiner Aufnahme ins Panthéon erinnert hat: »Es ist nicht die Leidenschaft, die ein Kunstwerk scheitern läßt, sondern die Absicht, etwas zu beweisen.«

Daß der Psychoanalytiker also gar nicht erst versucht, als Wissenschaftler aufzutreten und die Ergebnisse seiner Arbeit quantifizierbar zu machen, liegt daran, daß er die Möglichkeit nicht verlieren will, das Ungesagte zu hören, das in jeder Hinsicht über das Subjekt hinaus weist, und daß er die Gelegenheit nicht verpassen will, jene Worte hervorzurufen, die gesagt werden müssen. Kurz: Es geht ihm um genau das, was man ihm vorhält – er kümmert sich vor allem darum, daß es seinen Patienten besser geht.

Wenn man dieses Grundprinzip aufgibt, will man, wie einst Penelope, des nachts auftrennen, was man am Tage gewebt hat. Es ist einfach nicht möglich, sich die Leiden der Patienten erzählen zu lassen und gleichzeitig zu überlegen, ob sie von wissenschaftlichem Wert sind, oder ob man eigentlich besser weghören sollte. Was der Analytiker zu hören bekommt, sind nicht überprüfbare Fakten, sondern wahre Worte.

Das bedeutet keineswegs, daß man sich nicht für die neueren Ergebnisse der Forschung über den Fetus und den Säugling interessieren sollte – diese Arbeiten sind äußerst anregend und können ein wichtiger Beitrag zur Korrektur oder Erhärtung des eigenen psychoanalytischen Ansatzes sein. Eine ähnliche Rolle dürften schon bald die jüngsten Erkenntnisse der Neurologie über das Gedächtnis und die Informationsverarbeitung im menschlichen Gehirn spielen. Was uns mit den Forschern in diesem Bereich verbindet, ist die Neugier: Der interessierte Leser sei diesbezüglich auf die eindeutigen Positionen verwiesen, die André Green als Erwiderung auf einen Aufsatz von Professor Jean-Pierre Changeux formuliert hat.[10]

Die Wiederholung

»Aber ich bin doch ganz zufrieden mit meinem Leben!« sagte Mme Cohen – und das unter Tränen!

Es waren ihre ersten Worte, nachdem wir uns bekanntgemacht hatten. Daß sie bereit war, mit mir zu sprechen, hatte damit zu tun, daß einer ihrer Söhne an einer Darmverstopfung litt, der durch keine Behandlung beizukommen war. Offensichtlich ging es Mme Cohen doch nicht so gut, und sie fing sofort an, mir zu erzählen, wie ihr Leben in den vergangenen Monaten verlaufen war. Eine Woche zuvor hatte sie Zwillinge zur Welt gebracht. Ihre Reaktion auf die Nachricht, daß sie mit Zwillingen schwanger sei, war heftig gewesen: »Ein Kind, na gut, aber zwei ...« Sie hatte selbst eine Zwillingsschwester, und als Kind mußte sie hinter dieser Schwester, die von den Eltern vergöttert wurde, immer zurückstehen. Sie hatte darunter sehr gelitten und sich von den Eltern ungerecht behandelt gefühlt. Nun schien es, als könnte sich die Geschichte wiederholen – das war zuviel für sie. Sie wollte also eine Abtreibung, überlegte es sich dann anders, kehrte zum ursprünglichen Beschluß zurück, zögerte dann abermals ... Letztlich – vielleicht, nachdem sie eine Ultraschallaufnahme angeschaut hatte – entschied sie sich, beide Kinder zu bekommen. Und in strenger Konsequenz beschloß sie, daß sie, da die Wahl nun einmal so getroffen war, nun auch glücklich sein müsse. So erklärt sich ihre widersprüchliche Behauptung: Mir geht es gut, auch wenn ich weine.

Der Nachklang von Worten

Mir kam der Gedanke, daß vielleicht ihr Kind, das an Verstopfung litt, diese Weigerung der Mutter, sich etwas einzugestehen, einfach wiederholte und dabei sein wichtigstes Ausdrucksmittel, den eigenen Körper einsetzte. Tatsächlich zeigte sich das Kind ganz heiter, obwohl ihm die Verstopfung, die jeder Behandlung widerstand, sicherlich Beschwerden verursachte – einmal mehr schien alles bestens. Und dazu paßte auch, daß der kleine Knabe eine Entschlossenheit zeigte, die nicht ins Wanken zu bringen war: Er wollte nicht trinken und verweigerte den Stuhlgang. Ich beschloß also, ihm folgendes zu sagen:

»Deine Mama erklärt, daß sie mit ihrem Leben zufrieden ist, aber gleichzeitig leidet sie. Dasselbe scheinst du uns auch sagen zu wollen: daß du ganz entspannt bist, daß es dir gutgeht. Aber du bist nicht bereit, mit deiner Mutter in Verbindung zu treten, du verlangst nichts von ihr, wenn du Hunger hast, und du gibst ihr nichts, wenn du satt bist.«

Bei diesen Worten wurde der Mutter plötzlich klar, daß sie beim Stillen dieses Kindes niemals wartete, bis es selbst trinken wollte. Wenn der eine der beiden Brüder sich meldete, gab sie ihm die Brust, und bei dieser Gelegenheit weckte sie auch den anderen, um ihn zu stillen, wortlos und ohne daß er zu trinken verlangt hatte. Bei Zwillingen kommt das häufig vor, einfach weil es für die Mutter ermüdend ist, jede Nacht ein weiteres Mal aufzustehen, aber ein Symptom, wie in unserem Fall, muß daraus nicht entstehen.

Was tut dieses Kind? Es nimmt sich zurück, genauso wie seine Mutter einst zurückstehen mußte. Auf diese Weise versetzt es sich nicht nur in die damalige Situation der Benachteiligung der Mutter, sondern es spielt auch den Abtreibungswunsch noch einmal durch, den diese am Beginn der Schwangerschaft hatte. Weil sie sich nur ein einziges Kind wünschen konnte, läßt das andere diesem den Vortritt – es überlebt, aber nur indem es weder fordert noch gibt, es existiert gerade eben, aber es wächst nicht. Meinen Eindruck, daß sich die Situation aus der Sicht des Kindes wohl ungefähr so darstellte, gab ich in folgenden Worten wieder:

»Am Anfang ihre Schwangerschaft hat deine Mutter Angst gehabt, zwei Kinder statt nur einem zu bekommen. Eine Zeitlang wollte sie euch nicht beide behalten. Aber das ging vorbei, und sie hat ihre Meinung geändert. Eben darum bist du zur Welt gekommen, du mußt dich also nicht im Hintergrund halten... Vielleicht willst du es so machen wie deine Mutter mit ihrer Schwester – aber du bist nicht ihre Schwester sondern ihr Sohn.« Ich hatte noch mehr über das zu sagen, was ich aus der Familiengeschichte wußte, aber das soll hier nicht aufgeführt werden – wichtig ist nur, daß ich dem Kind auf diese Weise den familialen Rahmen, in den es hineingeboren wurde, deutlich machen und ihm aufzeigen konnte, welche phantasmatischen Aspekte das Thema Zwillinge für die Eltern besaß.

Eine Stunde danach hatte das Kind Stuhlgang – auf die diversen Produkte aus Pflaumensaft, die angewandt werden, um die Darmtätigkeit bei Neugeborenen anzuregen (und die in diesem Fall versagt hatten), mußte man nicht mehr zurückgreifen.

Solche eindeutigen Erfolge machen Eindruck. Selbst wenn man schon viele Fälle dieser Art erlebt hat, stockt einem doch immer wieder der Atem. Aber zugleich stellen sich dabei Fragen von großer Tragweite, vor allem die Frage nach dem Zusammenhang zwischen dem psychischen Erleben vor und nach der Geburt. Wir wissen, daß es sich »davor« und »danach« um dasselbe Menschenwesen handelt, aber es bleibt die Frage, ob es bei diesem Wesen selbst Erinnerungsspuren dieser Tatsache gibt. Mit anderen Worten: Nimmt das Kind seine pränatalen Erfahrungen mit in die postnatale Zeit? Wenn wir also festhalten, daß der Sohn von Mme Cohen durch seine Symptome den Wunsch seiner Mutter nachvollzieht, daß er verschwinden möge, dann muß die treibende Kraft einer solchen Wiederholung genauer bestimmt werden.

Ein Fall von Wiederholungszwang

Die Wiederholung, die jenen »klagenden Ton« hat, jene »Melodie, die (der Wind) nunmehr unverändert vorspielt, Tag um Tag«[11], ist ein Problem, das durch die Geschichte der Psychoanalyse geistert und sich in den Sprechzimmern ihrer Vertreter immer wieder zeigt. Sie ist Ausdruck des merkwürdigen Umstands, daß Menschen, die sich einer Analyse unterziehen, offenbar dazu neigen, die gleichen Fehler zu machen, in die gleichen Verhaltensweisen zu verfallen und die gleichen Argumentationen zu gebrauchen, wie jene, unter denen sie leiden und um derentwillen sie sich in die Behandlung begeben haben.

So erzählt etwa jemand, der sich nicht erklären kann, wieso er, zu seinem Leidwesen, seinem Sohn nur Verachtung und Distanz entgegenbringt, daß er es sich zur Pflicht gemacht hat, nach einem festgelegten Verfahren jeden Samstag alle seine Kinder in seinem Büro zu empfangen. Ohne sich dessen bewußt zu sein, wiederholt er damit eine entscheidende Situation aus seiner eigenen Kindheit: Einst hatte ihn sein Vater in sein Büro zitiert und ihn, vor den Augen seiner Brüder und Schwestern, heruntergemacht. Was der Analysand dabei zu erwähnen versäumt, ist das entscheidende Detail, das er durch die Analyse dieses Wiederholungszwangs erinnern soll: Damals gebrauchte sein Vater das Wort »Verachtung«, und er verbot ihm für einen gewissen Zeitraum, an den Spielen der Geschwister teilzunehmen. Wie ein Echo, ein verstärkter Widerhall dieser Erfahrung der Verachtung und des Ausgeschlossenseins, erscheint nun die distanzierte und abschätzige Haltung, die er gegenüber dem eigenen Sohn einnimmt.

Eine andere Analysandin läßt immer wieder ihre Wohnungsschlüssel liegen, bis ihr eine Frage ihres Analytikers ins Gedächtnis ruft, daß sie einst in der Klinik Trousseau (»Schlüsselbund«) zu Welt kam und daß man ihr erzählt hat, wie sie einige Minuten zwischen den Abteilungen »verloren gegangen« und nicht zu finden war.

Es gibt höchst komische und äußerst tragische Beispiele für dieses Phänomen der Wiederholung. Stets scheinen die Personen starrsinnig auf etwas zu beharren, ohne zu wissen, woher dieser Drang zur Wiederholung kommt – statt sich an den Anlaß zu erinnern, spielen sie Verhaltensweisen durch, die ihnen diese Erinnerung ersetzen. Für Freud handelt es sich um ein automatisches Phänomen, den »Wiederholungszwang«. Sein zwanghafter Charakter tritt um so deutlicher hervor, weil die Wiederkehr der Erinnerung in der Wiederholung oft auch der Sprachlogik und sprachlichen Automatismen unterliegt. So weist die Assoziation verlorene Schlüssel – Trousseau-Klinik – verlorengegangen auf einen vorgegebenen Weg zur »Entschlüsselung« des Rätsels. Allgemeiner gilt dies auch für Situationen, in denen man einer bestimmten Vorstellung auszuweichen versucht, aber sie durch die Worte, die man benutzt, erst recht herbeiruft.[12]

Soviel zum Automatismus der Wiederholung. Die Wiederholung ist aber auch die Folge eines unangenehmen Zusammentreffens, der Begegnung mit einer unerträglichen Realität, mit einer Gegebenheit, die, so wie sie ist, vom Subjekt nicht assimiliert werden kann – etwa die verstörende Begegnung mit einem Vater in dessen Büro. Allgemeiner gesagt, und eingedenk dessen, daß Freud Zusammenhänge zwischen der

Wiederholung und dem Todestrieb sieht: die Begegnung mit einem Gespenst, das am Horizont der vergessenen Erinnerungen vorüberhuscht. Eingeführt haben wir die Wiederholung mit den Worten des Philosophen Søren Kierkegaard, der die allegorische Figur des Windes benutzte, um den Begriff zu fassen. Hören wir nun, um deutlich zu machen, was sie einschließt, wie der Schriftsteller Claude Simon diese Metapher gestaltet: »In Kürze würde [der Wind] von neuem als Sturm über die Ebene rasen (...), eine sinnlos entfesselte Kraft, dazu verurteilt, sich ewig zu erschöpfen, ohne jemals auf ein Ende auch nur hoffen zu können, die Nacht erfüllend mit langgezogenem Wehlaut, als klage er um das, was er den schlafenden Menschen, den wandernden, vergänglichen Kreaturen neidete: die Möglichkeit, zu vergessen, den Frieden, das Privileg zu sterben.«[13]

Die »organische Uhr«

In der Behandlungspraxis ist diese These, daß ein Symptom die Wiederaufnahme von etwas Unverarbeitbarem ist, sehr hilfreich. Sie erlaubt auch, eine Idee aufzugreifen, die Françoise Dolto aus ihrer Praxis und aus der Lektüre von Ferenczi gewonnen hat, die aber offenbar in der wissenschaftlichen Literatur wenig beachtet wurde. Es geht um die Vorstellung, daß eine chronologische Wiederholung stattfindet: also, daß ein Symptom, das bei einem Neugeborenen zum Zeitpunkt T_n in seinem postnatalen Leben auftritt, im Zusammenhang mit einem traumatischen Ereignis zum entsprechenden Zeitpunkt T_n im pränatalen Leben steht. Demnach würde sich das Kind etwa an ein Ereignis im zweiten Monat der Schwangerschaft erinnern, um dann pünktlich wie die Uhr, im zweiten Monat nach der Geburt, ein Symptom zu zeigen, das diese Erinnerung wachruft. Wobei die Voraussetzung ist, daß dieses auslösende Ereignis das Kind betrifft, daß es davon direkt durch die Mutter Kenntnis bekam oder daß der Vater indirekt der Verursacher war.

Ist das plausibel? Nach Maßgabe der Vernunft nicht – die Annahme ist auch niemals experimentell bestätigt worden. Aber in der Praxis spricht vieles dafür: Auch wenn in einigen Fällen der Schein trügen mag, so gibt es doch ganz offenkundig zahlreiche zeitliche Übereinstimmungen dieser Art. Françoise Dolto selbst schildert eine Reihe äußerst deutlicher Beispiele für solche »Kinder mit organischer Uhr«. Die Wissenschaft mag an der Weiterführung dieses Ansatzes nicht interessiert sein, aber es wäre sträflich, solche Hinweise in der Praxis nicht aufzugreifen: Man hat schließlich gute Chancen, auf diese Weise ein Kind von einer Wiederholung zu befreien, die ihm zu schaden droht. Ebenso kann man davon ausgehen, daß der Mangel an Worten, unter dem ein Neugeborenes gelitten hat, in der Adoleszenz wie ein »Klappzylinder« (F. Dolto) wieder hochkommen wird. Die psychoanalytische Arbeit mit Neugeborenen kann nicht zuletzt auch dazu beitragen, Störungen in der Adoleszenz zu vermeiden.

Die Kontinuität der Entwicklung vom Fetus zum Säugling

Der Psychoanalytiker Bernard This vertritt, wie einige andere Autoren, die Ansicht, daß man den Ausdruck »Fetus« nicht mehr gebrauchen sollte, um die Menschenwesen zu bezeichnen, die, nach seiner Meinung, einfach Babys vor der Geburt sind. Er sieht die Gefahr, daß eine so technizistische Sprachregelung letztlich eine Mißachtung dieser Eigenschaft bedeutet. Man muß diesen Standpunkt ernst nehmen, weil damit eindeutig eine Kontinuität der Entwicklung des menschlichen Wesenskerns behauptet wird, die mit der Zeugung beginnt. Daß dies nicht von der Hand zu weisen ist, haben wir bereits erörtert, als es um die Empfindungsfähigkeit ging, und im weiteren soll deutlich werden, daß dabei auch die Bindung zwischen dem Kind und der Mutter eine Rolle spielt. Trotzdem werde ich hier weiterhin den Begriff »Fetus« verwenden – eine Geburt ist schließlich doch etwas mehr als der Umzug von einem Ort im ökologischen System an einen anderen.

Eine Diskussion über prä- und postnatale Wiederholungen erfordert nicht den Rahmen der psychoanalytischen Praxis, man kann sich auch auf Beobachtungen am Fetus und bei Säuglingen stützen. Anders als vielfach angenommen bildet das Baby *in utero* keine Einheit mit der Mutter: Trophoblast und Plazenta sind durch eine dünne Trennschicht geschieden. Sicher, die Schicht ist dünn wie Papier, aber ebenso dünn ist die Scheidelinie zwischen Irrtum und Wahrheit!

Kontinuität und Autonomie

Anlaß genug, um auf einige falsche Vorstellungen einzugehen, die weit verbreitet sind. Zwischen Mutter und Kind gibt es keine Verschmelzung, weder physisch noch psychisch, weder während der Schwangerschaft noch nach der Geburt. Was man darüber immer wieder hört, entbehrt jeder Grundlage. Am Ende der Schwangerschaft verlaufen das Leben des Fetus und das der Mutter nicht mehr im selben Takt.[14] Anfangs ist der Fetus auf die Ovarialhormone angewiesen, doch ab dem dritten Monat ist die Plazenta entwickelt genug, um die Versorgung zu übernehmen. Da die Plazenta zum Körper des Kindes gehört, bedeutet dies auch einen ersten Schritt zur Verselbständigung gegenüber der Mutter. Ab diesem Zeitpunkt sorgt der Fetus selbst für die Erzeugung der Hormone, die er für sein Wachstum braucht. Das erweist sich auch daran, daß es möglich ist, einer Frau, die keine Eierstöcke hat, eine Schwangerschaft zu ermöglichen: In den ersten drei Monaten braucht sie eine entsprechende Hormonsubstitution, danach funktioniert die Plazenta und regelt den weiteren Verlauf.

Das Baby als Fetus besitzt durchaus schon eine gewisse Autonomie. Die nach wie vor beste Veröffentlichung zu diesem Thema ist die äußerst dichte und fesselnde Arbeit der italienischen Psychoanalytikerin Alessandra Piontelli[15], in der es um die Kontinuitäten zwischen dem intra-uterinen Leben und der frühen Zeit nach der Geburt geht. Alessandra Piontelli lehrt und arbeitet als Kindertherapeutin an der berühmten Tavistock Clinic in London; sie ist Gastprofessorin am Institut für Kinderpsychiatrie der Universität Turin und führt in Mailand eine Praxis als Analytikerin. Neben diesen Verpflichtungen hat sie ein Forschungsprogramm ins Leben gerufen, das sich mit Kindern kurz vor und kurz nach der Geburt beschäftigt. Und um in diesem Bereich neue und wirksame Verfahren einzuführen, beschloß sie, bestimmte Kinder schon während der Schwangerschaft mit Hilfe von Ultraschall-Aufnahmen zu beobachten, um ihre Entwicklung dann, in den ersten fünf Jahren nach der Geburt, unter Einsatz der von Esther Bick entwickelten Mutter-Kind-Observation weiter zu verfolgen.[16] Unseren cartesianisch orientierten Auffassungen stellt diese Arbeit eine Reihe von Mitteilungen und Erkenntnissen entgegen, die außerordentlich irritierend sind.

Im folgenden sollen nur die beiden Aspekte diskutiert werden, die sich auf das Thema der Wiederholung zwischen prä- und postnataler Zeit beziehen: die Überlegungen zu dem kaum enträtselten Phänomen der Amnesie bei Kindern und die Studien über Zwillinge.

Für die Zwillinge hat sich Alessandra Piontelli ganz besonders interessiert; sie erklärt das mit Verweis auf eine kurze Therapie, die sie, lange vor ihrer Forschungsarbeit, durchgeführt hat und die sie nachhaltig beeindruckte. Es ging damals um ein Kind im Alter von achtzehn Monaten, empfindsam und aufgeweckt, das die Eltern in ihre Sprechstunde brachten, weil es nachts kaum schlief und tagsüber sehr unruhig war – die Eltern konnten es kaum noch aushalten.

Während der Sitzung fiel Alessandra Piontelli sofort auf, daß das Kind in alle Ecken des Behandlungszimmers lief und ganz offensichtlich etwas suchte, das es nicht finden konnte. Die Eltern erzählten, daß diese Suchaktionen auch zu Hause stattfanden, und zwar Tag und Nacht... Außerdem schien das Kind bei allen Fortschritten in seinen körperlichen Fähigkeiten – sitzen, auf allen Vieren krabbeln – große Angst zu zeigen, so als fürchte es, »etwas hinter sich zu lassen«.

A. Piontelli bemerkte noch eine weiteres Moment repetitiven Verhaltens: Das Kind pflegte verschiedene Gegenstände im Zimmer zu berühren und sie leicht zu schütteln, so wie man einen Schlafenden weckt. Die Analytikerin beschloß, direkt mit dem Kind zu reden und ihm zu sagen, was ihr Eindruck war – daß es offenbar einen verlorenen Gegenstand suchte, den es unbedingt wiederfinden wollte. Sie berichtet, daß das Kind sein geschäftiges Hin und Her sofort aufgab und sie lange anschaute. Diese untypische Aufmerksamkeit nutzte sie, um ihm zu erklären, daß sie außerdem annehme, es schüttele die Gegenstände, weil es nicht glauben wolle, daß sie nicht lebten. Bei diesen Worten brachen die Eltern des Kindes in Tränen aus – sie erzählten, daß dieses Kind von achtzehn Monaten, Jacob, einen Zwillingsbruder namens Tino gehabt hatte, der zwei Wochen vor der Geburt *in utero* gestorben war. Es war also Tino, den Jacob an allen Enden suchte. Vielleicht hatte er im Bauch seiner Mutter an Tino genau so gerüttelt, wie er es jetzt mit den Gegenständen im Behandlungszimmer machte... Jedenfalls berichtet A. Piontelli, daß sich ab jenem Moment Jacobs Verhalten deutlich änderte und daß sie nur wenige Sitzungen brauchte, um mit ihm noch einmal durchzusprechen, in welcher Weise seine Handlungen von einem heftigen Gefühl der Schuld am Tod seines Bruders bestimmt waren. Für die Eltern bedeutete das im übrigen eine Gelegenheit, endlich um Tino zu trauern. Es war ihnen wichtig gewesen, ihm einen Vornamen zu geben, als Zeichen, daß er für sie trotz seines vorzeitigen Todes eine Existenz als Person besaß, aber bislang hatten sie nicht geahnt, wie stark der Schmerz und das Schuldgefühl bei seinem Tod gewesen waren. Wie im Fall von Mme Lemercier, von dem am Anfang dieses Buch die Rede war, machte dieses Kind, das noch nicht sprechen konnte, das Fehlen der Worte deutlich, unter dem seine Eltern litten und das es selbst zu einer unablässigen und hoffnungslosen Suche zwang.

Ein merkwürdig überdeutlicher Bezug also – zwischen einem schlimmen Ereignis während einer Schwangerschaft und der Flucht nach vorn, die sich das kleine Kind verordnet hatte. A. Piontelli behielt diesen Fall in lebhafter Erinnerung und unternahm in der Folge große Anstrengungen, die Bewegungsaktivitäten von Feten, ob Zwillinge oder nicht, zu verfolgen. Ihre Beobachtungen, die sich natürlich nur auf eine begrenzte Zahl von Fällen beziehen, führten zu recht klaren Ergebnissen. Erstens: Die Kinder verfügen bereits vor der Geburt über eine deutlich ausgeprägte Motorik. Sie bewegen die Arme und den Kopf, spreizen die Beine, lutschen am Daumen, es gibt sogar Anzeichen von sexueller Aktivität – all das zeigt sich zwischen der neunten und zwanzigsten Woche der Schwangerschaft, und es handelt sich um genau die Art von Bewegungen, die auch nach der Geburt zu beobachten sind. Ab der achten Woche kann man feststellen, daß bestimmte Bewegungen durch bestimmte Reize ausgelöst werden, auch hier in derselben Weise wie nach der Geburt. Was sich dann ändert, ist allein die Stärke und Genauigkeit dieser Bewegungen, und das hat mit dem erhöhten Einfluß der Schwerkraft zu tun. Zweitens: Bei Zwillingen gibt es *in utero* deutlich sichtbare Bewegungen, die den Eindruck erwecken, daß die beiden Kinder ihr Verhalten aneinander ausrichten. Und die grundlegenden Verhaltensweisen, die man in den Ultraschall-Aufnahmen beobachten kann, zeigen sich auch nach der Geburt: die Tendenz, einander zu beschützen, die Anpassung des einen Kindes an sein Gegenüber usw. Wenn es stimmt, daß man ins Leben eintritt, indem man des anderen gewahr wird, dann müßten Zwillinge (und Drillinge...)

tatsächlich im Vorteil sein. Es gibt keine Anzeichen dafür, daß sie nach der Geburt weiter entwickelt wären als die »normalen« Neugeborenen. A. Piontelli ist, ohne dies im Einzelnen belegen zu können, dennoch der Ansicht, daß man in jedem Fall von Empfindungen und emotionalen Reaktionen bei Feten ausgehen kann und daß diese unter bestimmten Umständen von der psychischen Situation der Mutter abhängen. Drittens: Kleinkinder, und gerade Zwillinge, finden in ihren Spielen – und, sobald sie sprechen, im verbalen Austausch – Zugang zu vollständigen Abschnitten ihres pränatalen Lebens. Zwischen dem zweiten und vierten Lebensjahr wird dies zu einer Art von obsessiver Beschäftigung – als sei das gegenwärtige Leben der Kinder abhängig von diesen Bestandteilen ihres Lebens vor der Geburt. A. Piontelli sieht dies weder als bloße Reproduktion der Vergangenheit, wie in einer Art Videoband, noch als zwanghafte Wiederholung, sondern sie glaubt, daß es sich um eine Rekonstruktion handelt, um den Versuch, die Vergangenheit mit Gefühlen zu verbinden und ihr einen Sinn zu geben. Kurz: Es geht um den Selbstentwurf, um einen Schritt voran auf der symbolischen Ebene.

Abgesehen von ihrem Beitrag zur Diskussion über die Wiederholung, besteht der entscheidende Wert dieser Untersuchungen darin, daß hier die Idee einer Kontinuität zwischen prä- und postnataler Existenz aufgegriffen wird. In der psychoanalytischen Arbeit mit Kleinkindern spielt die Bewahrung von Bindungen eine entscheidende Rolle. Natürlich geht es zunächst um die Bindung an die Mutter, auch an den leiblichen Vater oder die Person, die die Vaterrolle übernimmt, aber darüber hinaus kommt auch die Beziehung zur Gesellschaft (etwa im Fall der anonymen Geburt) ins Spiel, und nicht zuletzt die Frage der Bindungen an die Zeit vor der Geburt. Jedes Kind wird in ein System sensorischer Bindungen an den anderen hineingeboren, das bereits vor seiner Geburt existiert: Diese Ansicht hat Françoise Dolto stets vertreten, sie wird in experimentellen wissenschaftlichen Ansätzen bestätigt, und auch die Beobachtungen von A. Piontelli und weiteren Autoren (von denen noch die Rede sein wird) scheinen sie zu bekräftigen. Das ist der eigentliche Kern der Behauptung, daß jedes Baby eine Person ist. Daß ein Kind eine Vorgeschichte, wenn nicht gar eine Frühgeschichte hat, habe ich bereits in einer früheren Arbeit deutlich gemacht.[17] Ein kleines Menschenwesen kommt im Rahmen eines Beziehungsentwurfs zur Welt, der dann mehr oder minder gut realisiert wird, und symbolisch betrachtet lebt es zunächst in einem Nährbad der Sprache, in dem es sich selbst seine Form gibt. Das ist soweit klar. Wir können also zusammenfassend feststellen, daß es durch die Bindungen für jedes Kind bereits einen Entwurf gibt und daß sein Reifen davon abhängt, ob diese Bindungen bei der Geburt bewahrt werden.

Der Beitrag der Haptonomie

Wer seine Bindung an einen anderen Menschen zum Ausdruck bringen will, faßt ihn an, selbst wenn es um ganz förmliche Beziehungen geht: Man schüttelt sich die Hand, man umarmt sich, küßt sich auf die Wangen oder auf den Mund. Entscheidend ist der Hautkontakt. Und genau diese Qualitäten, Berührung und Gemeinschaftsgefühl, gehören zu den frühesten Erfahrungen in der Entwicklung des Embryos.

Lange bevor das Gehör vollständig ausgebildet ist (das geschieht erst im letzten Drittel der Schwangerschaft), kann das Kind akustische Schwingungen erkennen und unterscheiden, die über das Fruchtwasser übertragen werden. Haptotherapeuten sprechen in diesem Zusammenhang davon, daß ein Kind »mit der Haut hört«. Diese »intelligente Haut« (um einen Begriff von Cathérine Dolto-Tolitch zu gebrauchen) erlaubt es dem Fetus zum Beispiel, sich in die Richtung zu wenden, aus der eine Stimme kommt, die bekannt und angenehm ist, wie etwa die Stimme des Vaters; der Fetus kann auf diese Weise auch auf »interne« Anregungen antworten, die von der Mutter ausgehen; er kann auf Berührungen reagieren, ob sie nun von der Mutter, dem Vater oder dem Haptotherapeuten kommen, ob sie von ihm geltenden Worten begleitet sind oder nicht. Dieses intrauterine Ballett, das für jeden, der an ihm teilhat, überwältigend ist, bedeutet mehr als eine »Hülle der Töne um das Ich«[18], es ist die erste Hinwendung des Körpers zur Sprache.

Der Begriff der »intelligenten Haut« ist mehr als eine Redewendung, er beruht auf einer umfassenderen Vorstellung vom Menschen. In der Haptonomie[19], an deren Entstehung nach dem Krieg der Niederländer Frans Veldman entscheidenden Anteil hatte, sind ganz eigene Wege des Umgangs mit den Fragen der Wahrnehmungsfähigkeit des Fetus, der frühen Merkfähigkeit und der Eltern-Kind-Beziehung vor der Geburt gefunden worden.

Die begleitende Arbeit der Haptotherapeuten während der Schwangerschaft führt zu der Einsicht, daß jedes physische, affektive, psychische oder emotionale Ereignis, das die Mutter erlebt, sich direkt auf die Umgebung des Kindes auswirkt. Auf alles, was es selbst betrifft, reagiert das Kind »authentisch«. Für die Mutter bedeutet dies die Möglichkeit, in eine äußerst subtile Beziehung zu ihrem Kind einzutreten; und auch der Vater, wenn ihn die Mutter einbezieht, kann diesen Kontakt finden und mit dem Kind eine »affektive« Bindung knüpfen, die sowohl von der Stimme wie von der Berührung getragen ist. Durch seine Gesten und die Art, wie er die Mutter in den Armen wiegt, wird er das Kind einschließen in eine Beziehung, in der es die Möglichkeit erhält, sich als begehrendes Subjekt zu zeigen.

In der Beziehung zwischen diesen drei (oder mehr bei Mehrlings-Schwangerschaften) Menschen, die mit Hilfe des Haptotherapeuten aufgebaut wird, zeigt das Kind ganz deutlich seine Lust und Unlust, gibt zu erkennen, ob es Kontakt wünscht oder sich ausruhen muß und Stille braucht. Nach Auffassung von Haptotherapeuten kann das Kind durch die »affektive Bestätigung«, die es erhält, ein grundlegendes Gefühl der Sicherheit entwickeln, das weit über die Geburt hinaus vorhält. Durch seine Reaktionen kann es seinerseits den Eltern affektive Bestätigung geben – es zeigt sich hier eine ganz besondere Dynamik in der Triade von Eltern und Kind und auch zwischen Zwillingen, wenn dieser Fall gegeben ist. So zeigt das Kind nicht nur bereits im Uterus ein Interesse an der Außenwelt, reagiert auf die vertrauten Stimmen und bewegt sich, um ihnen näher zu kommen, sondern es äußert sich, je nach affektivem Kontext. Es scheint sogar, daß es sich die Schaukelbewegungen merkt, die es unter ganz bestimmten Bedingungen ausführt – dieses Phänomen ist bislang nicht zu erklären. Auch hier wird klar, daß Mutter und Kind keine Einheit bilden: Wenn dem Kind ein eigenständiges Handeln unterstellt wird, dann ändert sich auch die Art und Weise, wie es selbst und die Eltern die Schwangerschaft und die Geburt erleben.

Die Haptonomie geht davon aus, daß ein Kind bereits während des intrauterinen Lebens Sinn und Verständigung sucht, und sie verfolgt dabei vorbeugende Absichten. Man weiß zum Beispiel, daß Kinder, die während der Schwangerschaft mit Hilfe des haptonomischen Verfahrens »kontaktiert« wurden, oft nach der Geburt überdurchschnittlich aufgeweckt sind. Diese Form des pränatalen Gesprächs zu dritt hat bei ihnen eine Art frühen Erwachens bewirkt. Und in Fällen pathologischer Schwangerschaft, wenn das Kind krank ist oder stirbt, können die Eltern in ganz anderer Weise seinen Schmerz mitvollziehen, einfach weil es nicht mehr die Rolle des hilflosen potentiellen Opfers spielt. Ebenso kann ein Kind, das sich mit seinen Reaktionen geltend macht, Einfluß nehmen auf eine mögliche Zurückweisung oder auf Ambivalenzen, Verbote und Dramen, die das Verhältnis zwischen ihm und seinen Eltern belasten können.

Bei der Geburt ist es von entscheidender Bedeutung, daß der »auditiv-taktile« Kontakt nicht abreißt. Aus praktischen Gründen wird dies nicht immer möglich sein, aber es bleibt eine wichtige Forderung. Solange sich das Kind im Wasser bewegte, fiel es ihm nicht schwer, seine Bewegungen auf einen Ton zu orientieren, den es bemerkte; das Neugeborene, umgeben von Luft, bewältigt diese Aufgabe nicht mehr so leicht. Es ist dokumentiert, daß ein Neugeborenes in den ersten vier Stunden nach der Geburt nach der Stimme seines Vaters sucht und es schafft, den Kopf in seine Richtung zu wenden, wenn er zu ihm spricht. Und in einer Studie aus dem gleichen Forschungszusammenhang wird berichtet, daß Babys, die nach der Geburt erst einmal auf den Bauch der Mutter gelegt werden, deutlich weniger weinen als andere, die direkt in ihr Kinderbett gelegt werden – der Pflegeaufwand in der Klinik spielt dabei keine Rolle. Dennoch sind die Kinder in jedem Fall sehr hilflos.

Für diese beiden Beispiele gilt außerdem, daß die Babys sich nur dann besser zurechtfinden, wenn sie bekannte Personen wahrnehmen, etwa die Eltern. Mit anderen Worten: Die Frage, ob ein Kind »davor« und »danach« dasselbe Wesen ist, und ob es dies weiß, kann man unter der Voraussetzung mit »Ja« beantworten, daß die Kontinuität seiner sensoriellen Bindung an die Mutter und deren Lebensgefährten erhalten bleibt. Unter dieser Bedingung findet das Kind einen Rückhalt, der ihm erlaubt, die Geburt nicht als gewaltsam zu erfahren.

Den Hebammen in der Béclère-Klinik ist das sehr wohl bewußt: Sobald sie sich überzeugt haben, daß es unmittelbar nach der Geburt keine Probleme gibt, legen sie großen Wert darauf, sich möglichst rasch zurückzuziehen, wenn es die Umstände erlauben und die Eltern nichts dagegen haben. Natürlich halten sie sich bereit, um jederzeit einzugreifen, aber sie bleiben im Hintergrund, weil sie wissen, daß die ersten Augenblicke nach der Geburt den dreien (oder zweien) gehören, die dabei die Hauptrolle spielen, und daß sie sich in ihrer pflegerischen Funktion jetzt nicht aufdrängen dürfen.

Auch ich bin hin und wieder bei einer Geburt dabei, und ich weiß noch, daß ich bei einer der ersten Gelegenheiten bestürzt war über die Verzweiflung, die das Baby zeigte, als es von der Mutter getrennt wurde, um ihm die klinische Versorgung zukommen zu lassen. Um den Schrekken zu lindern, schlug ich dem Vater vor, seinem Kind beizustehen – er sollte ihm die Hand halten, zu ihm sprechen und ihm durch seine beruhigende Wärme Sicherheit geben. Die Regungen des Kindes zu erleben, das daraufhin ganz der Stimme seines Vaters zugewandt war, während es auf meine Stimme und die der Hebamme überhaupt nicht reagierte, machte mich damals nachdenklich. Inzwischen habe ich dieses Phänomen unzählige Male erlebt.

Meine empfindliche Reaktion auf die Gewaltsamkeit der Behandlung nach der Entbindung sollte nicht als etwas Besonderes verstanden werden, denn so ergeht es selbst den Abgebrühtesten unter den Pflegern und Säuglingsschwestern. Die ersten Behandlungsmaßnahmen können für das Kind sehr hart sein: Da werden zum Beispiel die Nasenlöcher freigemacht, Schleim und Reste von Fruchtwasser abgesaugt – durchaus keine harmlosen Eingriffe. Auch um die diversen Abstriche (aus dem Anus, der Nase, den Ohren, dem Nabel) mit »zarter Hand« durchzuführen, müssen die Fachkräfte sehr viel Feingefühl und Kompetenz zeigen. Das gilt auch, wenn es darum geht, ein Kind zu wiegen und zu messen, ihm die Gliedmaßen zu strecken, die ja noch, wie im Uterus, an den Körper gezogen sind, ihm mehr oder weniger unangenehme Substanzen in die Augen und die Nase zu träufeln, und dabei so vorzugehen, daß dem Kind nicht jede Hilfsmaßnahme wie eine Aggression erscheint. Letztlich ist das alles harmlos, aber um Übergriffe handelt es sich eben doch, und sie wirken um so stärker, weil sie in dem Moment erfolgen, in dem das Kind von der Mutter getrennt worden ist und damit seine bislang wichtigste Quelle der sinnlichen Wahrnehmung verloren hat: Es hat einfach nichts mehr, das ihm Sicherheit gibt.

Jedes Baby sucht aber nach dem bereits Vertrauten, und darum habe ich den Müttern, die ich in den ersten Tagen nach der Geburt aufsuchte, immer wieder geraten, das Kind zu sich zu nehmen und ihm Hautkontakt zu geben, gerade wenn die Verbindung zwischen Mutter und Kind beeinträchtigt oder unterbrochen schien. Dazu kommt es häufig, wenn die Mütter der Baby Blues packt und sie sich nicht zu helfen wissen. Es geht schlicht darum, daß sich das Baby nackt an die Brust der Mutter schmiegen kann, und dabei gelegentlich von ihr angesprochen wird. So behält es durch Berührung, Gehör, Geruch und Sehen den Kontakt mit jenem anderen Körper, der ihm bereits vertraut ist und den es nun wiedererkennt. Diese sinnliche Nähe ist von entscheidender Bedeutung, weil sie die vorgeburtliche Bindung aktualisiert. Aber diese Form des Hautkontakts, die nicht nur von mir empfohlen, sondern auch in der »Känguruh-Abteilung« gelegentlich praktiziert wird, sollte nur stattfinden, wenn die Mutter es wirklich wünscht. Andernfalls wäre es schädlich, den beiden Hauptbeteiligten dieses Vorgehen aufzuzwingen. Und überdies auch unnötig: Unter den vielfältigen Formen der Mutterschaft soll sich jede Frau ruhig die ihr angemessene aussuchen.

Letztlich geht es nur darum, das Band der Empfindungen zwischen Mutter und Kind zu erhalten, denn häufig genügt das, um ein neugeborenes Kind vor den Folgen einer (leichten und nur vorübergehenden) Depression seiner Mutter zu schützen. In den Fällen, wo sich ernsthaftere Symptome zeigen, gibt diese Methode der Mutter einen Anlaß, ihren Schmerz zu überwinden und von sich selbst zu sprechen. Diese Bindung zu erhalten, ist jedenfalls wichtig und kann Mutter und Kind nur nützen.

Bindungen erhalten

Ähnliche Erkenntnisse über die Bindung zwischen Mutter und Kind finden sich im Bereich der Pädiatrie, und zwar vor allem in den umfangreichen Arbeiten von Marie Thirion: »Um nach der Geburt weiterleben zu können«, heißt es in einem ihrer Beiträge, »muß ein Neugeborenes sich in eine menschliche Beziehung einpflanzen, erneut Wurzeln schlagen in etwas Lebendem – genauso wie in den ersten Tagen nach der Befruchtung, als es um die Nidation in der Gebärmutter ging, von der das

Überleben unmittelbar abhing.«[20] Das klingt sehr überzeugend und deckt sich mit den Einsichten, die wir bereits dargelegt haben. Einige Kapitel weiter heißt es: »Das Kind, das im Augenblick der Geburt eine harte Trennung von der Mutter erfuhr, das ihres Geruchs, ihrer Stimme und der körperlichen Liebkosungen beraubt wurde, war nicht in der Lage, *Bindungen zu schaffen* [Hervorhebung im Original]. Als (...) die Mutter es jedoch in den Arm nahm und ihm von ihr und ihm erzählte und sich nicht mehr an andere Personen am Fußende des Bettes wandte, da konnte das erschöpfte Kind einschlafen. Es hatte die Bindung hergestellt ...«

Als Psychoanalytiker müßte man nur eine kleine, aber entscheidende Änderung der Perspektive vornehmen, um diese Einsicht für die eigenen Zwecke zu nutzen: Es geht nicht darum, Bindungen herzustellen, sondern sie zu erhalten. Und vielleicht geht es nicht um eine neue Anbindung, wie sie von René Zazzo und der Mehrheit der französischen Psychologen verstanden wird, und auch nicht um die Prägung oder die Bindung im Sinne von Boris Cyrulnik und der Verhaltensforschung, sondern einfach um die Erhaltung und Aktualisierung einer bereits vorhandenen Grundlage im Bereich der Sprache und der Wahrnehmung.

Man könnte auch die Sprache des Theaters wählen und das intrauterine Leben als eine Art Generalprobe beschreiben: Es gibt die Mutter, die Regie führt, und ein ausgewähltes Publikum, das zugleich zum Ensemble gehört – den Vater, sofern vorhanden, oder einen Lebensgefährten, oder andere Personen, die der Mutter nahestehen. Das Repertoire der Empfindungen ist bereits durchgespielt worden, man hat alle Stimmen gehört, die Handlung ist allen vertraut. Die Geburt wäre demnach die Premiere vor fremdem Publikum, ein Wagnis, dessen Ausgang ungewiß bleibt. Ob das Stück abgesetzt oder ein Erfolg wird, können auch die »Produzenten« nicht wissen. Nur eines ist klar: Wie es läuft, wird auch davon abhängen, welche Beziehungen während der Proben aufgebaut wurden. Und man wird sich fragen, wie die »kindlichen Darsteller« ihren Text verstanden haben und sprechen können, was sie behalten haben und wer ihnen »soufflieren« könnte, falls es Schwierigkeiten gibt.

Wort und Sprache bei Neugeborenen

Eine weitere Frage, die sich bei den Gesprächen mit Neugeborenen selbstverständlich stellt, ist die Frage nach dem Verstehen – wie können uns die Neugeborenen verstehen, und wie verstehen wir sie? Eines kann man gleich klarstellen: Die Babys erfassen die Sprache nicht in der gleichen Weise wie eine Person, die bereits sprechen gelernt hat. Darüber müssen sich weder Wissenschaftler noch Laien den Kopf zerbrechen. Und ebenso wäre es unglaubwürdig, wenn ein Therapeut behauptete, das Neugeborene verstehe zwar den Sinn der Worte nicht, die er ihm sagt, reagiere aber dennoch positiv auf sein Bemühen, ihm zu helfen.

Worte, die an das Kind gerichtet werden

Eppur si muove – Und sie bewegt sich doch! Trotz allem zeigt das psychoanalytische Gespräch körperliche Wirkung bei einem Neugeborenen. Und übrigens auch beim Analytiker: Wenn es Probleme gibt, fühlt er sich erschöpft, aber das Verschwinden der Symptome kann ihm neue Energie verleihen. Was soll man also von diesem Phänomen halten, wenn man es schon nicht verstehen kann?

Françoise Dolto zeigte sich in dieser Hinsicht sehr gelassen: »Diese Verletzung kann nur durch wahre Worte behoben oder eher überwunden werden, die dem Kind von jemandem gesagt werden, von dem es weiß, daß er oder sie mit seiner Mutter und seinem Vater einverstanden ist und der oder die zu ihm von der Prüfung spricht, die sie zusammen, es und seine Mutter, erlebt haben. (...) Das Wort allein kann auf symbolische Art den internen Zusammenhalt des Kindes wiederherstellen (...). Die Kinder, Babys, Säuglinge, verstehen die Worte – das ist erstaunlich, und wir wissen nicht wie –, wenn sie zu ihnen gesagt werden, um ihnen eine sie betreffende Wahrheit mitzuteilen; Worte, welche das, was man von den Tatsachen weiß, berichten, ohne daß dabei über den Wert geurteilt wird.«[21]

Es stimmt, wir wissen nicht genau, wie... Aber wir wissen es. Man muß nicht Psychoanalytiker sein, um festzustellen, daß Mütter und Väter mit ihren Kindern im Säuglingsalter reden und daß sie in den verschiedenen Formen des Lallens und Plapperns oder auch der Gesten ihres Kindes einen Sinn entdecken. Wenn das nichts weiter als eine Form von Verblödung wäre, müßte man sich um die geistige Gesundheit der ganzen Menschheit Sorgen machen.

Natürlich kann man einwenden, daß ein neugeborenes Kind die Sprache nicht versteht, also bestenfalls unsere Absichten erkennen kann – am Klang der Stimme, am Tonfall, am gewinnenden Lächeln... Das mag sein; es handelt sich dabei aber um Aspekte der Kommunikation (die Linguisten bezeichnen Tonfall und Betonung als »prosodische« Elemente), die neben den allgemeinen körperlichen Eigenschaften der Sprecher – angefangen bei ihrem Geschlecht – sehr wohl eine Rolle spielen. Aber vielleicht gibt es ja noch weitere Hinweise darauf, daß etwas, das wir nicht verstehen, dennoch existiert – tatsächlich scheint sich bereits eine Reihe von Ansätzen zu bieten, die zu verfolgen sich lohnt.

Die erste Spur, der man folgen kann, ist eine »Magnetspur«... Françoise Dolto war bekanntlich der Auffassung, daß ein Kind im vorsprachlichen Alter wie eine Art Tonband funktionieren kann: Es ist in der Lage, Phoneme oder gar Worte und Sätze aufzuzeichnen, die es streng genommen nicht versteht, die es jedoch festhält und im Gedächtnis bewahrt, um sie noch Jahre später zu reproduzieren, sobald Umstände von entsprechender psychologischer Bedeutung gegeben sind. Erinnern wir uns, was Françoise Dolto von einer ihrer Schülerinnen in der Lehranalyse berichtet – eine besonders bewegende Geschichte, in der Beginn und Ende eines Lebens in einem einzigen Bild zusammengefaßt sind.

Diese Frau litt damals bereits an einer unheilbaren Krebserkrankung, aber sie stellte sich, so gut es ging, den beruflichen und sozialen Anforderungen. In einer Sitzung, die sich als ihre letzte erwies, erzählte sie von einem Traum voll unbeschreiblichem Glück, der sie über alles hätte hinwegtrösten können, wäre er nicht flüchtig gewesen: »Das Glücksgefühl stammte von Silben, die ich hörte, Silben, die nichts bedeuteten«[22]. Drei Tage später war sie querschnittsgelähmt, und kurz darauf starb sie.

Diese Frau war Engländerin und hatte die ersten neun Monate nach ihrer Geburt in Indien verbracht. Damals hatte sich eine junge Inderin um sie gekümmert, die sie ständig auf dem Arm trug und wiegte – nach allem, was man ihr später erzählte, muß die Trennung von ihr für das kleine Kind ganz schrecklich gewesen sein. Françoise Dolto kam auf den Gedanken, daß die unverständlichen Silben im Traum vielleicht Worte waren, die diese Frau gesprochen hatte. Nachforschungen ergaben, daß es sich tatsächlich um einen Satz handelte, den dort die Ammen und Mütter zu den Babys sagen: »Mein kleiner Liebling, dessen Augen schöner sind als die Sterne.« Diese Phoneme, die »von jener unaussprechlichen narzißtischen Freude begleitet (waren), die den Namen Glück trägt«[23] hatte das kleine Mädchen sich bewahrt, als es sein Kindermädchen verlor, das es getragen und ihm gewissermaßen die Beine ersetzt hatte. Jahre später tauchten die Worte wieder auf, kurz bevor sie selbst die Beine nicht mehr gebrauchen konnte und abermals Abschied nehmen mußte.

Vorerst soll das Beispiel nur eines zeigen: Ein Kind, das noch keine Sprache erlernt hat, ist in der Lage, semantisch und syntaktisch zusammengehörige Teile gesprochener Sprache zu hören, zu begreifen und im Gedächtnis zu behalten. Das Kind erfaßt eine kodierte Nachricht, die es nicht entschlüsseln kann, und nimmt sie in sich auf; mehr noch – die Nachricht hat Auswirkungen auf seinen Körper, von denen es nichts weiß. In dem geschilderten Fall ist es, als erinnerte sich der Körper: Die Frau träumt davon. Und – so erklärt es F. Dolto – sie hat diesen Traum genau in dem Augenblick, als die gleiche Art von Verlust des subjektiven Körperbilds auftritt wie bei jenem ersten Ereignis. Einst war es der Moment, in dem sie sich als autonomen Körper sah, gerade im Begriff, sich zu bewegen; aber dann wurde sie von dem Körper des Mädchens getrennt, mit dem sie wie verschmolzen gewesen war, der mit ihr und für sie die Schritte gemacht hatte. Nun waren es die Anzeichen der Lähmung und ihres Abschieds von der Welt. Hatte sie es im Traum vorausgesehen? Interessanter ist die Tatsache, daß ihr Körper, indem er den rätselhaften Satz bewahrt hat, in gewisser Weise als Sitz der Sprache erscheint. Die Nachricht als solche ist nicht zu entschlüsseln, dennoch erinnert sie der Körper, das heißt, sie ist verbunden mit einem vergessenen, oder vielmehr verworfenen, verwirkten Sinn. In diesem Fall ist der Körper ein Palimpsest, ein Pergament, dessen Text einen verlorenen Sinn verdeckt.

Verfügen die Neugeborenen über eine Semantik?

Daß Neugeborene auf die Stimme ihrer Mutter reagieren, wurde bereits erwähnt, aber man muß weiter nachfragen, um herauszufinden, worauf genau das Kind reagiert, wenn es diese Stimme hört. M.- C. Busnel, die sich in ihrer Arbeit am Nationalen Forschungsinstitut für Akustik (INRA) mit der Physiologie des Hörens beschäftigt, hat im Verlauf von zwanzig Jahren zahlreiche Studien über die Wirkung der mütterlichen Stimme auf das Kind unternommen, darunter einige, die sich auf die Frequenz und Veränderlichkeit des Herzschlags bezogen. Dabei wurden Feten, Neugeborene und Frühgeborene untersucht, in der Annahme, daß man die Veränderungen des Herzschlags als Reaktion auf die Stimuli der Stimme interpretieren könne, sofern alle anderen Einflüsse, die von der Mutter ausgehen könnten, mit Sicherheit ausgeschlossen sind. Ohne auf die Einzelheiten der Forschungsergebnisse eingehen zu wollen, läßt sich festhalten, daß M.-C. Busnel mindestens vier grundlegende Resultate erhärten konnte.

Erstens: Das Baby erkennt bevorzugt die Stimme seiner Mutter, und es »versteht« die Mutter besser als andere Personen. Zweitens: Das Baby zeigt stärkere Reaktionen, wenn die Mutter zu ihm spricht, als auf andere Personen, etwa die anwesenden Wissenschaftler. Drittens: Baby wie Fetus reagieren darauf, daß die Mutter sich mit ihnen verständigt – das zeigt sich, wenn auch weniger ausgeprägt, selbst dann, wenn sie an das Kind lediglich denkt! Viertens, und das führt auf ein weites Feld: Das Baby reagiert auf Geschichten oder Musikstücke, die es bereits kennt, weitaus stärker als auf andere, die es zum ersten Mal hört; mehr noch, es macht sich besonders deutlich bemerkbar, wenn man ihm etwas erzählt, das für Mutter oder Kind emotionale Bedeutung hat.

Ob dies nun bedeutet, daß ein Neugeborenes bereits eine Semantik besitzt und über ein leistungsfähiges Gedächtnis verfügt, mag jeder selbst entscheiden. M.-C. Busnel hielt sich nicht für befugt, den entscheidenden Schritt zu tun und zu erklären, man könne aus den Reaktionen des Kindes schließen, daß es im engeren Sinne »versteht«. Aber offensichtlich findet sich hier eine weitgehende Übereinstimmung mit den Feststellungen der Psychoanalyse.

Außerdem kann man den Experimenten auch eine Mahnung zur

Vorsicht entnehmen. M.-C. Busnel macht nämlich auch deutlich, daß eine zu starke Stimulation des Fetus die erhoffte Wirkung aufhebt oder sogar schädlich für das Kind sein kann – die Anhänger intensiven Trainings ab dem Beginn der Schwangerschaft sehen sich also enttäuscht. Natürlich wird ein wenig Musik dem Fetus nicht schaden, aber M.-C. Busnel hat erst kürzlich wieder die moralische Verpflichtung der Wissenschaftler betont, deutlich zu machen, daß systematische Lernprogramme für den Fetus ebenso nutzlos wie verabscheuungswürdig sind.[24]

Zur Verdeutlichung erinnerte sie an das berühmte Experiment, das der amerikanische Forscher Gilbert Gottleib mit Enten durchgeführt hat. Bekanntlich ist es für Entenküken lebensnotwendig, schon unmittelbar nach dem Ausschlüpfen die Stimme der Mutter zu erkennen. Tatsächlich muß ein Küken, um zu überleben, dieser Stimme folgen, sobald es das Ei verlassen hat. Um herauszufinden, ob dieser Lernprozeß zu beschleunigen ist, simulierte man nun dem Küken innerhalb des Eis die notwendigen Reize der Außenwelt: Man öffnete die Eischale, ließ Licht auf sein Auge fallen und ließ den Fetus gleichzeitig die Stimme der Mutter hören. Das Resultat war katastrophal – die Küken lernten überhaupt nichts mehr, als ob sich die beiden Reize gegenseitig neutralisierten, statt verstärkend zu wirken. Da das Sehen zeitlich später auftritt, bewirkt es vermutlich das Verschwinden der Lernfähigkeit im Bereich des Hörens. Wurden die beiden Reize abwechselnd erzeugt, zeigten die Küken eine deutlich verminderte Lernfähigkeit; wurde nur der Lichtreiz eingesetzt, ohne die Stimme der Mutter, zeigte sich überhaupt keine Wirkung. Mit anderen Worten: Es hat keinen Sinn, »unsere lieben kleinen Küken« allzu heftigen Reizen auszusetzen.

Die Sprache des Neugeborenen

Die meisten Neurobiologen teilen inzwischen die Ansicht, daß ohne »Gefühlsanteil« weder Spracherwerb noch -gedächtnis möglich sind, daß also in jedem Fall das limbische System und der hintere Zingularcortex dabei eine Rolle spielen. Einige Autoren gehen noch weiter und deuten die Möglichkeit an, daß mit jedem »Engramm« einer Wahrnehmung auch die Erinnerungsspur der korrespondierenden Empfindung festgehalten ist – zu jeder gespeicherten Information gäbe es also eine entsprechende Gefühls-Information. In diesem Sinne ist die Hypothese der »somatischen Marker« zu verstehen, die von Antonio Damasio vorgetragen wird: Demnach steht jede Strategie der Entscheidungsfindung unter dem Einfluß allgemeiner Körperzustände, die dem Gehirn signalisieren, welches Verhalten zu wählen sei. Diese Markierungen, die der Körper setzt, wirken wie Alarmsignale: Sie entscheiden, ob man große Lust auf Gänseleberpastete verspürt, oder ob einem beim Gedanken an einen Teller Topinambur schon schlecht wird. Gesteuert werden die somatischen Marker zum einen durch den präfrontalen Cortex, der für die Einordnung aller Einflüsse der Außenwelt und der besonderen Ereignisse im Leben des einzelnen zuständig ist, und zum anderen durch den somato-sensoriellen Cortex, der all jene Informationen verwaltet, von denen in den vorangegangenen Kapiteln die Rede war. Von diesen Strukturen hängt es ab, wie wir lernen zu leben. In Anlehnung an eine der Kapitelüberschriften bei Damasio könnte man sagen: Ohne den Körper existiert die Welt der Vorstellungen nicht![25]

Karina, oder die Angst vor dem Leben

Wenn ich hier einige der Erkenntnisse über den Zusammenhang zwischen Sprache, Gefühl und Körper dargestellt habe, so deshalb, weil es um nichts anderes auch in den Mitteilungen geht, die ich von den Neugeborenen empfange, mit denen ich zu tun habe. Antonio Damaso würde zweifellos erklären, daß sie noch nicht die Zeit hatten, jene somatischen Marker zu produzieren – aber Alarmzeichen können sich am Körper eines drei Tage alten Kindes mehr als genug finden: Atembeschwerden, Verdauungsstörungen, Gewichtsverlust, Schlafstörungen, Appetitlosigkeit, Weigerung an der Brust zu trinken, Infektionen ... Das sagt genug, aber was? Ist es die sogenannte Körpersprache? Letztlich eben nicht, sonst wüßte ich mir nicht zu erklären, wie meine Worte eine so unmittelbare Wirkung auf diese körperlichen Leiden haben können.

Karina ist zwei Tage alt, ein kleines Mädchen mit schwachem Blutdruck, das nicht trinken will und in besorgniserregender Weise an Gewicht verliert. Eine der Hebammen hat mir bereits erklärt, das Kind liege im Sterben. Von den Eltern berichtet man mir, daß sie wie gelähmt seien und dem Unglück ihres Kindes nur hilflos leidend zuschauen könnten. In dieser Situation begebe ich mich an das Krankenbett des Kindes.

»Wissen Sie, ich habe vor fünf Jahren meinen kleinen Sohn bei der Geburt verloren; das war furchtbar, und jetzt Karina...«

Die Mutter hatte lange Zeit keine Kinder bekommen können, das änderte sich erst nach mehreren Versuchen der In-vitro-Fertilisation, die in der Béclère-Klinik unternommen worden waren. Aber das Kind, das sie erwartete, ein Junge, starb noch vor der Geburt.

»Dabei hatten wir schon alles vorbereitet, die Wiege, den Kinderwagen, Spielsachen – auch das Taufkleid war schon da..., und wozu das alles? Bis auf die Sachen, die wir uns geliehen hatten, haben wir alles weggeworfen; und den Kinderwagen mußten wir meiner Nichte geben, die ist wenigstens jung genug, um noch Kinder zu kriegen...«

Die Mutter ist vierundvierzig, als sie Karina bekommt, ihr erstes lebendes Kind. Sie läßt sie in ihr Bett legen und weicht nicht von ihrer Seite – in Tränen aufgelöst, wie bei einer Totenwache. Sie sieht in ihr nichts als ihren toten Sohn, als stehe es ihr nicht zu, ein lebendes Kind zu haben: Karinas Schicksal ist also verknüpft mit dem ihres toten Bruders.

»Und jetzt auch noch Karina... sie will nicht trinken, man kann zusehen, wie sie stirbt, was soll man nur machen... Mein Mann und ich, wir sind ja nicht abergläubisch, aber wir hatten uns geschworen, daß wir diesmal alles tun wollten, um so etwas nicht wieder zu erleben. Wir haben für sie praktisch überhaupt nichts gekauft, um das Schicksal nicht herauszufordern... Nur das Allernotwendigste, einen Schlafanzug, ein paar Fläschchen. Aber das hat auch nichts geholfen. Man sieht ja, wie schlecht es ihr jetzt geht.«

Die Mutter, die nach Frankreich eingewandert ist, erzählt mir, wie isoliert sie sich fühlt, und sie beginnt auch davon zu sprechen, wie gerne sie die Eltern in der Heimat besuchen würde, um ihnen das Enkelkind vorzustellen. Darin zeigt sich ein Lebensfunken, und ich nehme dieses Motiv auf, als ich mit Karina rede: Ich versuche ihr zu erklären, daß ihr offenbar der Platz in der Familie verwehrt ist, weil um das erste Kind nicht wirklich getrauert wurde.

»Deine Eltern wußten nicht ein noch aus, vor lauter Angst, daß du nicht leben würdest, so wie damals dein Bruder. Aber du bist anders als dein Bruder, du hast dich entschieden, zur Welt zu kommen. Ob du auch weiter leben willst, weiß ich nicht – wenn du dich dafür entscheidest, dann mußt du trinken, damit du wachsen kannst. Du hast die Wahl, aber du sollst wissen, daß deine Eltern alles tun wollen, um dir zu helfen.«

Das Kind zeigt keine Reaktion. Ich rate der Mutter, Karina zu sich zu nehmen und ihr »Hautkontakt« zu gewähren, damit sie auf diese Weise ihre Bindung zu ihr wiederfinden könne, die mir ebenso geschwächt scheint wie das Vertrauen des Kindes in sein Leben – Karina soll die Sicherheit und Unterstützung bekommen, die sie braucht.

Als ich aus dem Zimmer komme, treffe ich auf dem Gang die Kinderärztin und die Schwester, die sich um Karina kümmern. Die Ärztin erwägt eine Zwangsernährung, weil sie den Gewichtsverlust für lebensbedrohend hält. Die Schwester ist dagegen und empfiehlt, dem Kind das Fläschchen zu geben, wenn die Mutter nicht dabei ist – sie meint, der Mutter gehe es so schlecht, daß sie ihre Angst auf das Kind übertragen und ihm gewissermaßen den Appetit verderben könne. Beide erklären mit Nachdruck, daß keine Zeit zu verlieren sei.

Auch ich sehe ein, daß rasch etwas getan werden muß, aber ich bitte um einen Aufschub von einigen Stunden, weil ich es für entscheidend halte, daß Karina selbst sich zur Nahrungsaufnahme entschließt und diese Frage mit ihrer Mutter ausmacht. Würde man dem Kind Nahrung zuführen und die Mutter dabei übergehen, dann bestünde die Gefahr, daß diese Frau, deren Selbstwertgefühl ohnehin schwach ist, sich erst recht als unfähig begreifen würde – und das würde alles noch schlimmer machen.

Die Kinderärztin war bereit, noch zu warten, und eine dreiviertel Stunde später wollte Karina an die Brust ihrer Mutter und trank 50 ml ihrer Milch. In den Tagen danach nahm sie an Gewicht zu. Als sie die Klinik verlassen konnte, kamen die Eltern zu mir, um mir zu sagen, wie erleichtert sie sich fühlten.

Mathieu weiß Bescheid

Man kann behaupten, wie es Professor Lebovici getan hat, daß diese Wirkung auch eingetreten wäre, wenn man dem Kind das Telefonbuch vorgelesen hätte – ein Einwand von einigem Gewicht, aber man mag kaum glauben, daß er von einem Psychiater dieses Rangs kommt. Ein Baby jedenfalls gibt es, das darauf bestimmt mit einem Protestschrei reagiert hätte: ein Baby namens Mathieu.

Mit Mathieu traf ich in Zimmer 37 der Säuglingsstation zusammen, weil seine Mutter Angst vor den Problemen hatte, die nach dem Verlassen der Station auf sie zukommen würden. Wir hatten eine lange Unterhaltung unter sechs Augen... In einer gewundenen Formulierung machte sie mir deutlich, daß sie bei einem »Herrn« wohnte, der ihr zwei Zimmer in seiner Wohnung überlassen hatte, im Ausgleich für kleine Dienstleistungen. Es schien, als werde ihr damit eine Freundlichkeit erwiesen, aber natürlich ergaben sich daraus Unannehmlichkeiten und Probleme bei der Abgrenzung der Intimsphäre. Jedenfalls war damit zu rechnen, daß es mit den Anfällen von Großmut bald vorbei sein würde, denn die Ankunft des Babys war nicht nach dem Geschmack des betreffenden »Herrn«.

Die Unterhaltung hatte sich bereits anderen Themen zugewandt, als die Frau plötzlich noch einmal auf den »Herrn« zu sprechen kam und ihn diesmal beim Namen nannte: »Herr X«. Und da begann Mathieu zu schreien. Am Ende des Gesprächs erklärte seine Mutter mir im Flüsterton: »Im Vertrauen – aber bitte sagen Sie es nicht weiter: Herr X ist der Vater von Mathieu.« Ich konnte ihr erwidern, daß ich mir da schon recht sicher gewesen sei, weil Mathieu mir das signalisiert habe. Zufall?

Vielleicht hatte Mathieu ja das Telefonbuch im Kopf...

Jedenfalls hatte er mit seiner Reaktion eine Binsenweisheit der neueren Psychoanalyse bestätigt: Es ist die Mutter, die dem Kind den Namen des Vaters zu Gehör bringen muß. Für Mathieu war seit jenem Augenblick der Name des Vaters keine Leerstelle mehr. Dem einen oder anderen Elternteil mag das äußerst peinlich sein, aber man darf davon ausgehen, daß Mathieus Unbewußtes, etwa im Wege einer typischen kindlichen Amnesie, später darüber den Mantel des Vergessens breiten kann. Es ist nicht allzu schwer, diplomatisch über etwas hinwegzusehen...

Man könnte auch einwenden, mit einem Baby zu sprechen sei höchstens dann sinnvoll, wenn man auf diesem Umweg die Eltern erreichen wolle, die sich manche Dinge nicht so gerne direkt ins Gesicht sagen lassen. Das ist geschickt formuliert und nicht ganz falsch, tatsächlich läuft es in manchen Fällen genau darauf hinaus. Aber bedeutet sich dieser »List« zu bedienen, nicht einen Mangel an Respekt? Und zwar nicht gegenüber den Eltern oder dem Kind, sondern gegenüber der Wahrheit?

Auch wenn ein Analytiker es für überflüssig hält, selbst zu einem Neugeborenen zu sprechen, so wird ihm doch klar sein, daß die Eltern dies tun und daß das Kind gelegentlich etwas versteht. Wenn es also von den Eltern etwas erfährt, warum dann nicht von ihm? Es gibt auch die Experimentierfreudigen, die Videoaufzeichnungen ihrer Sitzung mit einem Baby machen: Zuerst wendet man sich dem Kind zu, um es besser zu verstehen, dann spielt man das Band der Mutter vor, damit sie besser »versteht«, worum es geht – auf diese Weise wird lediglich der Mutter (und natürlich den Lesern solcher Berichte) bewiesen, wie begründet die Hypothesen waren und wie überzeugend man einwirken kann. Soviel eindeutig vorgeführter Scharfblick verdient allseitige Bewunderung, aber wir haben es hier nicht mehr mit Psychoanalyse zu tun, sondern mit Pädagogik, und das hilft bei der Arbeit auf einer Entbindungsstation nicht unbedingt weiter.

Wo immer es möglich ist, sollte man daher dem Kaiser geben, was des Kaisers ist: Wenn das Problem bei den Eltern liegt, dann muß man mit ihnen sprechen; wenn es beim Kind liegt, muß man sich ihm zuwenden – der Patient ist jedenfalls das Kind!

Maurice und der Marabut

Andererseits stelle ich auch manchmal fest, daß ich mit der Mutter reden muß, damit das Kind zuhört. So etwas kommt bei Frühgeborenen vor, oder auch in einem Fall wie dem der kleinen Marie Perrier, den ich bereits geschildert habe. Wenn ich ein Kind nicht direkt ansprechen kann, rede ich mit der Mutter, in der Hoffnung, daß sie den Kontakt herstellt, erfahrungsgemäß zeitigt das eine gewisse Wirkung… Eine andere Möglichkeit besteht darin, sich in Gegenwart der Mutter oder des

Vaters an das Kind zu wenden; in dieser Weise verfahre ich, wenn die Lösung des Problems offensichtlich von den Eltern abhängt. So war es auch im Fall des kleinen Maurice.

Maurice war erst sechs Tage alt und hatte schon Gewichtsprobleme – er mußte unbedingt mehr auf seine Linie achten. Ich erzähle das so locker, aber für das Kind war es ein ernstes Problem, so drastisch zuzunehmen. Niemand, weder die Eltern, noch die Ärzte und Schwestern, konnte sich erklären, warum Maurice sich so aufblähte wie der Frosch in der Fabel. Er war das fünfte Kind in einer Familie von Einwanderen aus Afrika, die Eltern zeigten sich äußerst herzlich, und die Mutter war so zärtlich und aufmerksam wie man es sich nur wünschen kann. Aber während der Schwangerschaft hatten sie einen Marabut aufgesucht, und dieser heilige Mann hatte erklärt, das Kind sei »andersartig«.

Den Vater versetzte dieses Urteil über das Schicksal des Kindes in höchste Panik. Aber er zeigte sich dann in der Lage, mir in ganz ruhigem Ton von den furchtbaren Alpträumen zu berichten, die ihn deswegen in jüngster Zeit heimsuchten – doch dabei schreckte der kleine Maurice hoch und begann zu weinen. (Immerhin hörte dieses Kind, wenn nicht auf mich, so doch auf seinen Vater – zweifellos wieder ein Zufall, der bewirkte, daß es erschreckt auf die vertraute Stimme des Vaters reagierte, als dieser gelassen von den entsetzlichsten Träumen erzählte.) Während der Gespräche wurde deutlich, daß sich die Mutter ebenfalls Sorgen machte, wenn auch auf eine andere Weise. Sobald sich das Baby in der einen oder anderen Art bemerkbar machte, dachte auch sie an das beunruhigende Verdikt der »Andersartigkeit«, und sie begann sich zu ängstigen. Sie legte es dann stets an die Brust – um es zu »beruhigen«, wie sie mir erklärte. So war sie bereits eine Woche lang verfahren – hier lag der Grund für die Gewichtszunahme des Säuglings. Letztlich ging es ihr natürlich darum, sich selbst zu »beruhigen«. Maurice machte sich beliebt, indem er sich als kluger Sohn zeigte und bereit war, fleißig zu trinken. Seiner Mutter gab er damit zu verstehen, daß ihn die Alpträume seines Vaters durchaus nicht erschreckten, sondern daß er, ganz so wie sie es sich dachte, einfach hungrig war. Nachdem ich den Eltern klargemacht hatte, daß ihr Kind vielleicht in der Zukunft »anders« sein würde, daß es aber im Augenblick *ihre* Aufgabe sei, *ihm* zu helfen, und nicht umgekehrt, ging der Appetit des Kindes jedoch offensichtlich zurück: In den beiden folgenden Tagen regelten sich alle Probleme, und Maurice nahm nur noch in dem Maße zu, wie es für Kleinkinder normal ist.

Voraussetzungen der Sprache

Sprechen zu lernen ist das eine, die Voraussetzungen dafür zu besitzen, das andere; ebenso wie eine Sprache zu verstehen etwas anderes ist, als eine Sprache zu sprechen. Psychoanalytiker und Neurobiologen sind sich in zwei Punkten einig: Ein Menschenbaby kann noch nicht sprechen, aber im Unterschied zu den Kleinkindern bei anderen Primaten verfügt es bereits über die Voraussetzungen, es zu tun. Diese Ansicht wird jedenfalls von einer Gruppe der bedeutendsten und fortschrittlichsten Neurologen vertreten. Gerald M. Edelman hat in einer neueren Veröffentlichung[26] eine Reihe von Thesen über die Sprache vorgestellt, die den Nicht-Fachkundigen auf den ersten Blick abschrecken mögen, aber das Vergnügen bieten, Neues zu entdecken.

Wir greifen seine Argumentation auf und geben zunächst einen vereinfachenden Abriß. Um zu sprechen und zu verstehen und um in uns Sprache zu formen, sind laut Edelman wenigstens zwei Schritte notwendig. Zum einen muß ein sogenanntes »primäres« Bewußtsein von den Dingen vorhanden sein, das uns befähigt, unsere Wahrnehmungen und ihren Ertrag (an Befriedigung oder Mißvergnügen) in Abhängigkeit von früheren Erfahrungen zu klassifizieren. Dabei geht es um die Reaktion auf das aktuelle Angebot an Informationen aus der Realität und um die Fähigkeit, diese Daten durch den Filter des Gedächtnisses zu schleusen. Wer diese Fähigkeit nicht besitzt, wird Mühe haben zu sprechen. Ein Beispiel sind die sogenannten »sehenden Blinden«, Menschen, die aufgrund einer Verletzung der primären Sehrinde an optischer Agnosie (Blindsehen) leiden: Ihr Sehvermögen ist intakt, aber sie erklären, daß sie nichts sehen. Das kann zum Beispiel bedeuten, daß jemand in der Lage ist, eine Gabel zu ergreifen und zu benutzen – aber wenn man ihn fragt, was sich vor ihm auf dem Tisch befindet, wird er antworten: »Ich sehe nichts«. Dieses primäre Bewußtsein bewirkt eine erste reziproke Kopplung (Edelman spricht von einem perzeptiven bootstrapping) zwischen zwei unterschiedlichen Formen von Nervenstrukturen, zum einen dem Hirnstamm mit dem limbischen System, die für die langsame Verarbeitung von Informationen zuständig sind, die mit Lustempfindung zu tun haben, und zum anderen dem thalamokortikalen System, das alle neuen Eindrücke rasch verarbeitet. Soweit ist das nicht allzu kompliziert, und im übrigen unterscheiden wir uns darin nicht von den Schimpansen – der Mensch ist in diesem Rahmen ganz den augenblicklichen Erfahrungen unterworfen, und sein Horizont ist sehr begrenzt.

Der zweite Schritt besteht in einer Form von Bewußtsein, die Edelman als »Bewußtsein höherer Ordnung« bezeichnet – sie gilt als erstes Kennzeichen des Menschseins, und insofern hat sie direkt mit Sprache zu tun. Die Sprache ist es, der sich unsere Fähigkeit verdankt, jene Empfindungen, denen das primäre Bewußtsein bereits eine Wertigkeit zugemessen hat, in uns aufzunehmen, sie zu »verkörpern« – man denke an die Geruchsexperten im Bereich der Parfümerie, oder an Weinkenner… Edelman sieht die Begabung solcher Menschen als »das Ergebnis einer Neigung, die sich auf Empfindungen gründet, deren Verfeinerung aber nur durch die Sprache möglich ist.« Den Neurophysiologen gilt dieses Bewußtsein höherer Ordnung als Resultat einer weiteren Kopplung, der semantischen Ureingabe (bootstrapping) zwischen dem Sprachzentrum des Gehirns, das für die Herausbildung und Speicherung von Worten und Sätzen, ihren Klang, ihre Syntax und Bedeutung zuständig ist, und dem präfrontalen Cortex, der die Klassifizierung von Begriffen besorgt. Um sprechen zu können, muß man Laute bilden, die mit Begriffen verbunden sind, die einen Sinn haben. Interessanterweise begreift Edelman diese Fähigkeiten als eine Art von »symbolischem Gedächtnis«. Demnach sprechen wir nicht nur, um etwas zu sagen, sondern auch um etwas zu erfinden, um uns sprechend gegen die Welt zu setzen – selbst wenn wir nur über das Wetter reden.

Für die Psychoanalytiker bedeuten diese Einsichten natürlich eine willkommene Bestätigung, weil sie, jenseits aller Erklärungen der Gehirnfunktionen, die Einzigartigkeit des Einzelnen bekräftigen. Sprache als schöpferischer Akt erscheint als eine ganz persönliche Leistung! Jeder Mensch stellt sich auf diese Weise den Umständen, die sein Leben bestimmen und ihn umtreiben, er setzt gewissermaßen sprachliche Duftmarken. Die Frage, ob Sprache eine erworbene Fähigkeit ist (und folglich von der Gemeinschaft abhängt, in die man hineingeboren wird), oder ob das Sprachvermögen angeboren ist, interessiert den Psychoanalytiker erst in zweiter Linie. Viel wichtiger ist die Feststellung, daß die Sprachfähigkeit, ebenso wie die Gefühle, sich nur im Austausch mit anderen herstellt: Die Erfahrungen mit Kleinkindern zeigen überdies, daß diese Struktur sich noch vor der Fähigkeit zu sprechen herausbildet. Bei Edelman heißt es dazu: »Biologisch gesehen wird Symbolen nicht mit formalen Mitteln Sinn verliehen, vielmehr werden symbolische Strukturen *von Anfang an* für sinnvoll gehalten.«[27] Und weiter: »Es ist wichtig zu verstehen, daß zu idealisierten kognitiven Modellen eine Verkörperung der Begriffe gehört und daß begriffliche Verkörperung durch vorsprachliche Körperaktivität geschieht.«[28]

Um so interessanter ist Edelmans folgende Feststellung: »Menschen (stellen) dann, wenn Symbole der Welt nicht direkt entsprechen, nicht nur durch Veranschaulichung und Wahrnehmung der Körperform Verbindungen her, sondern auch mit Hilfe von Metaphern und Metonymien.«[29] Damit wird eine ganze Menge psychoanalytischer Theoriebildung bestätigt, die sich auf die Verdichtung und Verschiebung im Traum bezieht, und die von anderen Autoren auf der Ebene der Metaphern und Metonymien aufgegriffen wurde. Hier ist nicht der Ort, sich diesen Fragen zu widmen, es soll genügen, an eine nicht ganz ernstgemeinte Bemerkung Lacans über die sprachliche Kreativität zu erinnern – wenn Metaphern darin bestehen, die Bedeutung von Worten zu vertauschen, dann sind die Fehler der Kinder beim Sprechen schöpferische Akte: »Die Katze macht Wau-Wau, der Hund macht Miau-Miau… So reimt sich das Kind die Macht der Rede zusammen und beginnt das Denken.«

Der rechte Moment, sich bemerkbar zu machen – der vierte Tag

Das menschliche Gehirn ist also für das Sprechen vorprogrammiert oder doch zumindest für das Erzeugen von Lauten. Jedes Baby, ob auf der Entbindungsstation oder anderswo, wird plappern, schreien, weinen oder lachen… Soll man das als Sprache verstehen? Jedenfalls kann man nicht leugnen, daß es sich um Kommunikationsversuche handelt. Im alltäglichen Umgang mit den Kleinkindern wird natürlich deutlich, daß es nicht um gerichtete Kommunikation, nicht um Dialoge wie im Theater geht, sondern daß hier eher ein Stein in den Teich geworfen wird, damit er Wellen schlägt, daß ein Ruf ausgeht, in der Hoffnung, gehört zu werden.

In der Entbindungsstation hört man natürlich zuerst das Weinen, denn das ist die Art, in der die Neugeborenen ihre Stimme am besten einsetzen können. Manchmal wird das für die Erwachsenen unerträglich, und dann werden wir gerufen, um etwas dagegen zu unternehmen. Ich erinnere mich, daß es mir einmal gelungen ist, einem vier Tage alten Baby, das seit seiner Geburt ununterbrochen geweint hatte, die Ursachen seiner Tränen deutlich zu machen. Eine Nachtschwester erzählte mir dann, sie habe das Kind seitdem nicht mehr gehört, und sie fügte hinzu: »Hätte ich das gewußt, dann hätte ich früher Bescheid gesagt – mir wären drei anstrengende Nächte erspart geblieben!« Sicher, aber nicht nur ihr... Daß die Schwester sich an mich wandte, zeigt aber, daß sie begriffen hatte, daß dieses Kind etwas ausdrücken wollte und daß eine Psychoanalytikerin vielleicht in der Lage sein würde, es zu verstehen.

Aber man erlebt auch Tränen und Worte der Freude – etwa bei jener Geburtshelferin, die auf dem Flur vor dem Kreißsaal in Holzpantinen und Ärztekittel herumhüpft und zwischen zwei Schluchzern ausruft, das sei »ein Baby geworden, wie ich es mag«. Ganz allgemein geht es in der Säuglingsstation manchmal zu wie in einem Probenraum, wo jeder sich auf die Aufführung einstimmt; man räuspert sich, man wischt das Kolophonium von den Saiten, man übt ein paar Tonleitern und macht seine Stimmübungen – und keiner nimmt dabei Notiz vom anderen.

Es wird auch geschrien in den Zimmern, aber zumeist wird geplappert. Das ist allgemein üblich, es verleiht allen Beteiligten Energie, und es ist gar nicht unwichtig. Im Gegenteil, es gehört zu den Aspekten, die man weiterverfolgen muß, wenn vom Sprechen die Rede ist, ebenso wie die Hypothese von Françoise Dolto über die chronologische Wiederholung oder die Thesen der Neurologen. Wenn man dem Verhaltensforscher Boris Cyrulnik glaubt, sind Schreien und Plappern sogar eine Art Embryonalform der Sprache. Cyrulnik verweist auf die Frequenzanalysen, die er mit den Aufnahmen der Schreie von Neugeborenen vorgenommen hat: Aus den Histogrammen ging hervor, daß dieses

Schreien durchaus unterschiedlich ist, je nachdem, ob die Babys »unter sich« sind und sich von Wiege zu Wiege Antwort geben, oder ob sich Erwachsene im Raum befinden und miteinander sprechen. Konkret heißt das: Was im einen Fall nur Kakophonie ist, gewinnt im anderen Fall (ab dem vierten Tag) eine eindeutig melodische Qualität.[30] Dieses Experiment ist von großer Bedeutung, weil es zeigt, daß, genau wie bei den Sinneswahrnehmungen, von denen die Rede war, auch das Sprechen (des einen, nämlich des Babys) vom Sprechen (des anderen, des Erwachsenen) abhängt.

Damit wird auch der Baby Blues besser verständlich, der ja bekanntlich am dritten oder vierten Tag einsetzt. Während der ersten Tage äußern die Babys offenbar nur Laute und Schreie, die eine Art Echo ihrer Befindlichkeit sind, letztlich eine ganz nüchterne und sachliche Äußerungsweise. Sie schreien, um klarzumachen, was ihnen fehlt: »ich bin hungrig«, »mir ist kalt«, »ich bin müde, und hier ist es zu laut«, oder auch »ich liege nicht bequem«, »ich habe Magenschmerzen«. Nichts weiter als einfache Aussagen über das, was sie fühlen, eine Art von Litanei ihrer Empfindungen. Doch dann macht sich plötzlich ein anderes Prinzip geltend, ein intimer und komplizierter Austauschvorgang zwischen Mutter und Kind, der einsetzt, sobald das Kind begreift, daß seine Bedürfnisse von der Mutter befriedigt werden. Damit tritt auch eine neue Art von stimmlicher Modulation auf, die auf die Mutter bezogen ist.

Wenn diese neue stimmliche Kommunikation nicht gelingt, zum Beispiel wegen einer besonders schweren Depression der Mutter, dann kann es geschehen, daß sich bei einem neugeborenen Kind statt dessen Krankheitssymptome einstellen: zum Beispiel ständiges Weinen, eine bestimmte Form von Verdauungsstörungen oder auch Aufstoßen und Erbrechen. Es kann dann, wie die Kinderärzte aus Erfahrung wissen, sogar zu einem regelrechten Ping-Pong-Effekt zwischen Mutter und Kind kommen.

Ein Beispiel ist der Fall jener Mutter, deren beide Kinder an Säuglingsdurchfall litten. Daß sie solche Probleme mit der Verdauung hatten, machte der Mutter so zu schaffen, daß es ihr zur Qual wurde, sie zu stillen. Sie machte sich schreckliche Sorgen, weil sie Bauchschmerzen hatten, und man darf vermuten, daß es den Kindern schon Bauchschmerzen machte, die Angst ihrer Mutter zu spüren – eine Spirale ohne

Ende... Nach drei bis vier Monaten hatte sich die Verdauung der Babys glücklicherweise stabilisiert, den Kindern war es aus eigener Kraft gelungen, das zu regeln; sie litten nicht mehr an Aufstoßen und Bauchschmerzen, alles war wieder normal. Die Mutter zeigte allerdings Schuldgefühle, weil sie die Kinder nicht gestillt hatte, und war überzeugt, daß die Koliken ihrer Kinder nur auf die Milch aus der Flasche zurückzuführen seien. Nun sind diese Produkte erwiesenermaßen längst sehr verträglich – aber die Mutter sah den eigentlichen Grund der Probleme ausschließlich in dieser Babymilch. Bis zu dem Tag, als der Großvater, als er sah, wie sie ihrem zweiten Sohn das Fläschchen gab und dann voller Schrecken seine Darmkrämpfe beobachtete, ganz unschuldig bemerkte: »Die Kinder sind dir so ähnlich, bei dir war es damals eigentlich genau so.«

»Wieso? Ich bin aber doch gestillt worden!?«

»Ja, aber trotzdem hattest du ständig Bauchschmerzen. Deine Mutter und ich, wir wußten anfangs gar nicht, wie wir dir helfen sollten. Ich weiß noch, wie wir dich abwechselnd in den Schlaf gewiegt haben, die ganze Nacht lang...«

Für die Frau bedeutete das eine große Erleichterung – sie konnte sich mit einem Mal vorstellen, daß auch eine Mutter, die ihren Kindern das Fläschchen gibt, eine gute Mutter sein kann. Falls sie weitere Kinder bekommt, werden sie es leichter haben: Vielleicht gibt es dann keine Bauchschmerzen mehr, oder vielleicht wird die Mutter dann auch bereit sein, sie zu stillen...

Das Bad in der Sprache und das erste Lächeln

Und das Lächeln? Was gibt es Schöneres als das erste Lächeln... Aber nein – glaubt man Cyrulnik, dann ist das nichts weiter als eine optische Täuschung: Das erste Lächeln kommt nur durch die Ausschüttung eines Neuropeptids zustande, und die Mutter glaubt fälschlicherweise, daß es sich um ein Zeichen der Zuwendung handelt. Man hat gegen diese schlichte Erklärung bereits eine einfache Gegenfrage ins Feld geführt: Wer täuscht sich hier eigentlich? Die Mutter, die es nicht interessiert, ob irgendeine Hirnsekretion im Spiel ist, oder vielleicht der Forscher, der die Freude der Mutter nur für eine nachgeordnete biologische Funktion hält? Aber bleiben wir bei Cyrulnik: Er hält sich an das Gegenbeispiel des Baby Blues, also an das Phänomen jener deprimierten Frauen, die keine Regung zeigen, wenn ihr Kind lächelt, sondern es einer Situation der »Gefühlskälte« ausliefern, die ihm die Ruhe raubt und seine künftige Entwicklung gefährdet.

Zweifellos besteht diese Gefahr bei schweren Depressionen. Aber beim typischen Baby Blues, einer Form von Depression, die üblich, wenn nicht gar unvermeidlich ist und mehr oder minder deutlich bei den meisten Wöchnerinnen auftritt, zeigt sich dieses Phänomen nicht. Im Gegenteil: Diese Unmutsäußerungen (»Ich weiß nicht, was ich mit dem Kind machen soll, ich werde das nie hinkriegen«) sind nicht nur Ausdruck einer leichten Depression, sondern sie erscheinen geradezu notwendig – als Aufruf an das Kind, eine menschliche Regung zu zeigen. Sobald das Kind reagiert, ist der Anfang einer oralen Kommunikation gemacht.

Natürlich müßte man für diese Behauptung Beispiele aus der Praxis anführen, aber aus Gründen der Übersichtlichkeit verschieben wir das auf das Kapitel über die ersten Schritte ins Leben. Abgesehen von dieser kleinen Meinungsverschiedenheit teilen wir allerdings die Überzeugung Cyrulniks, daß jenes Eintauchen in die Sprache, das in der praktischen Arbeit alltäglich zu beobachten ist, einen unverzichtbaren Schritt bedeutet. Cyrulnik darf sich unserer Zustimmung gewiß sein, wenn er an anderer Stelle erklärt: »Es bedarf also nicht allein neurologischer Vorbedingungen, um den Zugang zur Sprache zu eröffnen, sondern auch affektiver Vorbedingungen! Das Verhaltenssystem, das das Sprechen ›stützt‹ und aufkommen läßt, setzt um das Kind herum die Gegenwart eines anderen Wesens voraus, zu dem und für das gesprochen wird. Dem eigentlichen Sprechen muß ein anderes Sprechen antworten.«[31] Daß es ein Eintauchen in die Sprache gibt, zeigt Cyrulnik am Beispiel der Entwicklung der »Bezeichnung«, einer Geste, die er als die Vorstufe von Symbolismus und Sprache begreift. Tatsächlich ist der Mensch, im Unterschied zu anderen Primaten, in der Lage, ohne Anleitung die Fähigkeit zu entwickeln, mit dem Finger auf ein Ding zu weisen, um es zu bezeichnen und ebenso, zu begreifen, was ihm ein anderer mit einem solchen Fingerzeig zu verstehen gibt. Nach Auskunft von Cyrulnik erwirbt ein Kind diese Fähigkeit etwa im Alter von einem Jahr. Er stützt sich dabei auf die Auswertung von Videoaufnahmen, die ihn auch zu folgender Einsicht geführt haben: Sobald das Kind beginnt, mit dem Finger auf etwas zu zeigen, stellt sich ein weiteres Verhaltensmerkmal ein – es fängt an, die Eltern oder andere Erwachsene anzusehen, die sich in seinem »Erfahrungsraum« befinden, und es versucht, Worte an sie zu richten. Der Verhaltensforscher Cyrulnik hat daraus den folgenden Schluß gezogen: »Die Sprache beginnt erst auf der Basis eines Ensembles von bezeichnenden Verhaltensweisen zu erscheinen, das (...) sich nicht in einem Gegenüber des Kindes mit der bezeichneten Sache begründet, sondern dank einer doppelten aktiven Referenz zur Sache und zur Bezugsperson.«[32]

Die Begabung, Silben zu bilden

Zur Sprache von und Kommunikation mit Säuglingen noch einige Anmerkungen, die sich auf die Arbeit der Neurologin und Aphasiologin Gisèle Gelbert stützen – ihre Theorie hat in der Praxis einen neuen Ansatz ermöglicht, der sich bei der Behandlung von Sprachstörungen als außerordentlich wirksam erweist.

Gisèle Gelbert ist der Ansicht, daß ein Kind deshalb spricht, weil man mit ihm spricht. Also ›Am Anfang war das Wort‹? Nein, am Anfang war der Gedanke, der gestützt wird durch »jene Struktur, die sich bei einem Kind bereits zeigt, bevor Worte von außen hinzukommen«.[33] Weil das menschliche Gehirn für das Sprechen vorprogrammiert ist, besitzt das Kind eine »Begabung zur Silbenbildung«. Aber Laute hören und unterscheiden zu können heißt noch nicht, sie nachbilden, und nachbilden heißt noch nicht, eigene Laute schaffen zu können. Es sind »externe orale Vorgaben« (zum Beispiel von seiten der Mutter) nötig, die es dem Kind ermöglichen, mit Hilfe komplexer interner Modelle (die Gisèle Gelbert beschreibt) »eigene orale Vorgaben« zu machen. Ein Kind versteht ein gesprochenes Wort, indem dieses »gleichzeitig gehört und analysiert« wird – es macht somit aus der Sprache, die es versteht, seine Sprache.

Auf die Beschäftigung mit psychischen und affektiven Aspekten hat Gisèle Gelbert in ihren Ausführungen verzichtet, in der Hoffnung, daß andere sich dieser Aufgabe widmen. Nun ist nach Ansicht der Psychoanalytiker die psychische nicht ohne die affektive Ebene denkbar, von der ihr Aufbau bestimmt wird. Halten wir also fest: Die Neurobiologin erklärt, daß ein Kind spricht, weil man zu ihm gesprochen hat – und das ist durchaus keine schlichte Wahrheit. Es bedeutet zum einen, daß die sogenannte Muttersprache sich tatsächlich unter Einwirkung der Mutter – nach der Geburt – bildet, und daß sie zum anderen von psychischen Strukturen getragen ist, die vor der Geburt bestehen.

Es dürfte klar geworden sein, daß im Zusammenhang mit der »Sprache« von Neugeborenen noch viele Fragen offen sind. In den ersten wissenschaftlichen Erklärungsversuchen zeigt sich deutlich genug, wie ungeklärt es bleibt, was die Kinder »verstehen« oder »sagen«. In welcher Sprache reden sie? Eben das wissen wir nicht, wir können nur feststellen, daß sie nicht im linguistischen Sinn des Begriffs »verstehen«: Ihre Semantik (Semiotik), ihre Phonetik und Syntax sind anders. Aus der klinischen Praxis und den unterstützenden psychoanalytischen Sitzungen erwächst dagegen die Gewißheit, daß sie tatsächlich etwas »verstehen« und »sagen«. Wie reden sie also? Jedenfalls in ihrer eigenen Originalversion, ohne Untertitel. Man kann das nicht anders belegen als durch die Schilderung eben jener Praxis und dabei versuchen, die Emotion ahnen zu lassen, die sich bei einem Psychoanalytiker einstellen kann, wenn ein Kind auf die eine oder andere Form seines Einwirkens eingeht und antwortet. Mehr behaupten zu wollen, wäre vermessen, und, um Paul Valéry zu zitieren, man liefe Gefahr, in eine »sehr gefährliche Lage zu geraten: zu glauben, daß man versteht«. Valéry fügt hinzu: »Ein scharfer Verstand gibt zu verstehen, was er nicht versteht.«[34] Diesem Ideal sollte man verpflichtet bleiben. Man kann auch so von den Babys lernen, die in Schwierigkeiten sind: Was tun sie anderes, als den Versuch zu unternehmen, jedem, der ihnen zuhören will, etwas verständlich zu machen, was sie nicht begreifen und worunter sie körperlich leiden?

Das Gedächtnis

Bei Gerald Edelman war vom »primären Bewußtsein« und vom »Bewußtsein höherer Ordnung« die Rede – aber wie steht es in diesem Zusammenhang mit dem Unbewußten? Seltsamerweise sind für das Unbewußte am Ende dieses Jahrhunderts jene Forscher zuständig, die sich mit dem Gedächtnis beschäftigen. Letztlich ist das nicht allzu erstaunlich, wenn man davon ausgeht, daß alles, was bisher verhandelt wurde – also die sensorischen Fähigkeiten von Feten und Frühgeborenen, das Phänomen der Wiederholung, das Sprechen –, im Gedächtnis seine gemeinsame Grundvoraussetzung hat.

Freud war der Überzeugung, daß seine Entdeckung des Unbewußten eine Revolution eingeleitet habe, die der kopernikanischen Wende oder der Wirkung der Darwinschen Abstammungslehre gleichkommen werde. Seit Kopernikus (dem allerdings streng genommen diese Ehre nicht gebührt) habe die Erde das Vorrecht verloren, als Mittelpunkt der Welt zu gelten, und seit Darwin könne sich der Mensch nicht mehr als die Krone der Schöpfung betrachten. Und nun erklärte Freud, daß »das Ich nicht mehr Herr im eigenen Hause ist«, und daß ein unbegriffenes Denken die Oberhand über das Bewußtsein gewinnen könne. Glaubte er, daß ein neues Zeitalter anbrechen würde, nur weil er dem Stolz der menschlichen Gattung derart zugesetzt hatte? Die Gegenwart, die sich leider seinen Einsichten und der Kraft des Symbolischen immer mehr entzieht, wäre sicher eine herbe Enttäuschung für ihn.

In der Literatur des 20. Jahrhunderts hat das Unbewußte allerdings noch immer seinen Platz: Das zeigt sich in ihren Meisterwerken und auch in den Äußerungen der Schriftsteller, für die der Gedanke, daß sich das Werk verselbständigt und über seinen Autor hinausgeht, eine neue Quelle der Inspiration ist. Die Philosophie hält sich in diesen Fragen eher bedeckt, obwohl einige französische Philosophen dazu eigene Positionen beziehen. Jacques Derrida hat sich erst kürzlich gegen die Vorstellung gewandt, daß »es mit der Psychoanalyse vorbei sein könnte, sobald sie angepaßt und gezähmt ist, daß sie dann wie ein Medikament verwendet wird, dessen Verfallsdatum überschritten ist: Es liegt noch irgendwo hinten in der Apotheke, für Notfälle, wenn gerade nichts anderes da ist, aber eigentlich hat man inzwischen bessere Mittel.«[35] Derrida sieht darin eine »neumodische oder überhebliche Ablehnung«, an der allerdings auch die Psychoanalyse selbst einige Schuld trägt – doch das gehört nicht hierher... Jedenfalls ist die Psychoanalyse zum Glück noch keine Arznei geworden!

Die höchsten Ansprüche an die »Wahrheit« stellt man im Bereich der

Naturwissenschaften: Hier gilt der Grundsatz, daß man sie nur durch das Experiment erschließen kann und dann verifizieren muß. Damit ist jedoch eine Vorstellung von Beherrschbarkeit verbunden, die es schwierig macht, sich der Wahrheit des Unbewußten zu nähern. Edelman, den wir bereits zitiert haben, versucht eine Erkenntnistheorie zu formulieren, die sich auf die Biologie stützt, aber auch das Unbewußte einbezieht – ein löblicher und mutiger Versuch, der leider unbefriedigend bleibt. Er mag eine Bereicherung für die Welt der Theorie sein, und die Bescheidenheit und Zurückhaltung, mit der Edelman seine Thesen vorträgt, gereichen ihm zur Ehre, aber was die Probleme des Unbewußten angeht, sind seine Ausführungen nicht sehr hilfreich: »Was uns als eine klare und einleuchtende Gedankenfolge erscheint, wird jedoch durch unbewußte Mechanismen blockiert.« Die Psychoanalyse betrachtet das Unbewußte grundsätzlich weder als Blockierung noch als Störung, und schon gar nicht als Krankheit Es geht stets darum, wer etwas blockiert oder stört, oder ein Krankheitssymptom hervorruft. Letztlich können jene »klaren und einleuchtenden« Gedanken ohne das Unbewußte nicht entstehen. Warum sollte man es unbedingt als neurobiologischen Faktor definieren wollen – schließlich gelang Freud die Entdeckung und Bestimmung des Unbewußten erst, als er seine Forschungsarbeit im Bereich der Biologie und Neurologie aufgegeben hatte.

Dennoch ist es die Neurologie, in der die Freudsche Theorie heute vielleicht neuen Rückhalt finden kann. Der Psychiater und Psychoanalytiker Daniel Stern, der im Bereich der Säuglingsforschung Pionierarbeit geleistet hat, verweist darauf, daß die Kleinkinder gerade durch ihr Erinnerungsvermögen in der Lage sind, ein beständiges Selbst zu entwickeln – Winnicott spricht in diesem Zusammenhang vom Streben nach einer »Kontinuität des Seins«. Die Schlußfolgerungen für die klinische Praxis, die Daniel Stern aus seinen Annahmen zieht, sind zwar umstritten, aber sein Ansatz ist sehr interessant. Er geht davon aus, daß sich das Erinnerungsvermögen nur in Gemeinschaft mit dem anderen bildet und dabei Mustern folgt, die er »als generalisierte Interaktionsrepräsentationen« (RIG) bezeichnet. Mit Hilfe der Mutter lernt das Baby, in der Erinnerung zu kategorisieren und zu unterscheiden »zwischen spezifischen Episoden des Erlebens (z.B.: ›Das eine Mal, als Mama mich zu Bett brachte und zerstreut war, so daß sie das Gute-Nacht-Ritual nur pro forma erledigte, und ich war übermüdet, und sie konnte mir nicht über die übliche Schwelle in den Schlaf helfen‹) und generalisierten Episoden (...) (z.B.: ›Wie Mama mich immer zum Einschlafen bringt‹).«[36] Dieses Erinnerungsvermögen beruht auf der Wahrnehmung ebenso wie auf den Empfindungen. Inzwischen gibt es offenbar in der neurobiologischen Forschung einige Belege für diese Annahme. In der Hoffnung, daß die Leser solche Darlegungen wissenschaftlicher Erkenntnisse nicht allzu ermüdend finden, werden wir im Folgenden darauf zurückkommen, um das Problem noch etwas deutlicher zu fassen.

Das Gedächtnis ist kreativ

Was ist das für ein Erinnerungsvermögen, von dem hier die Rede ist? Ein sehr eigenartiges jedenfalls, das zugleich verläßlich und falsch funktionieren kann; menschlich, allzumenschlich... Es gibt Ereignisse, die wir im allgemeinen nicht vergessen, etwa den Tod von Menschen, die uns nahestehen; das geht auch Neugeborenen so – der Fall jenes Kindes, das in die Praxis von Alessandra Piontelli gebracht wurde, weil es überall nach seinem *in utero* gestorbenen Zwilling suchte, ist bereits geschildert worden. In der Béclère-Klinik habe ich leider schon viele ähnliche Fälle erlebt, denn dort liegt die Zahl der Frauen, die Zwillinge oder Drillinge erwarten, über dem Durchschnitt, weil die Mitarbeiter von Professor Frydman besonders qualifiziert im Umgang mit In-vitro-Fertilisationen sind, und in solchen Fällen kommt es häufig zu Mehrlingsschwangerschaften. Außerdem gilt diese Klinik als beispielhaft in der Versorgung von Risikoschwangerschaften (und dabei handelt es sich überwiegend um Mehrlingsschwangerschaften), so daß im Rahmen des Kooperationssystems der Kliniken viele solche Fälle hierher überwiesen werden.

Bei fast allen jener Zwillinge, die eine solche furchtbare Erfahrung gemacht haben und die auffallen, weil sie zu oft weinen, weil sie nicht essen wollen oder weil ihre Mutter deprimiert ist, zeigt sich, daß sie ihr seelisches Gleichgewicht wiederfinden, wenn man mit ihnen und ihren Eltern darüber spricht, wie wichtig es ist, um den verschwundenen Bruder oder die Schwester zu trauern. Das funktioniert so gut, daß man es als regelmäßige Vorsorgemaßnahme einführen kann, ähnlich den Vorkehrungen, die bei Frühgeburten getroffen werden oder bei einer Trennung von Mutter und Kind. Im übrigen kommen die Hebammen von sich aus zu mir, um mich über solche heiklen Fälle zu informieren: »Mme X hat ein Kind bekommen, dessen Zwilling einen Monat vor der Geburt gestorben ist. Es weint unablässig, was sollen wir tun?« oder »Da ist eine Frau, die mit Drillingen schwanger war, aber eines der drei Kinder ist gestorben.«

Im allgemeinen finden die Eltern spontan den richtigen Weg und erzählen dem Baby von dem Schmerz, den sie mit ihm gemeinsam ertragen müssen, aber manchmal muß man dabei vielleicht doch etwas nachhelfen – auf diese Situation werden wir durch die Symptome aufmerksam gemacht, die das Kind zeigt.

Diese Hilfestellung besteht einmal mehr darin, mit dem Neugeborenen zu sprechen. Weshalb gerade mit ihm? Weil es auch hier darum geht, eine Brücke zu schlagen zwischen den Empfindungen dieser Kinder, die ja das Wesen verloren haben, das ihnen Gefährte in der Schwangerschaft war, und ihrem Leiden, das nach der Geburt wie ein verzweifeltes Echo davon kündet. Die perinatale Trauer muß immer mitbedacht werden.

Tatsächlich scheint es, als erinnerten diese Neugeborenen das Geschehnis unangemessen, aber nicht zu Unrecht. Unangemessen, weil man ihre Symptome als unsinnig, ohne »vernünftiges« Maß ansehen kann, jedoch zu Recht, weil die postnatale Trauer, in der diese Symptome auftreten, völlig begründet ist. Am Extrembeispiel eines Neugeborenen, das eine Trauer erinnert, aber eine Trauer, die nicht seine eigene ist, kann vielleicht deutlich werden, weshalb wir diese Erinnerung als unangemessen, aber nicht falsch bezeichnen.

Die Dame in Schwarz

In diesem Fall ging es um eine Frau, die zunächst den Verlust ihrer Schwester und dann, während ihrer Schwangerschaft, auch den Tod ihrer Mutter zu beklagen hatte. Ich nenne sie die Dame in Schwarz, denn selbst im Wochenbett schien sie noch immer wie in ein Leichentuch gehüllt. »Man spart, man spart, Horatio!« Für sie galt, wie für Hamlet: »Vom Begräbnis das eingemachte Fleisch deckt kalt den Hochzeitstisch.« Sie war zutiefst betrübt, versuchte aber, es das Kind nicht merken zu lassen. Ihre Niederkunft war in ihren Augen verknüpft mit dem Tod, weil ihre Mutter die kleine Eva, ihre Enkelin, nicht mehr hatte sehen können. Auch das Kind weinte, es schluchzte bitterlich, tief in der Kehle, man konnte es kaum ertragen. Ich, die ich die Oper liebe, hörte in dieser Stimme den besonderen Ton, der einem Schrei den Ausdruck tiefsten Schmerzes verleiht. Dem Baby fehlte es weder an Schlaf oder Nahrung, es wurde gepflegt und getröstet – nein, es weinte, weil es litt, nicht weil es ihm an etwas mangelte oder es etwas haben wollte. Auf die Oper komme ich auch, weil die Tränen der kleinen Eva ein öffentliches Ereignis waren: Sie hatte uns alle völlig vereinnahmt, und wir kamen gar nicht mehr dazu, uns den anderen Neugeborenen zuzuwenden. Sie weinte ununterbrochen, solange wir anwesend waren, aber niemand zeigte sich entnervt, sondern das Publikum war ergriffen von dem Schmerz, der von diesem Kind vorgetragen wurde.

Es heißt, daß das Weinen des Kindes das Einschießen der Milch in die Brust der Mutter fördert.[37] Ich werde mich zu dieser Frage später äußern, die Dame in Schwarz jedenfalls klagte im Gespräch mit mir darüber, daß sie nicht genug Milch habe, und sie hielt dies für den Grund des Weinens. Tatsächlich schien das Kind nicht gerade Hunger zu leiden, daher zögerten die Ärzte, ihm Ersatznahrung zu geben; sie befürchteten, daß dann die Muttermilch weniger werden könnte. Zwar hatte sich das Einschießen der Milch bei der Mutter etwas verspätet eingestellt, aber das rechtfertigte durchaus nicht ihre Vorstellung, sie lasse ihr Kind verhungern ... Zwei Stunden nach unserem Gespräch hatte sie genug Milch, das lag noch im Rahmen der normalen Fristen, ließ aber auch den Schluß zu, daß unsere Unterhaltung eine kathartische Wirkung gehabt hatte.

Im übrigen fühlte sie sich immer hilfloser, je mehr ihr das Weinen ihres Kindes Kummer machte. Sie glaubte, das Kind sei ganz und gar untröstlich – aber tatsächlich traf dies auf sie selbst zu. Wie erwähnt, war während ihrer Schwangerschaft ihre Mutter gestorben, zu der sie stets ein sehr problematisches Verhältnis gehabt hatte. Wenn es in dieser Familie überhaupt ein Beispiel für mütterliche Liebe gab, dann war es die Beziehung zwischen der Dame in Schwarz und ihrer Schwester, um die sie sich gekümmert hatte wie um eine Tochter. Als sie schwanger wurde, kam es jedoch zu einer Annäherung zwischen Mutter und Tochter. In einer unvermuteten Anwandlung von Zärtlichkeit erklärte ihr die Mutter, sie glaube bestimmt, daß sie eine gute Mutter sein werde. Und sie unterstützte sie, half ihr und stand ihr bei wie niemals zuvor. »Endlich hatte ich eine Mutter«, erklärte mir dazu die Dame in Schwarz. Um diese neue Mutter, die ihr Vertrauen geschenkt hatte, trauerte sie nun – die Mutter, die sie endlich gefunden hatte, um sie sogleich wieder zu verlieren. Sie verlor damit zugleich die Gewißheit, eine »gute Mutter« sein zu können, sie hielt sich nicht einmal mehr für fähig, ihrem Kind genug Milch zu geben. Und sie war überzeugt, daß all das zu Lasten des Kindes gehe.

Ich denke, das Baby hatte keinen Schaden davon – es spielte die Rolle des Zuschauers. Den Wechsel in der »Verfassung« der Mutter und ihre Belastung, als sie vom Tod ihrer Mutter erfahren hatte, nahm das Kind wahr und behielt ihn im Gedächtnis, um ebenfalls zu trauern, ohne jedoch wirklich zu wissen, warum. Die Mutter nahm sich nicht die Zeit, mit dem Kind darüber zu reden, so sehr war sie in ihrer Trauer befangen und so mühsam fand sie es, dem Kind Leben zu spenden. Das Kind weinte, weil es glaubte, der Grund für den Schmerz der Mutter zu sein, und da es das Gefühl hatte, sie nicht trösten zu können, weinte es um so mehr – auf diese Weise konnte es sie »mit Beschlag belegen«. Diesen Teufelskreis mußte ich durchbrechen: Ich sagte dem Baby, daß es sich ruhig an den Schmerz erinnern solle, den seine Mutter während der Schwangerschaft empfunden hatte, daß es aber dafür nicht verantwortlich sei, und der Mutter erklärte ich, daß sie den Tod ihrer Mutter nicht als böses Omen begreifen müsse, das sie unfähig mache, ihr Kind zu stillen. Das war nicht gerade viel, aber es reichte aus: Nicht nur das Weinen hörte auf, sondern nach wenigen Stunden hatte die Mutter genug Milch – die Dame in Schwarz und ihr Kind waren beruhigt.

Die neuronalen Karten

Man könnte uns entgegenhalten, daß wir Ursache und Wirkung vertauschen, daß wir ein emotionales Problem mit der somatischen oder zerebralen Störung verwechseln, durch die es hervorgerufen wurde. Um das zu klären, müssen wir uns dem Gehirn und dem Erinnerungsvermögen zuwenden.

Punkt eins: Kein menschliches Gehirn gleicht dem anderen, nicht einmal bei eineiigen Zwillingen. Insofern gibt es bei unserer Art nichts, was man als genetisches Schicksal bezeichnen müßte. Wie I. Rosenfield gezeigt hat, vollzieht sich die Differenzierung der Zellen im Laufe der Entwicklung eines Embryos nicht einfach als Ausführung eines genetischen Programms: Ob aus einer Zelle eine Gehirnzelle, eine Leberzelle oder eine Hautzelle wird, hängt unter anderem davon ab, wo sie sich befindet und welche Bewegung sie im Verlauf der Embryogenese erfährt. Daraus folgt: Es gibt keinen festgelegten genetischen Bauplan für die Organisationsstruktur des Gehirns, sondern wir haben es mit »Bauteilen« zu tun, die ihren Platz finden, die sich bewegen und sich wechselseitig anpassen. Diese »Bauteile« sind Zellgruppierungen, die von einer Art Klebstoff zusammengehalten werden, den Gerald M. Edelman als die Zelladhäsionsmoleküle (CAM) identifiziert hat. Solche Moleküle treten in unterschiedlicher Form auf: So sind manche (N-CAM) typisch für Neuronen und verbinden sich nur mit weiteren N-CAM – mit anderen Adhäsionsmolekülen, die etwa typisch für Leber- oder Hautzellen sind, können sie nichts anfangen... Damit entsteht eine klare Raumordnung: Die Adhäsionsmoleküle entscheiden, welche Zellen sich zu unterschiedlichen Formen gruppieren. Einerseits gibt es also einen genetischen Hintergrund, der dafür sorgt, daß alle menschlichen Gehirne eine gewisse Familienähnlichkeit aufweisen. Auf dieser Grundlage sorgen dann die CAM – abhängig von der zellularen Topologie mit ihren Wechselfällen – für die individuellen Abweichungen. Diese Variationen allerdings sind in hohem Maße kontextabhängig.

Punkt zwei: Das System der neuronalen Organisation wird bereits während der Embryogenese vollständig ausgebildet, nach der Geburt ändert sich, abhängig von äußeren Reizen, lediglich die Zahl der Verbindungen. Folgt man Edelman und Rosenfield, dann entstehen dabei regelrechte neuronale Karten, die wiederum aus Untergruppen von Neuronen (wie oben erwähnt) bestehen.

Punkt drei: Im Rahmen dieses Systems hat der Prozeß des Erinnerns strenggenommen keinen Ort. Natürlich müssen die Erinnerungen irgendwo im Gehirn gespeichert sein. Aber wie erklärt es sich dann, daß wir manchmal große Schwierigkeiten haben, sie aufzurufen – finden wir den Speicherplatz nicht mehr? Aus den Arbeiten von D. Mart ergibt sich ein anderes Bild: Das Gedächtnis ist ein schöpferischer Prozeß, wir zaubern uns eine neue Vergangenheit! Oder, wie es Frederic Bartlett formuliert hat, dessen Forschungen bei Rosenfield zusammengefaßt werden: »Das Erinnern bedeutet nicht die Reaktivierung unzähliger verstreuter und lebloser Spuren. Es handelt sich vielmehr um eine phantasievolle Rekonstruktion oder Neukonstruktion, die bestimmt ist durch unser Verhältnis zu einem umfassenden aktiven Zusammenhang, der sich aus vergangenen Reaktionen und Erfahrungen zusammensetzt, wobei wir auf irgendein kleines Detail reagieren, das sich zumeist als Bild oder in sprachlicher Form zeigt. Man kann sich also auf die Erinnerung kaum verlassen, selbst in ihrer einfachsten Form, wenn es nur darum geht, zu wiederholen, was man einst auswendig gelernt hat, ganz gleich was es ist.«[38]

Der Prozeß des Speicherns

Abgesehen von einzelnen Formulierungen sind dies genau die Argumente, die wir im Zusammenhang mit der Wiederholung aufgeführt haben. Man kann sich auf die Erinnerung meist nicht verlassen… Wer daran zweifelt, sei auf die Träume verwiesen: Daß sie aus der Erinnerung schöpfen steht außer Zweifel, aber niemand wird bestreiten, daß sie dieser Erinnerung doch eine etwas andere Gestalt geben. In der zweiten Hälfte der Schwangerschaft träumt auch der Fetus, man kann sogar behaupten, daß für ihn Erinnern gleichbedeutend mit Träumen ist. Seine Träume speisen sich aus dem, was er in den wenigen Stunden seines Wachseins erfahren hat, und er benutzt sie, um diese sensoriellen Daten gewissermaßen nach eigenem Gutdünken zu sortieren und abzulegen. Nach Ansicht von Boris Cyrulnik beginnt genau an diesem Punkt das intrauterine psychische Erleben.[39] Aber auf welche Weise benutzt der Fetus den Traum, um seine Informationen zu speichern? Die Frage ist um so interessanter als die Neurophysiologie bislang nur das Kurzzeitgedächtnis erforscht hat, also, grob gesagt, die Erinnerung an Ereignisse, die wenige Minuten bis drei Tage zurückliegen. Der Traum jedoch bildet einen Ort, an dem sich Erinnerungen »verfestigen« und sich lange Zeit halten können.

Langsame und schnelle Verarbeitung im Gedächtnis

Vereinfachend kann man die derzeit kühnste Hypothese so darstellen: Die Information, die gespeichert werden soll, benutzt zwei große Verkehrswege. Sie durchläuft vor allem eine somato-sensorielle Strecke, auf der sie, um die wichtigsten perzeptiven (visuellen, auditiven) Bereiche des Gehirns zu erreichen, den Verteilerknoten des Thalamus benutzt, der wiederum die verschiedenen Wahrnehmungsdaten zu den Gehirnbereichen lenkt, wo sie verarbeitet werden können. Auf dem Weg ins Gedächtnis ist dies die Hauptstrecke, so unumgänglich wie die A5 auf dem Weg nach Süden bei Ferienbeginn – und entsprechend überlastet: Fast 99 Prozent des Informationsflusses läuft über diese Route. Und trotzdem soll es schnell gehen. Vom Ausgangspunkt zum Ziel dauert die Reise durch die neuronalen Synapsen weniger als 300 Millisekunden – ein Schnellweg der Information.

Parallel dazu benutzt die Information ein neuro-vegetatives Streckennetz, dessen Hauptachse der Hypothalamus ist: Er verbindet den präfrontalen Kortex (nach Edelman der Ort des »Bewußtseins höherer Ordnung«) mit dem limbischen System (dem »Sitz der Gefühle«). Auf dieser zweiten Verkehrsachse herrscht weit weniger Betrieb, und das Tempolimit wird beachtet: Nur ein Prozent der Informationen wird hier bewegt, und die Dauer der Reise beträgt mehr als 400 ms oder sogar mehr als 500 ms. Dies ist der langsame Weg der Informationsverarbeitung.

Und da liegt das Problem. Obwohl es sich um die Nebenstrecke zu handeln scheint, spielt sie eine entscheidende Rolle. Man stelle sich vor: Auf der Autobahn wird man ständig begleitet von einer Polizeitruppe, die eine Parallelspur benutzt und einen immer wieder zum Bremsen zwingt, wenn man ungehemmt Gas geben will. Diese Funktion hat das langsame Netz der Informationsverarbeitung. Nicht durch elektrische Signale, sondern durch Enzymveränderung übt es eine Art Geschwindigkeitskontrolle im Informationsverkehr aus, es kann das Vorankommen verlangsamen und auch eine andere Route vorschreiben. Dann verschwindet es und läßt die Informationen auf die Hauptstrecke zurückkehren. Dieses »stop and go« wird von jenen Neuromodulatoren (Neuronen die Dopamin, Serotonin oder Noradrenalin freisetzen) geregelt, die erstmals im Zusammenhang mit der Parkinsonschen Krankheit diskutiert wurden und deren modulatorische Wirkung heute in vielen Psychopharmaka genutzt wird. Ihre Aufgabe ist es, den Informationsfluß zu verlangsamen, genauer gesagt, Informationen aus dem ersten Verteilernetz herauszunehmen, um sie in aller Ruhe weiterbearbeiten zu können. Also etwa so, als würde die Polizei uns herauswinken und auf ihre Spur mit Geschwindigkeitsbeschränkung bringen, damit wir etwas Zeit haben, nachzudenken. Wer eine genauere und weniger bildhafte Einsicht in diese Phänomene wünscht, sei auf eine Reihe von Aufsätzen von Jean-Paul Tassin verwiesen, einem Neuropharmakologen am Collège de France, der auch einige Bücher zu diesem Thema veröffentlicht hat.[40] Aber auch der Nachhall dieser wissenschaftlichen Diskussion in der Literatur ist interessant, etwa bei Pascal Quignard: »Wie sich zeigt, liegt die Schwierigkeit, das Funktionieren des Gedächtnisses zu erklären, nicht im Bereich der Speicherung dessen, was dem Körper eingeschrieben ist. Es geht vielmehr um die Anwahl, die Entnahme, das Wiederaufrufen und Rückholen eines bestimmten Elements aus all dem, was summarisch gespeichert worden ist. Vergessen bedeutet nicht Amnesie, Vergessen ist eine verweigerte Wiederkehr aus der Vergangenheit, die als Ganzes auf der Seele lastet.«[41] Schon Freud wußte, daß in der Entschleierung der Psyche die Künstler den Wissenschaftlern immer voraus waren.

Erinnern im Traum

Am Beispiel des Schlafes läßt sich gut veranschaulichen, welche Rolle die Neuromodulatoren spielen. Beim Einschlafen geht ihre Wirkung etwas zurück, während des Träumens dagegen macht sie sich kurz, aber sehr deutlich geltend.

Nicht nur unter Wissenschaftlern fanden in den siebziger Jahren die Arbeiten von Michel Jouvet über das Träumen großes Interesse. Jouvet wies nach, daß ein Zusammenhang zwischen dem Träumen und einer Phase elektrischer Aktivität im Gehirn besteht, die er den »paradoxen Schlaf« nannte. Weil die Menschen, die er zu diesem Zeitpunkt aus dem Tiefschlaf aufweckte, ihm überraschenderweise einen Traum erzählen konnten, kam er zu dem Schluß, daß die Träume in dieser Phase entstehen.[42] Inzwischen weiß man etwas mehr. Es gibt innerhalb des festen Schlafs winzige Abschnitte des Wachwerdens, die zwischen verschiedenen Phasen des »paradoxen Schlafs« auftreten, und zwar genau dann, wenn die zuvor wenig aktiven Neuromodulatoren plötzlich und heftig wirksam werden. War bislang die Informationsverarbeitung im Schlaf mit hoher Geschwindigkeit erfolgt, so wird sie nun schlagartig auf ein langsames Tempo umgestellt: Kurzzeitig erwacht das Gehirn zum Bewußtsein, verlangsamt den Informationsfluß und erzeugt innerhalb von 300 Millisekunden einen Traum – den zu erzählen dann eine halbe Stunde dauert... Dieses »langsame« System der Informationsverknüpfung macht es möglich, eine Geschichte zusammenzustellen. Fassen wir es in den Worten von J.-P. Tassin zusammen: Man träumt, weil man geweckt wird.

Die Anlagerungsmuster des Gedächtnisses

Zurück zum eigentlichen Gedankengang. Die schnelle Informationsverarbeitung kann man als Analogieverfahren verstehen: Elemente von deutlicher Ähnlichkeit werden ausgewählt und in einer Art von »Auffanglagern« im Gedächtnis zusammengefaßt. Diese Orte bilden die »Anlaufstation« für alle neuen Wahrnehmungselemente, die den bereits gesammelten ähnlich sind. Es erfolgt dann sofort ein Abgleich mit dem Bestand, und nach dieser Prüfung wird durch Extrapolation eine Zuordnung zu einer übergreifenden bekannten Form vorgenommen. Wenn man also mit einem Blick ein bekanntes Gesicht erkennt, so hat man unbewußt drei oder vier markante Aspekte erfaßt; ausgehend von diesen wenigen Elementen setzt man sich blitzartig das Bild dieses Gesichts zusammen. In der gleichen Weise erkennt auch der Säugling das Gesicht der Mutter, ob sie nun gerade lächelt oder traurig ist, entspannt oder verkrampft. Ein Kind kann sogar ein Gesicht im Profil erkennen, das es zuvor nur im Halbprofil gesehen hat (D. Stern berichtet von einem entsprechenden Experiment, das Fagan durchgeführt hat). Diese Informationsverarbeitung geschieht sehr schnell, und darum kommen auch Fehler vor. Wenn man uns zwei verschiedene Gesichter mit ähnlichen hervorstechenden Merkmalen zeigt, kann es geschehen, daß wir sie verwechseln, sofern sie uns nicht sehr vertraut sind: Beide werden demselben »Auffanglager« überstellt und dort nicht unterschieden. Ein Schachbrett, auf dem ein weißes Feld geschwärzt ist, werden wir trotz dieser kleinen Abweichung als Schachbrett »erkennen«. Bei der langsamen Informationsverarbeitung dagegen geht es um die kognitiven und logischen Aspekte; das heißt, um beim Beispiel des Schachbretts zu bleiben, daß wir zunächst das Bild des Bretts im Gedächtnis behalten und dann bei der Analyse seiner einzelnen Elemente feststellen, daß eines der Felder schwarz statt weiß ist.

J.-P. Tassin vertritt die Ansicht, daß man die schnelle Informationsverarbeitung oder zumindest das unablässig wechselnde Verhältnis zwischen langsamer und schneller Verarbeitung als die neurobiologische Grundlage dessen betrachten könne, was Freud als das Unbewußte bezeichnet. Was soll man davon halten? Immerhin stammt diese kühne Hypothese von einem renommierten Wissenschaftler... Tassin erläutert seine Behauptung mit dem Hinweis, daß der Fetus und das Kind im vorsprachlichen Alter sich fast ausschließlich der schnellen Informationsverarbeitung bedienen können – der Grund liegt vor allem darin, daß ihr präfrontaler Kortex noch nicht genügend ausgebildet ist; erst später, zusammen mit der Entwicklung der kognitiven Fähigkeiten, verfügen sie über die langsame Verarbeitung.

Könnte es also sein, daß man den Babys, wenn man kurz nach der Geburt zu ihnen spricht, ein wenig von jener langsamen Informationsverarbeitung zukommen läßt, die sie selbst noch nicht zustande bringen – gewissermaßen als »Fertigprodukt«? So erklärt sich jedenfalls Tassin die Erfahrungen in der klinischen Praxis. Seine Annahmen stehen nicht in Widerspruch zu dem, was man über die Neugeborenen zu wissen glaubt: Sie können zunächst keinen Analogieschluß aus kognitiven Informationen ziehen, die man ihnen gibt, aber zu einem späteren Zeitpunkt entwickeln sie die Fähigkeit, sie selbständig neu zu interpretieren. Also werden wir abwarten müssen, ob die Wissenschaft diese Thesen experimentell bestätigen kann.

Selektion und Verlangsamung der Information

Das Ganze ist allerdings auch eine Frage der begrifflichen Genauigkeit: Was versteht man unter dem Speichern im Gedächtnis? Für J.-P. Tassin bedeutet es, Information aus der schnellen Verarbeitung herauszunehmen, um sie zu verlangsamen. Wie diese Selektionsentscheidung getroffen wird, vermag Tassin nicht zu sagen, er versichert jedoch, daß die Verlangsamung noch nicht bedeutet, daß man die Information auch speichern kann. Jedesmal, wenn wir auf etwas zugreifen, können wir es zwar analysieren, müssen es aber danach im Analogieverfahren wieder speichern. Auf diese Weise greift die kognitive Verarbeitung verändernd in ihren eigenen Analogiespeicher ein und fördert die Entstehung neuer »Anlaufstationen«. Somit ergibt sich die paradoxe Situation, daß gleichzeitig »schnelle« und »langsame« Prozesse ablaufen und daß kognitive Elemente im Analogiespeicher auftauchen. Nach Meinung von Tassin besteht das Unbewußte im Sinne der Psychoanalyse aus solchen Informationen, die eine kognitive Verarbeitung erfahren haben und dann wieder nach dem Analogieprinzip gespeichert wurden: Man kann theoretisch auf sie zugreifen und sie reaktivieren – sofern sie allerdings schmerzhafte oder allzu angenehme Elemente enthalten, kommt es zur Verleugnung oder Verdrängung. Diese Verdrängung ist im übrigen notwendig, um nicht in die Hölle der Hypermnesie zu geraten. Lurija hat den Fall eines seiner Patienten beschrieben, der nichts von dem vergessen konnte, was er erlebt hatte: Er war folglich so verstrickt in die visuellen und auditiven Erinnerungen seiner ersten Lebensjahre, daß er sich völlig unfähig zeigte, in der Gegenwart zu leben, geschweige denn Pläne für die Zukunft zu machen.

Die infantile Amnesie

Sich frühe Kindheitserinnerungen wieder ins Gedächtnis zu rufen, scheint außerordentlich schwierig. Wohl jeder von uns kennt dieses Phänomen, das mit dem Begriff der »infantilen Amnesie« nur unzureichend erklärt wird. Menschen, die eine Psychoanalyse durchlaufen haben, behaupten manchmal, sie hätten Schlüsselerinnerungen aus den ersten beiden Lebensjahren wiedergewonnen. Auch Menschen, die aus dem Koma erwachen oder aus dem »Tod« ins Leben zurückkehren, berichten von Kindheitsbildern, die an ihnen vorübergezogen seien. Die Neurophysiologen wenden allerdings ein, daß es sich bestenfalls um Deckerinnerungen handele, wenn nicht gar um Phantasien, und diese Ansicht vertritt, auf seine Weise, auch J.-P. Tassin: Er hält es nicht für möglich, frühe Systeme, die lediglich der schnellen/analogen Verarbeitung unterzogen wurden, durch bewußte Einwirkung, also durch langsame/kognitive Verarbeitung zu reaktivieren – weil die bestimmenden Merkmale, die zur mnemonischen Unterscheidung bewahrt wurden, zu undeutlich waren.

Also wäre ein Neugeborenes, dem nur die Analogieverarbeitung möglich ist, gar nicht in der Lage, seine Art der Informationsverarbeitung so zu »bremsen«, daß es sich ausdrücken könnte. Anders gesagt: Ein Säugling kann nicht sprechen, und darum hat es auch keinen Sinn, das Wort an ihn zu richten. Und damit wären wir wieder am Ausgangspunkt. Wie soll man dann so etwas deuten wie die Tränen der kleinen Tochter der Dame in Schwarz? Wie erklärt man die von Lurija beschriebene Hypermnesie? Und was ist von der Versicherung von A. Piontelli zu halten, daß nach ihren Beobachtungen die verdrängten pränatalen Gefühle durchaus Nachwirkungen haben, die von der infantilen Amnesie nicht ausgelöscht werden?

Wir hatten bereits erwähnt, daß A. Piontelli ihre mit Hilfe von Ultraschallbildern durchgeführten pränatalen Untersuchungen durch Gespräche ergänzt hat, die sie mit den betroffenen Kindern in den ersten fünf Lebensjahren führte. Ihr scheint es ganz deutlich, daß Kinder im Alter zwischen zwei und vier Jahren in ihren Spielen die pränatalen Erfahrungen aufgreifen. Daß die kleinen Menschenwesen sich in ihren Spielen als soziale Wesen erweisen, wird niemand bestreiten; Daniel Stern bemerkt dazu, daß für den Säugling der andere eine »weitere Einflußgröße des Selbst« bedeutet – durch ihn bildet das Kind seine Subjektivität. Aber die Kinder, von denen A. Piontelli berichtet, versuchen ihre pränatale Vergangenheit im Spiel zu wiederholen, ihr auf diese Weise einen Sinn zu verleihen und die damit verbundenen Emotionen auszudrücken – das ist keine einfache Wiederholung, sondern eine Neugestaltung der Vergangenheit. Piontelli führt als Beispiel den kleinen Fabrizio an, der ein Kopfkissen mit Mund und Augen gezeichnet hatte und dazu erklärte: »Die Kopfkissen bewegen sich immer. Nicht mal nachts lassen sie mich in Ruhe!« Dieses Bild erklärt sich, wenn man etwas über Fabrizios intrauterines Vorleben »weiß«: Er hatte sich die Amnionhöhle mit seinem Zwilling Giorgio teilen müssen, und diese außergewöhnliche Situation bedeutete tatsächlich, daß für ihn damals das Kopfkissen ein Bruder mit Mund und Augen war, ein Kissen, das sich ständig bewegte.

Die infantile Amnesie tritt etwa im Alter von viereinhalb Jahren ein. Zu diesem Zeitpunkt bilden sich die pränatalen Erfahrungen zwar noch in Spielen und Geschichten ab, aber nur indirekt, ohne daß es den Kindern bewußt wird. Vielmehr werden daraus Mythen, in die auch pränatale Erinnerungen, verkürzt auf Fehlleistungen oder Versprecher, eingewebt sind, ebenso Projektionen aus dem aktuellen Leben der Kinder. Ein Beispiel: Die Zwillinge Marisa und Beatrice ließen die Erinnerung an die Raufereien, die sie vor wie nach der Geburt miteinander auszutragen pflegten, ab dem fünften Lebensjahr nur noch in der Form von Zeichnungen zu, und das auch nur so ganz nebenbei. Die eine malte ihr Haus und schrieb sorgfältig die Namen aller Familienmitglieder hinein – ausgenommen den ihrer Zwillingsschwester. Die andere malte zwei Häuser, auf dem einen stand »Nicht bei mir zu Hause«, von dem anderen sagte sie, es sei ihr Haus, und sie fügte hinzu, es passe nicht mehr als ein Kind hinein.

All das bestärkte A. Piontelli in ihrer Annahme, daß die sehr frühen, wenn nicht gar vorgeburtlichen Erinnerungen, die Erwachsene in der Analyse wieder auffinden, eher in den Bereich der Rekonstruktion als der Realgeschichte gehören. Und sie hoffte, daß verbesserte Techniken im Bereich des Ultraschalls es erlauben würden, diese Erinnerungen genauer zu bestimmen.

Soweit wollen wir nicht gehen, sondern wir halten uns an ihre klinischen Ergebnisse, die besagen, daß ein pränatales Trauma, sofern vorhanden, doch unbewußt bleibt. Gibt es bei einem Neugeborenen eine, so man will, analoge Erinnerung, die ungesagt bleibt, dann gilt es dafür zu sorgen, daß sie ausgesprochen werden kann: von den Eltern und den Großeltern, von Freunden, sofern dies möglich ist. Und vom Psychoanalytiker, sofern dieses Aussprechen mit einem Verbot belegt ist. In der Arbeit mit Neugeborenen besteht die Rolle des Analytikers darin, diese Erinnerung aufzurufen, wenn dies noch nicht geschehen ist, und an die Stelle des ungesagten Sinns, der »Sprachlücke«, das Wort zu setzen. Die Worte, die zu einem Kind gesprochen werden, die Deutung, die man ihm von unbewußten Inhalten bei den Eltern gibt, die seine Entfaltung behindern – dies alles findet seine Rechtfertigung, indem es etwas freisetzt, das sonst eingeschlossen bliebe in ein postnatales Symptom.

Jeder von uns leidet manchmal darunter, daß ihm die Worte fehlen.

Man kann sie in solchen Fällen wiederfinden, und zwar in der Geschichte. Die Geschichte muß aber anderen erzählt werden, wenn möglich von ihren Hauptfiguren. Bevor man also daran gehen kann, in einem psychoanalytischen Kontext zu Babys zu sprechen, muß zunächst der Raum geschaffen werden, in dem diese Geschichte anderen (dem Analytiker, der Analytikerin) mitgeteilt werden kann. So gesehen geht es gar nicht so sehr um die Interpretation: Manchmal genügt schon die Anwesenheit des Analytikers, um die Worte hervorzurufen, die Worte der Mutter etwa, die an die Stelle jener »Sprachlücken« treten können. Doch diese Möglichkeit muß gesichert werden durch einen formalen Rahmen – den der psychoanalytischen Sitzungen.

Ein psychoanalytisches Protokoll

Eines Tages bin ich von einem Geburtshelfer[43] – in der Béclère-Klinik gibt es tatsächlich einen Mann, der diese Funktion (sehr fachkundig) ausfüllt – bei einer Geburt zu Hilfe gerufen worden.

Die Geburtswehen dauerten bereits so lange, daß er vermutete, eine psychische Blockade hindere die Mutter daran, ihr Kind zur Welt zu bringen. Ich war beschäftigt und kam erst in der Austreibungsphase im Kreißsaal an, die äußerst problematisch zu sein schien. Nach den ersten Höflichkeitsformeln wandte ich mich sofort an die Gebärende und sagte: »Guten Tag, ich bin hergekommen, um Ihnen zu helfen, damit Sie Ihr Kind auf die bestmögliche Weise zur Welt bringen können.« Sie sah mich mit großen Augen an… und gebar im nächsten Moment ihr Kind!

Man sagt, daß manche Frauen, die in Behandlung sind, weil sie keine Kinder bekommen können, sofort schwanger werden, nachdem sie den Chefarzt kennengelernt haben, und es kursieren einige anzügliche Scherze zu diesem Thema… Aber in diesem Fall – was für ein plötzlicher Effekt! Nun bin ich kein Mann und auch kein Chefarzt, und ich kannte wahrhaftig weder diese Frau noch ihren Ehemann. Dennoch wurde mir vom Gynäkologen glaubhaft versichert, daß sich bei dieser Geburt alles gewendet habe, nachdem ich den Raum betreten hatte. Die Erklärung erhielt ich von der Wöchnerin selbst: »Sie haben mich völlig verblüfft! Sie konnten doch von der ganzen Geschichte gar nichts wissen, und dann kommen Sie völlig unangemeldet daher und wollen sich um ein Baby kümmern, das noch nicht einmal da ist!« Ich halte diese Aussage für eine genaue Interpretation dessen, was geschah: Mein Eintreffen und meine kurze Anrede hatten die Funktion eines Auslösers, die Frau bekam damit die Chance, sich aus ihrer verfahrenen Situation zu lösen. Ich hatte mit der ganzen Sache nichts zu tun, darum gab ich ihr gewissermaßen die Erlaubnis, mit meiner Hilfe zu gebären und die innere Bindung an die Einheit von Mutter und Kind aufzugeben. Sie konnte nun ihr Kind »von außen ansehen« und es als ein Wesen begreifen, das von ihr unterschieden war und sich darum auch in die Welt wagen durfte. Man kann daraus lernen, daß es nicht genügt, auf den Bildschirm zu schauen, um den Zeitpunkt der Geburt zu bestimmen, man muß auch die besonderen Bedingungen und die Hintergründe beachten; und die Aufgaben müssen klar verteilt sein: Das Kind soll ins Leben eintreten, und die Mutter soll sich von ihrer Schwangerschaft lösen.

Der Rahmen der Behandlung

Auf der Entbindungsstation wie im übrigen Leben gilt, daß nicht jeder die Hilfe eines Psychoanalytikers in Anspruch nimmt. Nicht daß die Analytiker dem Leiden ihrer Mitmenschen nicht gewachsen wären – der entscheidende Punkt ist, daß sie sich nur denen zuwenden können, die nach ihnen verlangen. Natürlich ist das eine willkürlich gesetzte Regel, aber sie ist sinnvoll und sorgfältig bedacht. Wenn sich ein Therapeut dazu berufen fühlt, wird ihn niemand daran hindern, als »Psycho-Notarzt« in jedem Krankenzimmer Erste Hilfe zu leisten. Allerdings steht zu befürchten, daß diese Rolle des guten Samariters eher nachteilige Wirkung hat, wenn sie bei Familien gespielt wird, die nach einem solchen Auftritt gar nicht verlangt hatten. In Wahrheit kommt es darauf an, genau einzuschätzen, von welchen unbewußten Wünschen ein Mensch geleitet ist, und das geht nicht ohne sein erklärtes Verlangen, sich helfen zu lassen, und dessen Wirkungen – das ist das Einmaleins der psychoanalytischen Arbeit.

Was mich angeht, so lese ich manchmal auch das Krankenblatt eines Neugeborenen, wie es Psychiater oder Psychologen tun, aber soweit möglich versuche ich das zu vermeiden. Nicht aus beruflicher Nachlässigkeit, sondern weil ich jene »wohlwollende Neutralität«, die ich dem Patienten schulde, wenn ich ihm zuhöre, nicht durch das Vorwissen aus einer Krankengeschichte gefährden möchte. In 99 Prozent der Fälle finden sich die wesentlichen Punkte der Krankengeschichte auch in dem, was mir das Pflegepersonal erzählt hat. Es macht aber einen großen Unterschied, ob man eine Akte liest oder etwas gesagt bekommt – im lebendigen Wort finden sich bereits die Spuren dessen, was die Anfrage des Patienten bei der Person bewirkt hat, die mir davon berichtet.

Bei Neugeborenen liegen die Dinge etwas anders: Sie können nicht allein entscheiden, sondern ihr Hilfeersuchen wird zunächst von den Eltern anerkannt oder auch abgewehrt. Wenn die Eltern nicht bereit sind, vom Leiden ihrer Kinder zu sprechen, dann darf ich mich nicht einmischen. Das Verlangen nach Hilfe könnte andernorts und zu einem anderen Zeitpunkt erneut geäußert werden und dann vielleicht Gehör finden: Diese Möglichkeit darf man auf keinen Fall ausschließen, indem man eigenmächtig in die Entwicklung nach der Geburt eingreift.

Wer dies für eine »grausame« Logik hält, dem möchte ich entgegenhalten, was ich auch den Mitarbeitern in der Klinik zu bedenken gebe, wenn sie enttäuscht sind, daß ich in einem besorgniserregenden Fall nicht eingreife, nur weil die Eltern es nicht verlangt haben: Man muß einsehen, daß man manchmal am Leben der Menschen und ihren Problemen nichts ändern kann. Sich ohne ihre Zustimmung einzumischen wäre schlimmer als Gleichgültigkeit. Es wäre ein Mangel an Achtung, unverantwortlich und unter allen Umständen zum Scheitern verurteilt, weil man damit von Anfang an nicht zur Kenntnis nähme, wodurch das Leiden des Subjekts gestiftet wird – den unbewußten Wunsch. Der zweifelhaften Schar jener, die es mit jemandem »gut meinen« und »zu seinem Besten« eingreifen, kann sich ein Psychoanalytiker keinesfalls anschließen, das gehört zu den Merkmalen seiner Arbeitsweise.

Letztlich kann ich als Psychoanalytikerin nur tätig werden, wenn mir ein entsprechendes Verlangen der Eltern von Mitgliedern des Pflegepersonals übermittelt wird. Mein Beruf ist es, dem unerlösten Wort Raum zu schaffen, und nur dieser Aufgabe bin ich verpflichtet, was immer man in der Klinik an wirklichen oder vermeintlichen Notwendigkeiten ausgemacht hat.

Die Eingriffe müssen also beschränkt werden, es braucht eine Begrenzungslinie, etwas ähnliches wie jenen Strich, den man einst zwischen den zwei Räumen im »Grünen Haus« gezogen hat: Die Kinder durften diese Linie mit dem Fahrrad oder einem Tretmobil nicht überqueren. Es ging darum, die Kleinsten vor allzuviel Lärm und Gedränge zu schützen; aber wieso der Strich nun ausgerechnet an dieser Stelle gezogen wurde, weiß niemand mehr. Selbst Françoise Dolto gab zu, daß die Regelung ebenso idiotisch wie unumstößlich sei. Doch bei aller Willkür hatte diese Grenzziehung für die Kinder eine äußerst wichtige humanisierende Funktion: Das Entscheidende war, ihnen eine klare Regel zu geben und sie darüber diskutieren zu lassen, denn auf diese Weise erhielten sie die Möglichkeit, die Regel zu verstehen… Eine Binsenweisheit? Nicht unbedingt. Ein Kind, das auf ein Dreirad steigt, weiß gar nicht, daß es dieses Gefährt lenkt – es ist völlig erstaunt, wenn man ihm erklärt, daß es seine Füße waren, die das Dreirad über die Grenzlinie gebracht haben. Das zu begreifen, ist eine große Einsicht, wie der folgende Dialog (aus einer unveröffentlichten Videoaufnahme) belegt, den Françoise Dolto mit einem der Kleinen geführt hat:

»Dieser Strich ist da, weil auf der anderen Seite die Babys sind, die auf dem Boden krabbeln… Wenn dein Papa mit dem Motorrad oder dem Auto kommt, dann darf er auch nicht in den anderen Saal fahren.

– Wenn mein Papa kommt, dann kommt er mit seinem Auto, und dann fährt er da rüber.

– Meinst du wirklich? Also ich glaube das nicht. Du kannst ihn ja heute abend fragen.«

Und am nächsten Tag:

»Na, hast du ihn gefragt?

– Er sagt, daß er gar nicht mit dem Auto kommt. Aber Mama hat gesagt, daß ich zu Hause mit dem Dreirad ins Wohnzimmer fahren darf.

– Bei euch zu Hause, das ist was anderes. Aber hier sind wir im Grünen Haus, und da ist das nicht erlaubt. Und das gilt nicht nur für dich, sondern auch für mich, für deine Mama und für alle Leute, die hierher kommen.

– …«

In diesem Fall besteht die Humanisierung des Kindes auch darin, daß es so tun kann, als verstoße es gegen die Regel, um dann zu lachen, wenn es merkt, daß man die Sache durchschaut, daß es sich schließlich fügt, weil ihm doch das Grüne Haus am wichtigsten ist und es dort bleiben möchte. Wenn man sich also auf dieses Spiel einläßt und dem Kind seine Aufmerksamkeit schenkt, dann verwandelt sich Freude an der Regelverletzung in Einverständnis.

In diesem Sinne habe ich von Anfang an die Grenzlinien für meine Arbeit in der Béclère-Klinik gezogen. Denn, wie Denis Vasse es formuliert hat, »die Abgrenzung dient nicht dazu, sich zu zügeln oder zu schützen oder Angst zu machen. Sie ist ein Gesprächsangebot!«[44] Genau das war das Ziel des Protokolls, der allgemeinen Verfahrensregeln, die ich für die Anfragen eingeführt habe: Auf diese Weise soll gesichert werden, daß nicht nur eine Behandlung stattfindet, sondern ein Gespräch möglich wird. Würde ich mich für die klinische Nachsorge zuständig fühlen, dann müßte ich mich darum kümmern, wie es den Müttern und ihren Babys geht, ich müßte ihnen Ratschläge geben oder Vorschriften machen, anstatt mich um die Geschichte zu bemühen, die sie erzählen könnten. In Notfällen wäre das vielleicht hilfreich, aber zumeist habe ich bessere Möglichkeiten der Einwirkung.

Khader und der böse Blick

Große Aufregung im ersten Stock der Entbindungsklinik: Eine donnernde Männerstimme, wütendes Geschrei – so etwas geschieht hier nicht oft. Alle auf der Etage wissen Bescheid, die Stimme ist laut und volltönend genug. Erst seit einer Viertelstunde ist der Ehemann der Patientin von Zimmer 32 da, und er versetzt alle Welt in Aufruhr. Seiner Frau wirft er Schimpfwörter an den Kopf; das Baby ist völlig verschreckt, schreit und vergießt Tränen, ganz untypisch für ein Kind, das erst vier Tage alt ist. Damit nicht genug: Der Vater verläßt das Zimmer und schreit alle an, die ihm begegnen – Hebammen, Säuglingsschwestern, Ärzte, junge Mütter... Erst nachdem ein Krankenpfleger einschreitet, kehrt etwas Ruhe ein. Man beschwichtigt den Vater, so gut es geht, gibt sich alle Mühe, das Baby zu beruhigen und die Mutter zu trösten. Auf der Etage geht allmählich alles wieder seinen gewohnten Gang, aber in Zimmer 32 hat ein Erdbeben stattgefunden. Am nächsten Tag erzählt mir eine Hebamme von der Aufregung und macht den Vorschlag, daß ich das Kind aufsuchen solle – das werde ihm gut tun, meint sie. Da die Mutter einverstanden ist, begebe ich mich in Zimmer 32.

»Guten Tag, mein Name ist Myriam Szejer; man hat mir gesagt, daß Sie mich sprechen wollten, wegen Ihres Sohnes. Was ist denn los?

– Wissen Sie, er weint die ganze Zeit. Und er ist krank: Erst hatte er eine Gelbsucht, und seit heute morgen hat er eine Bindehautentzündung. Bei mir ist das etwas anderes, ich weine, weil ich so erschöpft bin.

– Wie heißt denn Ihr Sohn?

– Er heißt Khader. Nein, eigentlich heißt er Azzedine, aber die Eltern meines Mannes sind der Meinung, daß Khader ein besserer Name für einen Muslim ist.

– Sind Sie sehr religiös?

– Ja, vor allem meine Schwiegermutter. Für die Familie spielen solche Dinge eine große Rolle; wenn es um die Tradition geht, verstehen sie keinen Spaß. Da, wo ich herkomme, ist das so üblich: Die Familie des Ehemanns hat das Sagen, man darf ihnen da nicht in die Quere kommen. Aber mir gefällt Azzedine einfach besser.

– Gab es diese Probleme schon länger?

– Ja, und sie mögen mich nicht und halten auch nichts von meiner Familie. Sie sagen, daß mein Bruder und mein Vater nichts taugen, und daß ich unfähig bin, meine Kinder so zu erziehen, wie es der Glaube vorschreibt...

– Und Ihr Mann?

– Ich liebe ihn über alles. Aber weil er arbeitslos ist, geht es ihm ähnlich wie mir: Sein Vater sagt ihm, daß er nichts taugt und daß er auf ihn hören muß. Aber das stimmt nicht. Mein Schwiegervater hat eben ganz altmodische Ansichten. Und meine Schwiegermutter ist sehr besitzergreifend: Mein Mann ist ihr einziger Sohn, Sie können sich denken, was das heißt... Irgendwann hatte ich genug davon und bin bei meinen Schwiegereltern ausgezogen. Mein Mann war damit einverstanden. Aber jetzt habe ich Angst, daß sie mir Khader wegnehmen, damit er so erzogen wird, wie es bei ihnen in der Heimat Sitte ist. Mein Mann und ich sind dagegen, wir wollen ihn bei uns behalten.«

Khader schien zu schlafen. Ich wandte mich ihm zu und erzählte ihm von seinen Vornamen und der kulturellen, wenn nicht gar politischen Auseinandersetzung, die er in der Familie hervorrief. Das Kind regte sich, und ich begann daraufhin, von den Ereignissen des Vortags zu sprechen:

»Gestern warst du sehr aufgeregt, und ich glaube, du hattest große Angst, als dein Vater so geschrien hat…«

»Nein, nein, mein Sohn hatte keine Angst, auch wenn mein Mann ein bißchen laut geworden ist; ein Baby fürchtet sich doch nicht.«

Bei diesen Worten verfiel Khader in heftige Krämpfe und verspannte Arme und Beine. Schließlich beruhigte er sich und schlief wieder ein. Ich hatte den Zusammenhang bemerkt und konzentrierte mich jetzt auf die Mutter:

»Was ist denn gestern passiert?«

»Na ja, mein Mann war hier, aber in Begleitung von zwei Freunden. Dabei wußte er natürlich, daß man ein neugeborenes Kind in den ersten beiden Monaten keinem Fremden zeigen darf, weil es sonst den bösen Blick auf sich zieht. Bei uns wickelt man die Babys in ein Tuch, wenn man mit ihnen aus dem Haus geht, damit ihnen kein Unheil geschieht. Also war ich verärgert, und ich habe meinem Mann Vorwürfe gemacht, daß er mir nicht Bescheid gesagt hat, damit ich das Kind vor seinen Freunden verstecken konnte. Daraufhin hat er sich aufgeregt, und es gab kein Halten mehr.«

Mir fiel sofort die Bindehautentzündung ein, von der nur Khaders rechtes Auge betroffen war. Also wandte ich mich wieder an ihn:

»Khader, du brauchst keine Angst zu haben, daß dein Körper vom bösen Blick getroffen ist. Du bist in Frankreich zur Welt gekommen, so wie deine Eltern es sich gewünscht haben. Und hier kommt man ein Neugeborenes nur besuchen, um es willkommen zu heißen, nicht weil man ihm Unglück bringen will. Dein Vater und deine Mutter respektieren die traditionellen Gebräuche der Familie, aber sie wollen sich auch an die Sitten halten, die hierzulande üblich sind. Und du kannst dich, genau wie deine Eltern, an diese Regeln halten, ohne deswegen krank werden zu müssen.«

»Da haben Sie schon recht, aber es gibt noch ein anderes Problem: Khader schläft immerzu, und er will gar nicht trinken. Ich kann mir das nicht erklären.«

Khader ließ seine Mutter nicht ausreden. Er regte sich, wachte auf und wollte sofort an die Brust.

»Na sehen Sie, er weiß doch noch, was gut für ihn ist...«

»Um so besser, wenn ich mich getäuscht habe...«

»Jedenfalls hat er Sie verstanden!«

Ich beendete das Gespräch an dieser Stelle und ging – ein wenig verblüfft von dieser Geschichte mit dem bösen Blick und dem weinenden Auge. Ging es hier um Religion, Aberglauben oder Tradition? Hatte ich recht gehabt mit meiner Vermutung, daß ein Zusammenhang bestand zwischen Khaders Bindehautentzündung und dem bösen Blick, vor dem sich die Mutter ängstigte? Und mußte ich dies dem Kind in Gegenwart der Mutter mitteilen, die ihren Mann nur als Teil einer Familie sah, die ihr nachstellt? War es richtig gewesen, daß ich mich eingemischt hatte, obwohl ich ihre Traditionen nicht teile? Ich war nur halb beruhigt, als ich an diesem Tag die Béclère-Klinik verließ, und ich dachte ein wenig schaudernd an jene Spiele aus Kindertagen, bei denen man sich »nur zum Spaß« zu verhexen versucht.

Zum Glück für alle Beteiligten konnte die Kinderärztin, die aus dem gleichen Land stammte, sich mit der Mutter ausführlich über die Angelegenheit unterhalten. Sie war mit dem kulturellen Hintergrund der Eltern von Khader vertraut, und offenbar verlief das Gespräch in einer herzlichen Atmosphäre. Als ich zwei Tage später wieder in der Klinik war, suchte ich die Mutter noch einmal auf. Man hatte mich wissen lassen, daß es Khader besser gehe und daß auch die Mutter in anderer Stimmung sei.

»Das ist wunderbar, Frau Doktor, Khader hat keine Probleme mehr mit den Augen. Er weint nicht mehr, die Augen sind trocken, und er schreit auch nicht mehr. Unglaublich!«

Sie liebkoste den kleinen Khader und sprach ihm minutenlang ins Ohr.

»Ich habe mit der Kinderärztin gesprochen, sie sagt, es ist alles wieder in Ordnung. Wir haben uns noch ein bißchen unterhalten, sie ist sehr nett. »

»Und sie hat Sie beruhigt?«

»Ja, sie hat mir erzählt, wie es ihr ergangen ist, als sie ihr erstes Kind in Frankreich zur Welt gebracht hat, wie schwierig es war, ihrer Familie zu erklären, daß sich ihr Mann um das Kind kümmerte... »

»Ganz ähnlich wie bei Ihnen, nicht wahr?«

»Ja, aber das wird schon werden. Mein Mann bastelt gerade einen Wickeltisch für Khader, er hat ihn mir aufgezeichnet und mir sogar erklärt, daß es wichtig ist, ihn so aufzustellen, daß man ... ich weiß nicht mehr was, ich habe nichts verstanden, aber es war lustig. Seine Eltern – die sind eben so. Aber er hilft mir sehr. Wenn ich wieder zu Hause bin, werde ich erstmal aufräumen. Ich kenne ihn doch, es sieht bestimmt nicht sehr ordentlich aus. In der Zwischenzeit kann er sich um Khader kümmern. Und dann feiern wir ein Fest.«

Tatsächlich kehrte insgesamt eine gewisse Ordnung ein. Khader weinte nicht mehr und trank wieder. Seine Mutter machte sich keine Sorgen mehr und sah ihren Mann mit anderen Augen, sie hatte jemanden gefunden, mit dem sie über die Heimat und die Probleme der Auswanderung reden konnte, sie fühlte sich imstande, ihr Kind zu beschützen, so wie sie es bislang verstanden hatte, sich selbst zu schützen. Khaders Vater war beschäftigt. Und ich dachte nicht mehr an die Schrecken der Kinderzeit beim Spiel mit den Verwünschungen. Alles in allem ging es darum, die Sprache wieder ins Spiel zu bringen, jene Sprache, die aus der Kehle des Vaters hervorschoß wie aus einem Vulkan und das Auge des Sohnes trübte. Indem sie abermals eingebracht wurde, erlaubte die Sprache eine Neuverteilung der Rollen: »Du, du bist der Vater und nicht nur Repräsentant und Opfer deiner Familie«; »Du, du bist die Mutter, und es ist deine Aufgabe, dein Kind zu beschützen«; »Du, du bist der Sohn deiner Eltern, und die Befürchtungen deiner Eltern müssen dich nicht daran hindern – klarzusehen!«

Der Behandlungswunsch

Damit sich solche Worte einstellen, braucht man ein Protokoll, eine Regelung, die dafür sorgt, daß die Worte wirklich verstanden werden und nicht nur mit großem Lärm auf dem Gang hervorgestoßen oder in ein Krankenblatt eingetragen werden. Man braucht eine Qualität des Zuhörens, die den Ärzten und Pflegern eine Art Früherkennung erlaubt, über den Rahmen der psychoanalytischen Sitzung hinaus, in der das Zuhören und Deuten möglich ist; und schließlich muß man den Kontext – hier den kulturellen Hintergrund – mitbedenken. Dafür zu sorgen, kann keinem der Beteiligten allein gelingen: Nur wenn alle zusammenwirken, wenn sich der erfahrene Blick der Hebammen und die Fertigkeiten der Säuglingsschwestern mit den Fähigkeiten der Kinderärzte und der Interpretation des Psychoanalytikers verbinden, dann kann ein wirksamer Heilungseffekt entstehen. Auch hier gilt, daß die Rollen klar bestimmt sein müssen, um diese Zusammenarbeit zu regeln. Das Protokoll ist hier so etwas wie der Monitor oder das Skript im Fernsehstudio, das den Akteuren hilft, nicht den Faden zu verlieren; es ist allerdings mehr als ein Souffleur (einem Menschen, der leidet, kann man den Text nicht einsagen, er allein hat ihn im Kopf), eher ein Register, ein Leitfaden, der Auskunft darüber gibt, welche Personen auftreten und an welchem Punkt der Handlung man sich gerade befindet. Ich habe schon erwähnt, daß ich um die Einführung dieses Protokolls kämpfen mußte. Das ist nicht verwunderlich. Meine Idee war es, mich an dem zu orientieren, was F. Dolto sich im Säuglingsheim von Antony ausgedacht hatte, und meine Erfahrung aus der psychoanalytischen Privatpraxis auf die Klinik zu übertragen. Für Béclère war das etwas Neues, vorab konnte niemand die Notwendigkeit dieses Protokolls einsehen. Ich mußte also Rede und Antwort stehen: In Vorbereitungstreffen gab ich jeder einzelnen Gruppe von Mitarbeitern Gelegenheit, mit mir über diese Fragen zu sprechen.

In diesen Diskussionen betraten wir Neuland, und wir begannen, etwas aufzubauen. Ich hatte zuvor, wie alle Psychoanalytiker, in meiner Privatpraxis oder im Medizinisch-Psychologischen Zentrum (CMP) nur mit Menschen zu tun gehabt, die einen Behandlungswunsch formulieren konnten und bereit waren, für die Behandlung einen Teil ihrer Einkünfte aufzuwenden. Ob eine Analyse möglich war und ob diese Menschen Gelegenheit erhielten, die unbewußten Wünsche aufzudecken, die sie verbargen, spielt hier keine Rolle. In jedem Fall waren sie verantwortlich für das Ersuchen, das sie an mich richteten. Im CMP wie in meiner Praxis traf ich außerdem auf Kinder, die mir von der ASE (Aide sociale à l'enfance, dem Jugendamt) überstellt wurden, Kinder, die bei Pflegeeltern aufwuchsen. Natürlich lag hier die Verantwortung, genauer gesagt die Vormundschaft, bei der Behörde und nicht bei der Person, die um eine Behandlung nachsuchte. In der Klinik dagegen ging es weder um private psychoanalytische Behandlung noch um Sprechstunden wie im CMP, sondern um eine stationäre psychoanalytische Beratung innerhalb der Institution. Bei dem Versuch, einen Rahmen zu schaffen, in dem das gesprochene Wort mit den Mitteln der Analyse verstanden werden kann, sah ich mich nun einem zweifachen Problem gegenüber. Zum einen: Von wem sollte in der Entbindungsstation das Behandlungsersuchen ausgehen? Und zum anderen: Wer unter den Mitarbeitern sollte jene Vermittlerrolle spielen, die die ASE für die Kinder in Pflegefamilien übernommen hatte?

Auf welche Anforderung soll ich also eingehen, oder anders gesagt: Zu wem werde ich gerufen? Zum Baby, zur Mutter oder zum Vater? Ich meine: zu allen dreien, zumindest zu Mutter und Kind, sofern der Vater nicht da ist. Ich kann mich ja nicht an die eine Person wenden, ohne auch zur anderen zu sprechen, und ich kann die eine nicht verstehen, ohne auch der anderen zuzuhören. Diese Position ist weniger sybillinisch, als man glauben mag: Ich will damit nur sagen, daß in jener perinatalen Welt vieles sehr eng miteinander verknüpft ist.

In der Geschichte des kleinen Khader ist deutlich geworden, daß ein Symptom durchaus dreifach begründet sein kann. Der Vater schreit, das ist das Startsignal; der kleine Junge bekommt eine Bindehautentzündung, darin besteht das eigentliche Symptom; die Mutter hat ernste familiäre und kulturelle Konflikte zu bestehen, da liegt der Kern des Problems. Um dieses Symptom zu lokalisieren, muß man sich also an den Vater, die Mutter oder das Kind halten – oder an alle drei. Sobald man mich gerufen hat, spielt sich alles nur zwischen diesen dreien ab. Khader habe ich direkt angesprochen, daraufhin verschwand nicht nur sein Symptom, sondern es trat auch ein Wandel im Verhältnis seiner Mutter zu ihrem Mann und ihrem Kind ein. Im Fall von Karina sprach ich zuerst mit der Mutter, damit diese die Möglichkeit erhielt, sich mit ihrer eigenen Mutter zu identifizieren und selbst Mutter zu werden, dieses Verbot zu überwinden. War es nun die Wirkung der Worte auf die Mutter, die es dem Kind erlaubte, wieder zu trinken, oder waren es die Worte, die an das Kind gerichtet waren und von der Mutter mit angehört wurden? Ich kann und will auf diese Frage keine Antwort geben, selbst wenn man mich dazu drängte. Weniger unentschieden bin ich allerdings, wenn es um die anonyme Geburt geht. Hier zählen nur die Worte, die an das Kind gerichtet sind, auch wenn es sich um die Worte der Mutter handelt – entweder indem sie direkt zu ihm spricht oder, falls sie das Kind nicht sehen will, indem sie mir aufträgt, ihm etwas zu sagen. Ich gehe davon aus, daß ein Symptom seine Funktion innerhalb der Triade von Vater, Mutter und Kind hat. Manchmal zeigt es sich in einer körperlichen Beeinträchtigung des Kindes, aber ebenso können die Tränen der Mutter der Auslöser sein, oder daß sich der Vater das Bein bricht oder einen Nervenzusammenbruch erleidet. Vielleicht fällt das Kind auf, weil es die Nahrung verweigert, weil es weint, usw.

»Psychoanalytikerin für Babys«

Den Müttern werde ich manchmal als die »Psychoanalytikerin für die Babys« vorgestellt. Das ist nicht falsch, aber wie ich wiederholt betont habe, ist meine Arbeit getragen von der Idee, daß die Neugeborenen sich zum Zeitpunkt ihrer Geburt innerhalb eines affektiven und sensorischen Kontinuums bewegen. Die Mitarbeiter der Klinik belegen mich allerdings mit verschiedenen, mehr oder weniger treffenden Bezeichnungen, wenn sie den Müttern von mir erzählen. Je nachdem, ob es sich um neue Kräfte oder um langjährige Mitarbeiter handelt, die mich schon kennen, bin ich dann zum Beispiel »die Psychiaterin«, »die Psychologin«, »jemand namens Myriam, der Ihnen helfen kann« oder auch die »Psycho-Frau für die Kinder« ... Mich einfach »Psychoanalytikerin« zu nennen fällt ihnen nicht ganz leicht, weil sie damit die Vorstellung von langwieriger Behandlung oder eindeutigem Irresein verbinden: »Man kann den Müttern doch nicht sagen, daß sie oder ihr Baby verrückt sind!« Die Mütter bleiben höchstens eine Woche auf der Entbindungsstation, und ich bin nur zweimal in der Woche in der Klinik, das bedeutet, daß oft nur eine oder höchstens zwei, drei Sitzungen stattfinden können. Ich will auch nicht behaupten, daß Mutter und Kind nach unseren Gesprächen stets frohgemut sind – aber trotz allem: Zumeist genügen ein bis drei Sitzungen, um einen Ausweg aus einer Situation zu finden, die ihnen den Blick auf die Zukunft nach der Geburt verdüsterte. Wenn sich dabei grundlegende Probleme zeigen, die dauerhafte Folgen haben können, so bleibt immer noch die Möglichkeit, später eine Psychoanalyse zu beginnen. In solchen Fällen empfehle ich Eltern, die diesen Wunsch äußern, an praktizierende Analytiker meines Vertrauens. Entscheidend dabei ist, daß sich ihr Behandlungswunsch in einem anderen Rahmen, außerhalb der Entbindungsstation, erneut geltend machen kann.

Helfer und Vermittler

Aber wer soll jene Rolle des Vermittlers zwischen den Behandlungswilligen und dem Psychoanalytiker übernehmen, die bei den Sprechstunden für Kinder den Vormundschaftsinstanzen zufällt? Zweifellos die Hebammen, die Säuglingsschwestern, die Kinderärzte, die Krankenpfleger, die Sozialarbeiterinnen, die Gynäkologen und Geburtshelfer – alle, die ständigen Kontakt mit den Babys haben. Sie sind es, die Hinweise geben können, die spüren, welche Stimmung in den Krankenzimmern herrscht, die beurteilen können, ob wirklich »alles in Ordnung« ist oder ob man die Eltern darauf hinweisen sollte, daß ich ihrem leidenden Kind helfen könnte; sie sind es, die mir die Anliegen der Eltern übermitteln. Sie sind es, die über das Protokoll wachen.

Menschliche Sonden

Im Gegensatz zu den Wächtern vor den Toren des Gesetzes in Kafkas »Prozeß« besteht ihre Aufgabe darin, den Zugang zur Sprache zu erleichtern. Wenn sie mich zum Eingreifen auffordern, indem sie mir erzählen, daß Madame Soundso bereit sei, mit mir zu sprechen, dann werde ich Madame Soundso aufsuchen. Und wenn sie mir, was selten vorkommt, berichten, daß nach ihrer Ansicht die Dame in Zimmer 8 meine Hilfe brauchen könnte, aber nicht bereit sei, mich zu empfangen, dann werde ich dort nicht hingehen. Auch wenn mich ein Außenstehender auf ein Baby oder eine Mutter aufmerksam macht, die keinem der Mitarbeiter hilfsbedürftig schienen, werde ich mich stets rückversichern: Ich lasse bei der Mutter nachfragen, ob sie mich sehen will, erst dann suche ich sie auf. Zwischen den Mitarbeitern der Klinik und mir besteht ein enges Verhältnis, in dem keine Hierarchien stören; und wenn im Austausch zwischen uns einmal eine heikle Situation entsteht, dann verlassen wir uns auf das gegenseitige Vertrauen, von dem unsere Zusammenarbeit getragen ist.

Natürlich konnte ich nicht vom ersten Tag an mit dem perfekten Funktionieren dieses Dreh- und Angelpunkts meiner Arbeit rechnen. Zunächst mußte ich bei den Beteiligten Verständnis für meine Absichten wecken. Für sie war das, was ich zu sagen hatte, neu und gelegentlich irritierend – einige konnten den Eindruck gewinnen, sie müßten nun, zusätzlich zu ihren täglichen Pflichten, auch noch den »Psychodoktor« spielen. Aber dann hat mich ihr Urteilsvermögen verblüfft. Anfangs hatte ich noch Bedenken, daß sie Mütter an mich verweisen würden, die eine Behandlung nicht wirklich brauchten, daß sie Empfehlungen gegen ihre Überzeugung oder, schlimmer noch, überhaupt keine Empfehlungen abgeben würden. Ich sah deshalb zunächst ein Verfahren in zwei Schritten vor: Zuerst sagten sie mir, welche Babys ich aufsuchen sollte, ich entschied, ob ich mich dafür zuständig fühlte, und erst dann machten sie den Müttern den Vorschlag, sich an mich zu wenden. Schon nach kurzer Zeit konnten wir den ersten Schritt überspringen, weil sie sich als sehr kompetent in der Beurteilung der Notwendigkeiten erwiesen: Sie hatten rasch begriffen, worauf es mir ankam, und waren seither in der Lage, selbst zu entscheiden, wann sie den Vorschlag machten, mich hinzuzuziehen.

Seither geht das so, daß ich mir morgens sagen lasse, wer mich sehen will, und dann suche ich diese Patienten auf. In Ausnahmefällen kommt es vor, daß ganz offensichtlich kein Anlaß für eine Konsultation besteht, aber ich habe es mir zum Grundsatz gemacht, die Anfrage einer Mutter zu respektieren und trotzdem zu erscheinen. Probleme ergeben sich auch aus den Zu- und Abgängen unter den Mitarbeitern. Von Zeit zu Zeit muß ich den Sinn meiner Arbeit erneut darlegen, aber meist genügen ein paar Diskussionen mit einzelnen, Gespräche auf dem Flur mit den »Veteranen« oder schriftliche Stellungnahmen, um die »Neuen« in die Mannschaft zu integrieren.

Den Hebammen ist im allgemeinen die Arbeit im Kreißsaal lieber als die auf der Wöchnerinnenstation – dort sind mehr Gefühle im Spiel, dort liegt ihre Verantwortung, und am Ende gibt es sogar eine Art »sportlicher« Herausforderung bei dieser Tätigkeit: Ein Kind zur Welt zu bringen bedeutet ein Glücksgefühl, das mit nichts anderem zu vergleichen ist, immer wieder kann man neue emotionale Erfahrungen machen. Dennoch versicherten mir viele der Hebammen, die mich bei der

Durchsetzung meines psychoanalytischen Protokolls unterstützt haben, daß ihre neuen Aufgaben in den Wöchnerinnenzimmern ihnen eine andere Form von Befriedigung verschafften. Irgendwie gab es einen »menschlichen« Aspekt, der ihnen die Arbeit leichter und interessanter machte. Und von den menschlichen Qualitäten und der Kompetenz, die sie bewiesen, hing es wiederum ab, was ich für das Wohlergehen der Neugeborenen tun konnte. In diesem Sinne paßt auf sie (und ihre männlichen Berufskollegen) durchaus die Bezeichnung, die sich Lucien Kokh einfallen ließ: Sie sind wie menschliche Raumsonden, die alles aufzeichnen, was im Umfeld der Patienten geschieht.

Die Erfassung des Umfelds

Wer diese Vermittlerrolle ausfüllen will, muß ein besonderes Einfühlungsvermögen entwickeln. Das Ganze kann nur funktionieren, wenn die Mitarbeiter in diesem Projekt ein Gespür für die Erfassung des Umfelds besitzen. Um außergewöhnliche Formen des Leidens unterscheiden zu können von der vorübergehenden Niedergeschlagenheit, die sich nach einer schweren Anstrengung einstellt, braucht es mehr als nur einen »guten Riecher«. Man muß in der Lage sein, zu begreifen, welche entscheidende Wirkung der Baby Blues entfaltet, indem er die Beziehung zwischen Mutter und Kind erst möglich macht: Diesen Prozeß muß man registrieren und ihm sein Recht lassen. Das Geschick der Beobachter besteht darin, einen harmlosen Baby Blues zu unterscheiden von den Situationen, wo eindeutig etwas »nicht stimmt« – bei einem Neugeborenen oder bei seinen Eltern.

Wie ich bereits erwähnt habe, ist ihnen auch klar, daß ich in bestimmten Fällen grundsätzlich nicht eingreife, zum Beispiel, wenn die Mutter dies ablehnt. Was bedeutet eine solche Ablehnung? Zweifellos nicht, daß man der Mutter den Sinn meines Eingreifens ungenügend erklärt hätte, in dieser Hinsicht sind die Mitarbeiter sehr verläßlich. Nein, die Eltern können durchaus ihre Gründe für eine Ablehnung haben, nachdem man ihnen den Vorschlag gemacht hat, mich zu rufen: Vielleicht paßt ihnen einfach der Zeitpunkt nicht, oder es spielt der unbewußte Wunsch eine Rolle, das Symptom möge auf das Kind lokalisiert bleiben. Es ist dann Aufgabe der Kinderärzte einzugreifen, um dem

Baby Linderung zu verschaffen, mir bleibt die Pflicht, die Mitarbeiter zu beruhigen und ihnen klarzumachen, daß ihr Behandlungsverlangen nicht unbedingt von den Patienten geteilt werden muß.

Das alles fordert von allen viel Beharrlichkeit und Unerschütterlichkeit gegenüber den Widerständen, die man unter Umständen hervorruft. So ist es schon geschehen, daß ein Arzt aus einer anderen Abteilung, der die Gepflogenheiten nicht kannte, seiner Entrüstung Ausdruck gab: Er hatte mich gebeten, eine Patientin aufzusuchen, aber weil die Patientin dies nicht wünschte, weigerte ich mich. Man kann sich vorstellen, zu welchen Mißverständnissen es kam. In einem solchen Fall ist es schon deshalb besser, keinen Besuch zu machen, weil man die Patientin davor bewahrt, das Opfer von Macht- und Kompetenzstreitigkeiten zu werden, mit denen sie nichts zu tun hat. Am sympathischsten sind jene intelligenten Formen von Abwehr, die sich durch Ironie überwinden lassen. Etwa bei jenem Arzt für Geburtshilfe, der, als er mir eines Tages in der Abteilung über den Weg lief, mich bat, eine seiner Patientinnen aufzusuchen, eine fünfzigjährige Frau. Genaue Gründe für diese Anfrage wußte er nicht zu nennen, aber er erzählte, daß diese Frau in England eine In-vitro-Fertilisation hatte vornehmen lassen und dann zurückgekehrt war, um hier ihr Kind zur Welt zu bringen. Alles war ausgezeichnet verlaufen, die Mutter fühlte sich froh und ausgeglichen, und auch dem Kind ging es gut. Damals hatte gerade der berühmte Dr. Antinori seine ersten Auftritte in den Medien – »dieser gewissenlose Arzt, der noch den Großmüttern Babys macht« –, und diese Art von Geburt galt als anrüchig. Angesichts solcher Wöchnerinnen der neuen Art stellten sich meinem Kollegen eine Menge Fragen, und offenbar hoffte er auf Antworten, indem er mich bat, die Patientin aufzusuchen, damit ich mir von ihr »ein Bild machen« könne. In der Klinik Antoine Béclère war der Kollege allseits geschätzt wegen seiner Kompetenz und seinem Interesse für Forschungsfragen, auch ich hielt große Stücke auf ihn. Dennoch lehnte ich einen Besuch bei seiner Patientin höflich ab, mit Verweis darauf, daß es ihr, nach allem, was ich inzwischen vom Pflegepersonal gehört hatte, doch ausgezeichnet gehe und ihr offenbar nichts fehle. Da ich den Kollegen auch als klugen Menschen kannte, erlaubte ich mir, in seiner Gegenwart laut darüber nachzudenken, ob nicht vielleicht er es sei, der einen Behandlungswunsch geäußert habe – und ich fügte hinzu, daß ich in diesem Fall natürlich zu seiner Verfügung stehe. Er konnte herzlich darüber lachen.

Erfassung des Umfelds bedeutet auch, den jeweiligen sozio-kulturellen Kontext zu bedenken, in den die Beteiligten eingebunden sind. Hier wäre eine pseudo-psychoanalytische Neutralität völlig unangebracht. Selbstverständlich hat jeder ein Recht auf seine Fähigkeiten und seine Besonderheit, aber wenn man versucht, Kindern dabei zu helfen, ihren Platz in einem neu entstehenden sozialen Zusammenhang zu finden, ist es wichtig, sich nicht darüber zu täuschen, in welchen sozialen Zusammenhängen man selbst steht. Unsere Diskussionen haben stets informellen Charakter; ich berufe keine Zusammenkünfte ein, sondern mir sind Gespräche auf dem Flur lieber – genau wie auf Kongressen werden dort immer die wichtigsten Dinge verhandelt. Auch persönliche Gespräche sind willkommen; die Regeln des Berufes schließen es keineswegs aus, sich gelegentlich über private Probleme zu unterhalten.

Mir scheint das eine Selbstverständlichkeit, ein Gebot des gesunden Menschenverstands und des guten Einvernehmens, um eine Zusammenarbeit zu sichern, die den Neugeborenen zugute kommt. So bin ich mir sicher, daß es im Fall des kleinen Khader die Zusammenarbeit zwischen dem Kinderarzt und der Psychoanalytikerin gewesen ist, die es möglich machte, daß jeder in dieser Familie wieder seinen Platz fand.

Im Rahmen der Entbindungsstation benutzt die Psychoanalyse das Protokoll als vermittelnde Instanz. Die erste deutliche Wirkung zeigte sich, wie erwähnt, in dem beeindruckenden Angebot von Material, das in den Wöchnerinnenzimmern geboten wird – alle Mitarbeiter, mich eingeschlossen, hatten damit nicht gerechnet. Keine der Frauen, die in diesem Bereich arbeiten, war darauf gefaßt gewesen, eine solche Flut von Bekenntnissen zu erhalten, wenn sie sich nur die Zeit nahmen zuzuhören: Kaum setzten sie sich in einem Zimmer nur fünf Minuten hin, wollte man sie gar nicht mehr fortlassen. Nach und nach begriffen manche der Mitarbeiterinnen, daß dieses Material sie zwar faszinierte, aber auch eine Belastung bedeutete. Sie erschraken davor, aber sie fühlten sich nicht in der Lage, dem Einhalt zu gebieten. So empfanden sie es schon bald als Erleichterung, die Fälle an mich übergeben zu können, wenn sie merkten, daß die Grenzen ihrer Kompetenz und ihrer Belastbarkeit erreicht waren. Und viele von ihnen sahen es als großen Gewinn, daß die Mütter mit ihren Problemen nicht allein bleiben mußten und ihre Worte nicht ins Leere gesprochen waren, sondern daß sie sich an mich wenden konnten: Aus der anfänglichen Neugier wurde eine Zusammenarbeit.

Vielleicht wird damit deutlicher, weshalb ich dieses Buch auch als eine Danksagung verstehe. Es soll zeigen, was in der Zusammenarbeit mit den Mitarbeitern der Béclère-Klinik gelungen ist: die wirksame Anwendung der Psychoanalyse in einer Entbindungsstation. Aus der Verbindung ihrer Fähigkeiten und ihrer Einsicht in die Rahmenbedingungen mit meiner Kenntnis der wissenschaftlichen Diskussion und meinen ethischen Grundsätzen als Psychoanalytikerin haben sich ganz neue Erfahrungen im Umgang mit Neugeborenen ergeben. Es entstand ein Austausch, ein dem »Technologietransfer« vergleichbarer Prozeß der Übertragung von Fertigkeiten, der die Weiterführung dieses Experiments garantiert. Man sollte nicht so tun, als könne daraus ein klarer theoretischer Ansatz entstehen. Hier geht es um menschliche Bindungen, die jedem Beteiligten seine »Zeit zum Begreifen« geben, und um die Chance, mit Hilfe des Protokolls tagtäglich psychoanalytisch zu arbeiten. Ich habe den Beteiligten keine Einsichten zu präsentieren, sondern ich schulde ihnen Dankbarkeit: Sie haben mir zu meinem »Moment des Schließens« verholfen, was die Arbeit mit Neugeborenen angeht. Wann und warum ist eine Deutung möglich, worin besteht ihre Dringlichkeit und welche Folgewirkungen hat sie: für die Behandlung des Baby Blues, für die Vorsorge, für die anonyme Geburt? Wann und warum darf man behaupten, ein Baby sei ein Subjekt? Und was ergibt sich für die Psychoanalyse der Erwachsenen aus der analytischen Praxis mit Kleinkindern? Mit diesen Fragen müssen wir uns im Weiteren beschäftigen.

Von der Geburt zum Beginn des Lebens

»Alle, die mich gekannt haben, ausnahmslos alle, halten mich für tot. Meine eigene Überzeugung, daß ich existiere, hat diese einhellige Meinung gegen sich. (...) Das allein genügt – gewiß nicht um mich zu töten –, aber um mich an die äußersten Grenzen des Lebens zu treiben, an einen Ort zwischen Himmel und Hölle.«
Michel Tournier

Die ersten drei bis vier Tage nach der Geburt bedeuten einen Zeitraum der Ungewißheit, in dem sich entscheiden muß, wie der symbolische Eintritt ins Leben gelingt. Wir wollen sie hier als die »Zeit des Werdens« bezeichnen, um deutlich zu machen, daß sie für das Kind eine Schwelle darstellen, die es übertreten muß, um ins Leben zu gelangen. Wie sich zeigen wird, ist dies ein entscheidender Moment für das Neugeborene wie für seine Eltern. Das Kind muß die Entscheidung treffen, seinem unbewußten Verlangen Raum zu verschaffen, die Eltern müssen sich entscheiden, dieses begehrende und einzigartige Wesen anzunehmen. Wenn die Eltern aus irgendeinem Grund nach der Geburt nicht bei ihrem Kind sind, fällt einer anderen Person die Aufgabe zu, dem Kind deutlich zu machen, daß sie seine Geschichte als ganz die seine anerkennt – nur so kann das Neugeborene sein Verlangen akzeptieren. In seiner ganzen klinischen Bedeutung zeigt sich dieser entscheidende Moment des Übergangs im Baby Blues und bei anonymen Entbindungen. Letztere sind selten und ersterer ist häufig, doch in beiden Fällen stellt sich die entscheidende Frage nach der Bindung und der Kommunikation zwischen dem neuen Lebewesen und denen, die es gezeugt haben. Und in dieser Frage liegt bereits die ganze Problematik der Akzeptanz des Lebens durch den Menschen.

Der Eintritt ins Leben

Das Kind ist geboren, das Kind ist da. Zwei, drei Tage sind seit der Entbindung vergangen, die Mutter erholt sich allmählich von der Aufregung und Erschöpfung, der Vater raucht weniger Zigaretten ... Vielleicht gibt es Narben (von der Episiotomie oder dem Kaiserschnitt), die noch ein wenig spannen, aber das läßt sich aushalten, weil ja das Baby da ist. Das Baby ist ein kleines Wunder, man kann sich gar nicht satt sehen an ihm, wie schlapp man sich auch fühlen mag. Es verliert ein wenig an Gewicht, aber nach Auskunft der Ärzte ist das normal.

Und dann, wegen irgendeiner Kleinigkeit, ohne rechten Grund, wird der Mutter alles zuviel. Oder sie verfällt in ständig wechselnde Stimmungen. Eine Stunde lang ist sie guter Dinge, und ganz plötzlich geht dann gar nichts mehr: Vielleicht hat sie Schmerzen beim Stillen und kommt sogleich zu dem Schluß, daß sie das nie schaffen wird, vielleicht muß das Baby häufig aufstoßen oder hat ein Problem mit der Verdauung, und schon glaubt die Mutter, daran zeige sich ihre Unfähigkeit, für das Kind zu sorgen. Vielleicht sagt sie sich auch, daß sie nun alles hat, was man zum Glück braucht, aber allein der Gedanke macht sie unendlich traurig. Sie wird also weinen. Nicht nur ein paar Tränen – nein, es brechen alle Dämme! Das Baby spürt die Verstimmungen seiner Mutter und reagiert entsprechend. Damit wird aber alles noch schlimmer, denn nun sieht sich die Mutter in der Vorstellung bestätigt, daß sie wirklich daran schuld ist, wenn alles schiefgeht. Kurzum, man hat den Blues, als Solo oder im Duett.

Die Mitarbeiter in der Klinik sind schon vertraut mit dem Baby Blues. Vormittags verständigt sich die Tagesschicht mit Bemerkungen wie »Bei mir gibt es neun, die weinen, aber sonst liegt nichts Ernstes vor.« Oder man teilt mir mit: »Mme Dos Santos weint zuviel«, »Mme Durieux weint sehr eigenartig«, »Bei Mme Taulay scheint es nicht so gut zu laufen, so wie sie mit ihrem Kind umgeht; sie läßt sich auf seine Wünsche nicht richtig ein« usw.

Der Baby Blues, ein weitverbreitetes Problem

Letztlich ist das alles kein Grund zur Aufregung. Ich wage die Behauptung, und man wird sehen warum, daß diese Vorgänge ihren physiologischen Zweck haben und zweifellos sogar wünschenswert sind. In seiner »Standardversion« ist der Baby Blues jedenfalls sehr verbreitet, nach Schätzungen erleben ihn 70 bis 90 Prozent der Wöchnerinnen. Und er tritt stets am dritten oder vierten Tag nach der Geburt auf.

Warum gerade zu diesem Zeitpunkt? Vermutlich weil es einen Zusammenhang mit einem natürlichen Rhythmus, mit zyklischen Verläufen in der menschlichen Natur gibt. Für das Baby tritt der Moment ein, in dem sich die Art seiner Kommunikation mit der Mutter verändert: Erschienen seine Schreie bislang als unmittelbare Reaktion auf seine innere Wahrnehmung, so können sie jetzt als erste Formen eines Dialogs gelten. Das ergibt sich auch aus den Beobachtungen von Boris Cyrulnik, die im vorigen Kapitel dargestellt wurden: Das Kind wendet sich nun an Wesenheiten, die von ihm verschieden sind und sich voneinander unterscheiden, wenn nicht gar schon an einen individuell verfaßten anderen. Die Mutter wiederum hatte bis zu diesem Zeitpunkt Gelegenheit einzusehen, daß dieses Kind nicht mehr wirklich ein Teil von ihr ist. Vielleicht will sie das noch nicht wahrhaben – das findet seinen Ausdruck in liebevollen Worten wie »mein Kleines«, »mein Baby« –, aber es wird bereits deutlich, daß man sich um das Kind kümmert, daß die Familie und die Freunde es auf ihre Weise anreden. Bei der Mutter kann der Eindruck entstehen, daß man sie ein wenig links liegen läßt. Sie muß sich mit der Vorstellung vertraut machen, daß sie und ihr Kind zwei verschiedene Personen sind. Auch wenn sie das intellektuell begriffen hat, bedeutet es doch eine deprimierende Einsicht, die sie erst einmal körperlich verarbeiten und in ihr Denken und ihre Wahrnehmung aufnehmen muß. Überdies erlebt sie etwa am dritten Tag nach der Geburt auch körperliche Veränderungen, vor allem das Einschießen der Muttermilch, die unmittelbar mit dem Kind zu tun haben. Auch in dieser Hinsicht beginnt nun ein Austausch.

Üblicherweise klingt der Baby Blues von selbst wieder ab; die Mitarbeiter in der Klinik mischen sich da nicht groß ein, es sei denn, um den intimen Kontakt zwischen Mutter und Kind zu erleichtern. Aber es zeigen sich auch ernstere Formen von Depression, die man mit diesem Baby Blues nicht verwechseln darf.

Nach den Kriterien der Psychiatrie trifft dies z.B. auf die Post-Partum-Depression im engeren Sinne zu, die etwas später einsetzt. Meistens tritt sie ein, nachdem die Mutter die Klinik verlassen hat – auch wenn es dort keine Probleme gab. Möglicherweise handelt es sich um eine zeitversetzte Form des klassischen Baby Blues. Ähnliches gilt für die sogenannte Wochenbettpsychose, eine schwere Melancholie der Mutter, mit Phasen von Realitätsverlust, die ganz unabhängig von den offensichtlichen Formen des Baby Blues auftreten kann oder auch als besonders schwere Form dieses Syndroms. Meistens trifft es Mütter, die bereits als gefährdet gelten mußten, aber die Erkrankung kann sich ebenso bei einer Erstgeburt einstellen wie, als Rückfall, bei der Geburt eines weiteren Kindes. Glücklicherweise hat die psychologische Früherkennung und medikamentöse Behandlung dazu geführt, daß solche Fälle immer seltener werden.

Melancholie, Wochenbettpsychose, ebenso die Psychose nach dem Ende des Stillens – all diese extremen Reaktionen könnten etwas mit einem Konflikt zu tun haben, den die Mutter erlebt: Es geht in solchen Fällen weniger um das neugeborene Menschenwesen als um die Geschichte und die früheren Verletzungen der Mutter. Dennoch kann unter solchen Umständen auch das Kind in die Psychose hineingezogen werden. Françoise Dolto hat darauf hingewiesen, daß ein derartiger Zusammenbruch der Mutter für das Neugeborene »ein außerordentlicher Appell (ist), der es auffordert, ihr sein eigenes Leben zurückzugeben, weshalb es sich später berechtigt fühlen wird, sie fallenzulassen und von ihr fortzugehen. Viele Psychosen von Kindern haben auf diese Weise begonnen. (…) Das ist ein Teufelskreis, aus dem die Psychotiker nicht mehr herauskommen, weil sie, um ihm zu entgehen, ihrer Mutter zunächst neuen Auftrieb geben müssen. Wenn das geschehen ist, hängen sie symbiotisch an ihr und können sich nicht mehr von ihr trennen. (…) Wenn man den Neugeborenen erklären könnte, was sich bei ihnen und ihren Eltern ereignet hat, dann so glaube ich, würden sie nicht depressiv werden.«[1]

Hier kann der Psychoanalytiker eingreifen, um dafür zu sorgen, daß diese Geschichte zwischen Mutter und Kind wenigstens in ihren

Grundzügen verständlich wird und Ansätze zur Auflösung der pathogenen Bindung gefunden werden.

Könnte man also sagen, daß jede Mutter ihren eigenen Baby Blues erlebt? Oder, um die Frage anders zu stellen: Gibt es Mütter, die den Baby Blues nicht durchmachen? Es gibt sie, zweifellos, doch sie haben ihn vermutlich während der Schwangerschaft vorweggenommen und verhindert.

Aus der Anthropologie ist zu erfahren, daß vielen afrikanischen Gesellschaften das Phänomen fremd ist. Wo für die Geburt und die Einstellung auf die Mutterschaft ein Aufnahmeritual von hoher symbolischer Bedeutung besteht, da gibt es keinen Baby Blues. Man muß allerdings bedenken, daß es sich um Gesellschaften handelt, in denen zum einen das Inzestverbot sehr ernst genommen wird und zum anderen die Sozialisation, vor allem der Männer, durch strenge Initiationsriten bestimmt ist. Es werden dort ganz andere Vorstellungen von verwandschaftlicher Bindung vermittelt als bei uns, und man findet in einer Weise Halt im System der sozialen Bezüge, die wir nicht mehr kennen.

Außerdem spielen in der Erziehung der jüngsten Kinder die Geschwister und überhaupt die Mitglieder der Großfamilie eine wichtige Rolle – auch das findet man in unseren Breiten nicht mehr so häufig. Allemal bewirkt diese Erziehung ganz andere Identifizierungen bei den Kinder als jenes Schlachtfeld des Individualismus, auf dem wir gelegentlich die Orientierung verlieren: Für die »ledigen Mütter«, wie man früher etwas abschätzig zu sagen pflegte, bedeutet die ideologische Maxime »jeder für sich«, daß sie sich »allein gegen alle« behaupten müssen und ihre Kinder auf die Mitarbeiter des Sozialamts als Bezugspersonen angewiesen sind!

Weiterhin ist es in schwarzafrikanischen Ländern üblich, daß eine Mutter ihr Kind bis zum Alter von zwei Jahren immer mit sich trägt, und sollte das aus irgendeinem Grund nicht möglich sein, dann übernimmt eine andere Frau aus der Sippe der Mutter diese Aufgabe. Das Kind wird also ständig getragen, und man redet dauernd mit ihm. Mit den »Sprachlücken«, die im Kleinkindalter so häufig vorkommen, hat es folglich kaum Probleme. Daß Frauen aus der Verwandtschaft oder Bekanntschaft den Müttern direkt nach der Geburt ihre Hilfe anbieten, findet sich dagegen in westlichen Familien unserer Tage weit weniger. Die gegenseitige Hilfe, wie sie einst üblich war, scheint heute nicht mehr viel zu gelten. Also halten sich die Mütter an ihre Lebensgefährten, die, einst wie jetzt, mit den Problemen einer Wöchnerin nicht zurechtkommen.

Die Männer zeigen heute zweifellos in den ersten Tagen nach der Geburt mehr Anteilnahme, aber letztlich werden sie in den Entbindungsstationen nur in ihrer Rolle als Ehemann oder Lebensgefährte akzeptiert, nicht als Väter. In den verschiedenen Abteilungen wird alles für die Mütter getan, für ihren Bauch, ihre Narben, ihre Brüste, und nur über sie kommt man an das Kind heran. Vaterschaft wird eigentlich erst möglich, wenn die Mutter wieder zu Hause ist und den Vater bittet, sich um das Kind zu kümmern, es zu wickeln usw. Väter werden erst durch die Mutter und das Baby zu Vätern gemacht.

Natürlich gibt es Fälle, in denen der Baby Blues ausbleibt, und sei es nur, weil Menschen da waren, die besonders viel Hilfe und Rückhalt geben konnten. Aber er tritt häufig auf, und zwar in einem Moment, der für die drei Beteiligten – Vater, Mutter und Kind – von grundlegender Bedeutung ist und sie in entscheidender Weise mit der Frage konfrontiert, was es heißt, in einer Abstammungslinie zu stehen. Manchmal ist diese Erfahrung übermäßig stark, und eine der Personen läßt erkennen, daß sie zu sehr leidet und allein keinen Ausweg mehr findet. Es kann die Mutter oder das Kind sein, aber auch der Vater – denn manchmal haben auch Väter den Baby Blues. In solchen Fällen bitte ich, im Rahmen des Protokolls, die Kinderärzte, Hebammen, Säuglings- und Krankenschwestern, den Betroffenen zu raten, sich an mich zu wenden. Wenn das aus zeitlichen Gründen nicht funktioniert, bleibt immer noch die Möglichkeit, mich in meiner Sprechstunde aufzusuchen.

Das Baby gibt den Ton an

Um das scheinbar grundlose Weinen der Mütter am vierten Tag nach der Geburt zu bezeichnen, spricht man vom Baby Blues. Ist das nun objektiv oder subjektiv zu verstehen? Geht es um eine Stimmung, die das Baby befällt, oder eine, die es auslöst? Ist der Baby Blues eine Depression der Mutter oder des Kindes? Man kann zunächst festhalten, daß beide betroffen sind, aber letztlich gilt: Das Neugeborene löst bei der Mutter den Baby Blues aus. So wie das Weinen des Kindes oder schon seine Gegenwart das Einschießen der Milch bewirkt, so ruft es auch die Baby Blues genannte Depression hervor.

Betrachten wir nun den Fall, daß die Mutter ihr Kind nicht bei sich hat – bewahrt sie das vor dem Baby Blues? Frauen zum Beispiel, deren Kinder bei der Geburt zur besonderen Behandlung in die Intensivstation für Neugeborene verlegt wurden, bekommen keinen Baby Blues am vierten Tag. Natürlich sind sie angesichts dieser doch sehr traurigen Situation beunruhigt und niedergeschlagen, schließlich hatten sie sich vorgestellt, direkt nach der Geburt die ersten Bindungen zu ihrem Kind knüpfen zu können, und dieser verpaßten Möglichkeit trauern sie nach. Es handelt sich hier um eine klassische reaktive Depression: Sie wird durch eine schwierige Situation ausgelöst, der sich die Mütter ausgesetzt sehen. Eine solche Depression ist von anderer Art als der Baby Blues, sie fühlt sich anders an und hat eine andere Grundstimmung. Man hört nicht die typischen Klagen des Baby Blues: »Ich weine und weiß nicht, warum, es fehlt mir doch nichts zum Glück; aber ich bin einfach nicht in der Lage, mich um mein Kind zu kümmern.« Diese Frauen erzählen, wie es sie bedrückt, von dem Wesen getrennt zu sein, das ihr Fleisch und Blut war, durch die Umstände daran gehindert zu sein, ihm beizustehen, wenn es leidet. Möglicherweise werfen auch sie sich ein Versagen vor, nämlich kein gesundes Kind zur Welt gebracht zu haben – dieser Selbstvorwurf ist allerdings von einer Mutter, die den Baby Blues hat, nur in seltenen Fällen zu hören. Ich will die Leser nicht weiter hinhalten: Auch eine Mutter, deren Kind bei der Geburt in die Neonatologie-Abteilung gebracht wurde, bekommt den Baby Blues. Es dauert nur etwas länger – bis zum Wiedersehen mit ihrem Kind! Bei dieser Gelegenheit brechen die Mütter meistens in Tränen aus, und nicht nur, weil das Kind nun wieder bei ihnen ist. Zur Krönung dieser Wiedervereinigung sind sie nun auch angehalten, einen Baby Blues durchzumachen, ganz wie es sich gehört. Und auch das Baby hat seine Gründe, sich da einzumischen: Wie schon erwähnt zeigen neuere statistische Erhebungen, daß Babys, die direkt nach der Geburt von der Mutter getrennt werden, viel häufiger weinen als jene, die man der Mutter auf den Bauch legen konnte. Wenn ein Kind auf dem Bauch der Mutter liegt, kann es – gemeinsam mit ihr – die neue Außenwelt erfahren. Eine ganz andere Situation entsteht, wenn das Kind sofort weggebracht wird, um es medizinisch zu versorgen. Zweifellos hat es dann Grund genug zu weinen.

Ähnliches ist auch bei Adoptivmüttern zu beobachten. Drei oder vier Tage, nachdem sie das adoptierte Kind bei sich aufgenommen haben, fangen sie an zu weinen und die bekannten Klagelieder anzustimmen: »Ich weiß nicht, warum das alles so schwierig ist. Wir haben uns dieses Kind so sehr gewünscht und so lange warten müssen, aber ich muß einfach weinen. Sagen Sie mir bloß nicht, wie reizend das Kind ist, das weiß ich selbst, und dann muß ich erst recht weinen ...«

Auch wenn das immer noch behauptet wird – der Baby Blues ist nicht allein eine Frage der Hormone. Zweifellos tragen die körperliche Erschöpfung und die hormonelle Destabilisierung zu diesem Zustand bei, aber damit ist das medizinische Symptom noch nicht erklärt.

Der Baby Blues ist die Geschichte eines kleinen Wesens aus Fleisch und Blut, das körperlich abhängig und unfertig ist und in vieler Hinsicht als unreif gilt, das aber dennoch beschließt, sich ins Spiel zu bringen – indem es mit der einzigen Frau, die ihm vertraut ist, einen Austauschprozeß in Gang setzt. Reife, geistig unabhängige und kultivierte Menschen sprechen dann vom Baby Blues der Mutter. Das Kind ist die Voraussetzung, wenn nicht gar der Grund dieser Depression: Sobald es sich nicht bei der Mutter befindet, gibt es auch keine Depression. Man muß diese Depression als eine Form des Sehnens der Mutter nach jenem Kommunikationsbedürfnis verstehen, dessen Äußerung sie von ihrem Kind erwartet. Im Gegenzug lädt sie es ein, den typisch menschlichen Ort des »anderen« einzunehmen, als den sie versucht, das Kind anzuerkennen, wenn auch oft zähneknirschend und unter Tränen. Der Augenblick des Baby Blues gehört zu den ersten Schritten, die in diese typisch menschliche Dimension führen. Und die Art, in der das Baby auf die Depression der Mutter reagiert, bestimmt den Anfang der aktiven Kommunikation. Bis dahin soll sein Weinen noch ganz unvermittelt den körperlichen Jammer ausdrücken, die Stimme psalmodiert ganz ohne Interpretation, so wie man die Seiten des Telefonbuchs durchgeht – jedenfalls hat man es früher auf den Säuglingsstationen so verstanden. Die Tränen galten als ein Zeichen, eine Art automatischer Simultanübersetzung des Gesundseins: Um festzustellen, ob mit dem Kind nach der Geburt alles in Ordnung war, gab man ihm einen leichten Klaps auf den Po, damit es zu weinen anfing. Heute sind wir da etwas weiter. Wenn der Baby Blues eintritt, bekommt das Klagelied einen gewollten Ton, und es werden jene modulierten Klänge ausgesandt, von denen wir berichtet haben. Scheitert dieser Versuch der Kommunikation, so wird der ganze Körper zum Sitz der Sprache werden und sich in seinen Symptomen äußern.

Bei diesem Kommunikationsversuch geht es zum Beispiel um das Stillen, das heißt um jenen bei Freud beschriebenen Bereich der Anlehnung der oralen Partialtriebe an die Befriedigung der Bedürfnisse des Säuglings. Eine Kurzformel für den Zusammenhang zwischen dem Baby Blues und der Fähigkeit zu stillen, lautet: Je schlechter die Stimmung, desto besser die Milchproduktion! Man denke nur an den Fall der Dame in Schwarz, den ich im vorigen Kapitel geschildert habe. Auf diese Frau war ich aufmerksam gemacht worden, weil sie von einer unendlichen Traurigkeit erfaßt war, aber als ebenso alarmierend hätte man das Befinden ihrer Tochter Eva begreifen können, die weinte, weil sie litt. Die Mutter führte ihre Schuldgefühle darauf zurück, daß sich die Milch nicht einstellen wollte: »Ich bin ja nicht einmal in der Lage, mein Kind zu stillen.« Eigentlich ging es in diesem Fall aber darum, den Wirkungszusammenhang zwischen Trauer, Geburt und dem Ausbleiben der Milch mit Worten zu belegen. Weil sie die »schiefgelaufene« Kommunikation zwischen Eva und ihrer Mutter wieder in die rechten Bahnen lenkten, bewirkten diese Worte dann das Einschießen der Milch und das Versiegen der Tränen. Der Dame in Schwarz gelang es schließlich, dieses Kind aus dem Schatten der allgegenwärtigen Erinnerung an die Toten heraustreten zu lassen und ihm einen Platz als ein anderes Wesen einzuräumen; damit konnte sie (wieder) zur nährenden Mutter werden, und Eva fühlte sich angenommen.

Die dreifache Wurzel des Symptoms

Es kommt häufig vor, daß ein Neugeborenes den Hinweis darauf liefert, daß es die Mutter oder der Vater ist, mit dem man reden sollte – ein deutliches Zeichen für die aktive Rolle des Babys bei der Auslösung des Baby Blues. Man kann das mit der Bedeutung der »symbolischen Bezahlung«[2] für die etwas älteren Kinder vergleichen. Ich habe es schon erlebt, daß ein Kind von weniger als zwei Jahren in meiner Privatpraxis erschien, das Entgelt für die Sitzung in der Hand hatte, aber dann doch nicht hereinkommen wollte. Ich akzeptierte natürlich, was mir auf diese Weise mitgeteilt wurde; es fand keine Sitzung statt, sondern ich wandte mich an die Mutter, um die Sache mit ihr zu besprechen. Schon nach meinen ersten Worten begann sie zu weinen, und dann erzählte sie ausführlich von ihren eigenen Problemen... Das Kind hatte die symbolische Bezahlung offenbar nur deshalb verweigert, weil ich mich zuerst seiner Mutter zuwenden sollte. Als dieses »Hindernis« aus dem Weg geräumt war, ging die analytische Arbeit mit dem Kind in den folgenden Sitzungen gut voran.

Kinder sind in der Lage, aus dem Diskurs von Vater oder Mutter sehr genau herauszuhören, wo es ihm oder ihr »weh tut«. Ich wurde einmal gebeten, eine Frau aufzusuchen, deren Schwangerschaft außergewöhnlich schwierig verlaufen war. Seit dem zweiten Monat war sie depressiv gewesen und im sechsten Monat an Röteln erkrankt, so daß auch Gefahr für das Kind bestand. Der Grund für ihren Zusammenbruch im zweiten Monat lag in der plötzlichen Einsicht, daß der Mann, mit dem sie das Kind gezeugt hatte, »nicht der Richtige« für sie sei. Sie hielt ihn für »ein Nichts« und gestand sich ein, daß sie im Zusammenleben mit ihm alles aufgegeben hatte, was in ihren Augen eine Frau ausmachte. All ihre Träume von Verführung, sexueller Lust und Verständnis habe er enttäuscht, erzählte sie. Kurze Zeit nachdem sie sich in die Klinik begeben hatte, unternahm überdies ihre Mutter, die Großmutter des Kindes, einen Selbstmordversuch. Meine Patientin deutete dies sofort als Ausdruck der Angst ihrer Mutter, die Tochter zu verlieren, wenn diese erst selbst ein Kind habe. Tatsächlich schien die Mutter eine übermächtige Figur zu sein, die von ihrer Tochter mehr forderte, als diese geben konnte, und sie immer noch als ihr »Baby« betrachtete. Der Selbstmordversuch betrübte die Tochter und machte sie noch hilfloser: Sie mußte sich der Bevormundung durch ihre Mutter entziehen, sie durfte nicht länger ihr »Baby« sein, wenn sie selbst Mutter ihres Kindes werden wollte. Dann erzählte sie mir von ihrem Vater: ein »Waschlappen«, ein »Nichtsnutz«, von dem niemand begeistert war...

Jedesmal, wenn sie derart schmeichelhafte Dinge über ihren Vater äußerte, stimmte ihr Kind einen Klagelaut an. Das Kind reagierte auf die Vorstellung, die ihm die Mutter von seinem Großvater vermittelte, als wolle es andeuten, wo der Schuh drückte! Und merkwürdigerweise hatte es recht damit, es wußte, worum es ging. Die Mutter, die das vermutlich begriff, zeigte sich völlig entgeistert:

»Aber ja, natürlich! Ich behandele meinen Mann wie meinen Vater! Dann ist gar nicht mein Mann der Waschlappen, sondern mein Vater?

– Sie sollten versuchen, dem Vater, den Sie für Ihr Kind gewählt haben, auch seinen Platz zu geben…

– Ja, genau, und nicht den Platz *meines* Vaters!«

Tatsächlich entsprach der Vater des Kindes durchaus nicht dem Bild des Großvaters, im Gegenteil. Dem Klinikpersonal, das ihn während der Ultraschallaufnahmen erlebt hatte, war er nicht als »Waschlappen« und »ein Nichts« erschienen, sondern wie der Inbegriff betonter Männlichkeit und brutaler Durchsetzungsfähigkeit. Er mischte sich in alles ein, hatte stets etwas auszusetzen, erschien sogar einmal statt seiner Frau zu einem vereinbarten Termin – nach Aussagen des Personals also eher ein Rambo-Darsteller. Aber für diese Frau mußte der Mann, den sie gewählt hatte, einfach in allem ihrem Vater gleichen, wie gering die Ähnlichkeit auch sein mochte.

Als ich mit dieser Frau auf ihren Wunsch hin zum zweiten Mal zusammentraf, war ihr der Einfluß dieses Wiederholungszwangs deutlich geworden und ihr vernichtendes Urteil hatte sich zu einer Klage gewandelt: »Was soll ich machen mit diesem Ehemann, der seine Vaterrolle im Alltag nicht annehmen will?« Der Mann zeigte offenkundig keinerlei Neigung, dem Kind das Fläschchen zu geben oder die Windeln zu wechseln, und schien an der Kinderpflege wenig interessiert. Doch zu der Verzweiflung, die sich in dieser Klage ausdrückte, paßte es nicht recht, daß sie in verführerischer Aufmachung erschienen war und mit offensichtlicher Genugtuung von ihren jüngsten beruflichen Erfolgen erzählte. Da sie mir ganz erholt vorkam und durchaus fähig, das Leben zu meistern, gab ich ihr den Rat, mit ihrem Mann einen Kompromiß zu schließen und ihm Zeit zu lassen, Vater zu werden. Sie war es, die dieses Kind gewollt hatte, er war weniger überzeugt gewesen. Nun mußte man abwarten, ob es der Tochter gelang, früher oder später einen Vater aus ihm zu machen. Was die Mutter anging, so war sie entschlossen, eine

Psychoanalyse zu beginnen, und bat mich, ihr die Adresse eines Analytikers zu nennen. Vielleicht hat er ihr helfen können, die Haltung zu ihrem Mann zu überdenken, die sie am Schluß unseres Gesprächs erkennen ließ: »Er ist ein Mann von gestern, genau wie mein Vater ...«

Im Mittelpunkt der Befragung, die durch den Baby Blues ausgelöst wird, können also nacheinander das Neugeborene, die Mutter und der Vater stehen. Damit stellt sich die Frage: Wenn ein Symptom dreifachen Ursprung hat, an wen soll man das Wort richten? Was mich angeht, so rede ich niemals mit einem der Beteiligten, ohne auch die anderen anzusprechen. Die Väter sind oft nicht beizubringen, dann spreche ich aber zumindest zur Mutter nur in Gegenwart des Kindes und umgekehrt. Im Fall von Karina, die nicht an der Brust trinken wollte, wandte ich mich zunächst an die Mutter und riet ihr, der Tochter Hautkontakt zu geben. Wie geschildert, war Karinas älterer Bruder vier Tage nach der Geburt gestorben, und die Eltern hatten dann abergläubisch jede Vorbereitung auf die Ankunft ihrer jüngsten Tochter unterlassen. An dieser Stelle will ich auf einen weiteren Aspekt eingehen, den ich bislang nicht erwähnt habe. Im Gespräch über dieses »verbotene« Kind erwähnte die Mutter eine Koinzidenz, die von Karina unverzüglich durch heftige Saugbewegungen bestätigt wurde: Wie Karina war auch ihre Mutter als jüngstes Kind zur Welt gekommen, nach einer Reihe von Geschwistern. Der Mutter fiel nun auf, daß sie in Gegenwart von Karina nie von ihren eigenen Eltern gesprochen hatte, die in Ungarn lebten und noch keine Gelegenheit gehabt hatten, zu Besuch zu kommen und Karina zu sehen. Danach drehte sich unser Gespräch nur noch um Familiengeschichten, und Karina konnte auf diese Weise erfahren, daß sie nicht nur Teil einer Kleinfamilie war, sondern Vorfahren und Verwandte besaß. Sie war damit nicht mehr nur das verbotene Kind, sondern reihte sich ein in eine Abstammungslinie. Auch ihrer Mutter fiel es dadurch leichter, jene Identifizierung mit der eigenen Mutter aufzubauen, die Mütter nach der Geburt des ersten Kindes brauchen – nur so können sie sich selbst als Mutter sehen. Karinas Mutter hatte damit besondere Probleme gehabt, weil sie lange Zeit keine Kinder bekommen konnte. Erst nach dieser Unterhaltung wandte ich mich direkt an Karina, um ihr zu sagen, daß sie, im Unterschied zu ihrem Bruder, die Entscheidung, ob sie leben wolle, selbst treffen könne – sie müsse nur bereit sein zu trinken.

Mit der Mutter sprechen, mit dem Baby sprechen – beides schien mir notwendig, und ich sehe auch nachträglich keinen Grund, von dieser Haltung abzurücken. Man muß vielmehr Françoise Dolto recht geben, die erklärt hat, daß »die Kinder von ihren Eltern sprechen und umgekehrt in ihren Eltern vertreten sind«. Die Triade Mutter-Vater-Kind ist es, in der das Symptom wirksam wird. Es kann als körperliche Beeinträchtigung beim Kind, aber auch in den Tränen der Mutter oder dem gereizten Auftreten des Vaters im Krankenzimmer Ausdruck finden. Die Auffälligkeit, die das Kind zeigt, mag darin bestehen, daß es die Nahrung verweigert oder wieder von sich gibt, daß es nicht wach werden will... Mein Eingreifen geschieht in jedem Fall in der Absicht, zu ermöglichen, daß die Inhalte des Unbewußten mit Worten belegt werden, daß Worte zwischen den drei Beteiligten hin und her gehen, und daß auf diese Weise die Sprache ins Spiel kommt.

Erster Ausdruck dieses Anspruchs auf genaue Formulierung und sprachlichen Austausch ist es, daß für die drei Personen die richtige Anrede gefunden wird. In manchen Entbindungskliniken nennt man die Wöchnerinnen »Muttis«; es heißt dann: »die Mutti von Zimmer 15«, »die Mutti des kleinen Grégoire«, »die Mutti, die so oft weint«. Das ist nett gemeint, und deshalb erhebt niemand Einspruch. Aber jede Wöchnerin ist nicht nur Mutter, sondern zunächst einmal eine Frau, und nur ihre Kinder haben das Recht, sie »Mutti« zu nennen. Vielleicht ist es ja die Erinnerung an die eigene Mutter, die den Mitgliedern des Pflegepersonals so etwas eingibt. Noch etwas peinlicher sind die Bezeichnungen für die älteren Patientinnen (»die Omi von Zimmer 12« z.B.); wir wollen das hier nicht vertiefen... Würde man den Vätern den Zugang zu den Säuglingsabteilungen erleichtern, dann wären solche Formulierungen sicherlich nicht zu hören. Aber der Platz, der ihrer Stellung entspräche, wird ihnen leider nicht zugestanden. Könnten die Väter in der Klinik übernachten, hätten sie bei Tag und bei Nacht jederzeit Zutritt, dann sähe man sie vielleicht nicht nur als diejenigen, die die schmutzige Wäsche mit nach Hause nehmen. Sie bekämen Gelegenheit, ihrer Lebensgefährtin häufiger eines der Komplimente zu machen, die sie so gern verteilen, oder mehr von den Blumen mitzubringen, die nicht nur Mutter und Kind in ihren Duft hüllen, sondern auch den Vater besser aussehen lassen. Doch nur zu häufig wird all das durch die Vorschriften in den Entbindungsstationen verhindert. Natürlich ist ein Hospital kein Hotel, bei aller etymologischen Verwandtschaft der Begriffe, aber ist es wirklich nötig, daß ein Vater im gemieteten Wohnwagen auf dem Parkplatz vor der Klinik haust, wenn seine Frau einige Wochen in der Abteilung für Risikoschwangerschaften verbringen muß und nach der Geburt noch weitere lange Wochen in der Känguruh-Abteilung?

Würde der Vater nicht nur von der Mutter, sondern auch vom Klinikpersonal als Mann akzeptiert, dann könnte er seiner Frau, deren Körper ja mehr oder minder schlimm zugesetzt wurde, in der Zeit nach der Geburt helfen, ihre Weiblichkeit zurückzugewinnen. Ein kleines Beispiel: Leboyer berichtet, daß man den Männern häufig die Aufgabe überträgt, das Baby nach der Geburt zu baden. Grundsätzlich ist das eine gute Idee, aber die Praxis sieht leider so aus, daß man gar nicht mehr auf den Gedanken kommt, sie zu fragen, ob ihnen das auch recht ist. Schließlich sind auch sie verunsichert, es könnte ihnen unangenehm sein, das Baby anzufassen. Es ist nicht zu leugnen, daß viele Väter, die sich dazu bereit finden, es lieber hätten lassen sollen – aber wer weiß, ob man ihnen überhaupt klar gemacht hat, daß es nicht darum ging, ihr Baby zu waschen, sondern ihnen Gelegenheit zu bieten in jenen körperlichen Prozeß »einzusteigen«, der ohne sie begonnen hat?

Es ist durchaus nicht unwichtig, wie man sich vorstellt und seinen Namen nennt. Ich hatte einmal eine Praktikantin, die aus Brasilien kam und dort, nach der britischen Methode von Esther Bick, ein Kind vom zehnten Tag nach der Geburt bis zum Alter von einem Jahr regelmäßig observiert hatte. Dieses Verfahren besteht darin, das Kind regelmäßig aufzusuchen und, einmal pro Woche, eine Stunde in seiner Gegenwart zu verbringen. Dabei gilt die strenge Regel der »schweigenden Anwesenheit« – der Diskurs des kleinen Engelchens soll keinen störenden Einflüssen unterliegen. Als der kleine Junge ein Jahr alt war, sagte er zur Begrüßung »vovo« zu ihr – das portugiesische Wort für »Oma«. Sie erzählte mir das ganz gerührt, als erinnere sie sich an eine besonders geglückte Übertragung. Ich erlaubte mir die Bemerkung, daß der Knabe entweder besonders höflich gewesen sei oder über eine besonders entwickelte Abwehr verfügt habe. Wäre er alt genug gewesen, hätte er sie vielleicht nicht in dieser Form gefragt, ob sie seine Großmutter sei, sondern ihr ins Gesicht gesagt: »Wer sind Sie eigentlich, und warum sitzen

Sie hier und schauen mich so an?« An solchen Fällen zeigt sich meiner Meinung nach die Fragwürdigkeit des geheiligten Grundsatzes der »schweigenden Anwesenheit«. Mit meiner Praktikantin bin ich damals sicher etwas grob umgegangen, aber inzwischen weiß ich, daß sie eine solche Reaktion erwartet hatte – sie wäre sonst auch nicht von so weither gekommen, um mit mir zu arbeiten.

Daß man zu einem Kind, das nicht spricht, etwas sagen muß, steht für mich außer Zweifel. Man mag es selbst nicht begreifen, aber das Kind weiß es: Es hat den Raum der Sprache bereits betreten. Darum bestehe ich darauf, so überflüssig es scheinen mag, mich vorzustellen, wenn ich ein Zimmer betrete. Das ist keine Frage der Umgangsformen: Ich erkläre allen, wer ich bin und warum ich gekommen bin – den Eltern ebenso wie dem Kind.

Wenn ein Psychoanalytiker spricht, kann es geschehen, daß er zu deuten beginnt. In den Zusammenhängen, die hier verhandelt werden, geht es dabei vor allem um die Verletzungen des Kindes – um die körperlichen Beeinträchtigungen im engeren Sinne, die mit dem Abbruch der vorgeburtlichen sensorischen Wahrnehmung zu tun haben, aber ebenso um die Folgen des Verlusts der intrapsychischen Beziehung, der zwischen dem Säugling und der Mutter eintritt. Vor diesem Hintergrund besteht die Deutung darin, Wahrheiten auszusprechen, Worte, die auf die geheime Geschichte einer Geburt bezogen sind: Es können die Worte des Analytikers sein, je nachdem, wieviel er von dieser Geschichte begriffen hat, aber es können ebenso die Worte der Eltern sein, die im Rahmen der psychoanalytischen Gesprächssituation zum Reden gebracht worden sind. Entscheidend bleibt, daß die Deutung eine Lösung jenes Problems aufzeigt, mit dem sich die Psychoanalyse seit ihren Anfängen beschäftigt: Die Geschichte einer Person muß durchdacht und einem anderen mitgeteilt werden. Und dies soll in einer Weise geschehen, die den Wiederholungszwang durchbricht und dem Subjekt erlaubt, sich von seinen Symptomen zu befreien.

Die Deutung

Deutende Worte können, je nach den Umständen, sowohl an das Kind wie an die Eltern gerichtet sein: Beide (oder alle drei) sollten sie jedenfalls gehört haben. Wichtig ist dabei vor allem die Anwesenheit des Neugeborenen, es soll Teil der Szene sein, wie ein Schauspieler in einem Stück. Dann hat es die Möglichkeit, auf sein Stichwort zu reagieren – durch eine Kopfbewegung, einen Schrei oder eine Verkrampfung…

Soweit scheint das klar. Aber was ist, wenn das Kind schläft? Auch dann spielt es seinen Part in der Szene. Man muß in jedem Fall mit ihm oder über es sprechen, als sei es wach. Man kann auch ein wenig Lärm machen (nicht zuviel!) und dann in Hörweite des Babys vernehmlich reden, ohne es wirklich aus dem Schlaf zu reißen. Dagegen würde man das Kind erschrecken, wenn man sich über sein Bett beugte und es aufweckte, um mit ihm zu reden. Anders gesagt: Man kann immer damit rechnen, daß die Worte, die an das Kind gerichtet sind, eine wache Aufnahme finden. Ohne die Analogie überstrapazieren zu wollen, läßt sich auch eine gewisse Ähnlichkeit mit den Erfahrungen feststellen, die Françoise Dolto bei analytischen Sitzungen mit einer Person gemacht hat, die im Koma lag. Dieser beunruhigende und merkwürdige Fall brachte sie zu der Feststellung, daß, weil die Psychoanalyse eben kein Rehabilitationsprogramm ist, der Analytiker das Recht hat, auch mit Menschen im Koma zu arbeiten. Diese Menschen sind, gerade weil das Koma sie passiv hält, äußerst aufnahmebereit, aber natürlich nicht fähig, sich auszudrücken. Wenn es ihnen gelingt, aus dem Koma zu erwachen, zeigt sich, daß sie eine traumhafte Erinnerung an die Sitzungen haben. Françoise Dolto erklärt sich das daraus, daß, selbst wenn die physische Person abwesend ist, »der Mensch als Subjekt seines Begehrens und als Subjekt seiner Lebensgeschichte sehr wohl anwesend (ist).«[3]

Mir scheint, daß dies auch für die Neugeborenen gilt. Und erst recht für die Mütter: Dem Personal im Kreißsaal rate ich, auch während einer Geburt durch Kaiserschnitt unter Vollnarkose, unbedingt mit der Gebärenden zu reden und ihr zu erzählen, daß ihr Kind zur Welt gekommen ist. Und ich ignoriere standhaft das verstohlene Lächeln, das diese Anregung meist hervorruft – ich bin überzeugt, daß die Mutter auf diese Weise zumindest etwas weniger betrübt ist, wenn sie aus der Narkose aufwacht: Sie wird wissen, daß man sie einbezogen hat. Ich erinnere mich, daß einer meiner Freunde, ein Chirurg und Orthopäde, der inzwischen im Ruhestand ist, während eines Eingriffs stets mit dem betäubten Patienten redete – er war überzeugt, daß dies zu einer schnelleren und besseren Genesung beitrage. Der Mann ist bei bestem Verstand, und er war eine anerkannte Koryphäe in seinem Fach. Daß er so ungewöhnliche Verfahrensweisen praktizierte, mag damit zu tun gehabt haben, daß er mit einer Psychoanalytikerin verheiratet war und sich darum für die Zusammenhänge zwischen Körper und Psyche interessierte...

Im Rahmen der Entbindungsstation bleibt die Deutung vor allem der Vorsorge verpflichtet. Ich treffe auf Kinder, die sich in einer akuten Krise befinden, und meist bekomme ich sie nach der Zeit, die sie in der Säuglingsklinik verbringen, nicht mehr zu Gesicht. Wie erwähnt, handelt es sich um eine Zeitspanne von höchstens vier Tagen bei einer normalen Geburt und von höchstens sieben Tagen bei einem Kaiserschnitt. Unter zeitlich so eingeschränkten Bedingungen muß ich mich im Prozeß der Deutung unbewußter Inhalte bei der Mutter oder dem Vater, die für die weitere Entwicklung des Kindes von Belang sind, darauf konzentrieren, dem Kind eine Erklärung zu bieten, die es von seinen Symptomen befreit. Entsprechend muß es bei den Eltern darum gehen, ihnen zu erklären, was das Kind von ihnen will: Die Deutung soll ihnen helfen, den Konflikt zwischen ihrer eigenen Geschichte und ihrer Mutterschaft/Vaterschaft zu lösen. Es handelt sich also gewissermaßen darum, allen Mitspielern wieder Karten auf die Hand zu geben, nachdem das Blatt durch die Geburt neu gemischt wurde. Selbst wenn sie damit in die Lage versetzt werden, nach dem Verlassen der Klinik ihr Leben neu zu organisieren, kann es vorkommen, daß sie die Hilfe des Analytikers auch weiterhin in Anspruch nehmen möchten. Ich hatte einmal den Fall, daß ein Elternpaar und ihr Kind meine Hilfe verlangten, als ich gerade nicht in der Klinik war. Man gab ihnen meine Adresse und Telefonnummer, und sie fanden sich in meiner Praxis ein. Anlaß des Behandlungsersuchens war das Kind, aber letztlich wurde der Vater mein Klient – er begann eine Psychoanalyse...

In der Arbeit mit Neugeborenen muß man sich mit dem Problem der Deutung immer wieder neu auseinandersetzen. Im Unterschied zur normalen Praxis stellt sich hier viel häufiger die Frage, was man gedeutet hat oder wer die Interpretation geleistet hat, wenn ein Kind mit einem Mal seine Symptome verliert. Natürlich spielt die praktische Erfahrung des Analytikers eine Rolle, sofern er in der Lage ist, seine theoretischen

Kenntnisse einstweilen zu vergessen: Es liegt bei ihm, ob die Worte der Hauptbeteiligten dazu beitragen können, die Bindungen zu erklären, in die sie verstrickt sind, sie zu entwirren und zu lösen. Die Deutung muß demnach nicht nur das Werk des Analytikers sein, sie kann auch in Worten des Vaters oder der Mutter bestehen, die plötzlich erhellend wirken, sobald sie offen ausgesprochen werden. Deutung, Interpretation, das meint ursprünglich Vermittlung, also Verbindungen herstellen zwischen dem Akteur, der durch seine Symptome Alarm schlägt, den anderen, denen der Alarm gilt, und dem Analytiker, der dafür sorgen muß, daß die Worte hin und her gehen. Daß solche Prozesse stattfinden, ist mir wiederholt von Frauen bestätigt worden, mit denen ich, im Abstand von mehreren Jahren, wieder zu tun hatte, wenn sie erneut in die Klinik kamen, um ein Kind zur Welt zu bringen.

Zu Mme Ormani hatte man mich gerufen, als sie nach der Geburt ihres ersten Kindes, einer Tochter namens Elsa, am Baby Blues litt. Das Kind war in die Känguruh-Abteilung eingewiesen worden, weil es Untergewicht hatte – zur großen Verzweiflung seiner Mutter wollte es einfach nicht genug Nahrung zu sich nehmen. Während der Geburt hatte es Komplikationen gegeben: Die Mutter erlitt eine Hämorrhagie bei der Nachgeburt. Françoise Dolto sah bekanntlich in solchen Blutungen eine Gefahr für das Kind, sie befand, das sei eine Art, »das Kind mit dem Bade auszuschütten«. Bei der Mutter der kleinen Elsa löste diese Komplikation bei der Geburt Erinnerungen an die heftigen Bauchschmerzen aus, die sie, im Alter von acht Jahren, ins Krankenhaus gebracht hatten, und zwar in jene Klinik, in die zur gleichen Zeit ihre Mutter eingeliefert wurde – nach einer Fehlgeburt. Auch die Erinnerung an den Kaiserschnitt wurde wach, der ein Jahr zuvor nötig gewesen war, um ihren Sohn Alexander zur Welt zu bringen. Das Kind war zehn Tage nach der Geburt gestorben. Als ich mit Mme Ormani zusammentraf, war sie in der Lage, ihrer Tochter in meiner Gegenwart von all dem zu erzählen. Elsa lächelte zu den Worten der Mutter und wollte kurz darauf gestillt werden. Noch drei Jahre später, als ich nach der Geburt ihres jüngsten Kindes erneut mit ihr zusammentraf, erinnerte sich Mme Ormani an jene Situation: »Elsa geht es wunderbar. Und wenn es einmal Probleme gab, habe ich immer an unser Gespräch und an ihr Lächeln gedacht. Und dann habe ich es genauso wie damals gemacht: Ich erzählte ihr, was gerade geschah, und alles war in Ordnung. Als ich vor zweieinhalb Jahren ins Krankenhaus mußte, erklärte ich ihr, daß sie jetzt zu ihrer Tante nach Italien fahren würde, weil es mir nicht so gut gehe. Ich sagte ihr auch, warum es mir schlecht ging, und daß wir uns wiedersehen würden, sobald ich mich erholt hätte. Das kam bei ihr an wie ein Brief.«

Elsa ging es also immer besser, aber das bedeutete durchaus nicht, daß Mme Ormani diese Angelegenheit abgeschlossen hatte. Durch die psychoanalytische Behandlung ihrer Depression bei der Geburt von Elsa konnte sie drei Jahre später glücklich und ohne Schwierigkeiten ihren Sohn Guillaume zur Welt bringen. Die Psychoanalyse kann tatsächlich soviel Begeisterung wecken, daß der Patient ihre Fortschritte mit ebensoviel Interesse verfolgt wie der Analytiker: Man teilt sich in die Aufgabe der Deutung (so wie hier Mme Ormani und ich), und die Wirkung kann sowohl unmittelbar eintreten (wie bei Elsa) als auch mit Verzögerung (wie bei Mme Ormani und, vermittelt, auch bei Guillaume).

Worum es bei der psychoanalytischen Deutung geht, hat Alain Didier-Weill in einer gelungenen Metapher ausgedrückt: Er vergleicht sie mit der »blue note« im Jazz. Dort bedeutet dieses Phänomen den Höhepunkt des Hörvergnügens. Die Zuhörer warten auf den Augenblick, in dem ihnen »ein bestimmter Ton eindeutig versprochen ist, der noch nicht gespielt wurde, sich aber aus dem Zusammenhang von Harmonien und Melodieführung zwingend ergibt und einfach kommen muß.«[4] Man könnte es auch mit dem ergriffenen Schweigen nach einer Aufführung eines Werks von Mozart vergleichen. Es geht aber nicht nur um das Vergnügen, das sich Menschen mit Kenntnissen in der Geschichte der Kompositionskunst gönnen, indem sie sich eine unvollständige musikalische Phrase von Verdi oder Armstrong so zu Ende denken, »wie sie geschrieben worden wäre«. Bei Bach oder Coltrane wäre das schließlich viel schwieriger. Nein, es ist dieser eine Ton, der zu erwarten ist und dann doch unerwartet kommt: Sobald man ihn hört, »überschreitet man eine Grenze, die man ohne ihn sicher nicht zu passieren gewagt hätte, die Schwelle zu einer Welt, deren vollkommene Neuartigkeit sich daraus ergibt, daß in ihr die Macht des Unerwarteten herrscht – eine Macht, die wachrütteln kann, die mir deutlich machen kann, daß alles, was ich bis dahin beim Hören entschlüsseln konnte, bereits im Zeichen des Außergewöhnlichen stand«. Für alle, die bereit sind zuzuhören, finden sich diese Hoffnung, diese Außerordentlichkeit, diese Erwartung auch in den Schreien eines neugeborenen Kindes, und man darf gewiß auf die Nähe von Blue Note und Baby Blues hinweisen. Merkwürdigerweise bezieht die Psychoanalyse ihre Wirksamkeit gerade daraus, daß sie noch immer eine Kunst ist. Ob sie nun, wie Lacan es erhofft, der Dichtung, oder wie Didier-Weill annimmt, der Musik näher ist – die Deutung gewährt den Zugang zu jenem Bereich, von dem bereits die Rede war, dem Widerhall dessen, was das Neugeborene im Augenblick des Baby Blues vollzieht: den Eintritt in die Anfänge des Lebens.

Im Zwischenreich

Der Fetus verwechselt Wunsch und Bedürfnis

Der Fetus, erklärt Françoise Dolto, hat die Moral eines Vampirs – um zu leben und zu wachsen, ist ihm jedes Mittel recht. Er nimmt Empfindungen ebenso in sich auf wie das Fruchtwasser. Für ihn besteht kein Unterschied zwischen Wunsch und Bedürfnis, beides ist noch ineinander verflochten. Diese Hypothese deckt sich nicht ganz mit den Unterscheidungen, die der Psychoanalytiker bei seinen Patienten, die älter sind und die Sprache beherrschen, zu beachten lernt, mit der Differenzierung von Wunsch, Bedürfnis und Verlangen also.

Die Geistesgeschichte ist mehr als Ontologie, und unser Erkenntnisbereich ist auch von den Fragen nach dem Verhältnis von Körper und Seele und, in jüngerer Zeit, nach dem Verhältnis von angeborenen und erworbenen Eigenschaften geprägt worden. Man zieht üblicherweise einen klaren Trennstrich zwischen den körperlichen Funktionen und Bedürfnissen des Menschen einerseits und dem sprachbegabten Wesen mit seinen Wünschen andererseits. Die Körperfunktionen und Bedürfnisse zu erforschen und zu kodifizieren, ist Sache von Naturwissenschaft, Medizin und Technik, und das so entstehende Bild des Körpers ist genau umrissen, reproduzierbar, wenn nicht gar digitalisierbar: In dieser Hinsicht sind Embryonen und Neugeborene zu einem der wichtigsten Forschungsbereiche geworden – von der Ultraschallaufnahme bis zum Klonen. Für alles übrige, also für den Menschen in seiner Singularität und seine Wünsche, sind seit dem 19. Jahrhundert die Humanwissenschaften zuständig. Mit all ihren vielfältigen, unterschiedlichen, wenn nicht gar widersprüchlichen Ansätzen, fällt ihnen die Aufgabe zu, jene kleinen Unterschiede, Ausnahmen und Abweichungen in dem Regelwerk aufzuspüren, das die (Natur-)»Wissenschaft« definiert hat. Zwischen diesen beiden Wissenschaftsbereichen bleibt ein wüstes Feld, das man achtlos der philosophischen oder theologischen Spekulation überläßt.

Der Psychoanalytiker allerdings, dessen Praxis in der Arbeit mit Neugeborenen besteht und der sich auch für das Leben vor der Geburt interessiert, kann diese Entgegensetzung von Körper und Sprache, Wunsch und Bedürfnis nicht nachvollziehen – das eine läßt sich vom anderen nicht willkürlich trennen. Körperlich wird ein Kind in unterschiedliche Ausformungen von Sprache hineingeboren. Zum einen findet es sich in dem Bad der Sprache, das frühere Generationen bereitet haben: Da spielt der Kinderwunsch seiner unmittelbaren Vorfahren, das Gesagte und Ungesagte eine Rolle, aber ebenso vielleicht eine Vorgeschichte, die sich über Generationen erstreckt. In den Geschichten, die im Zusammenhang mit dem Baby Blues erzählt werden, ist übrigens auffällig häufig von Tanten, Großeltern usw. die Rede. Diese Anspielungen, die sich je nach der eigenen Position in der Familie immer wieder anders gestalten, stehen in einer besonderen Verbindung zu der Niedergeschlagenheit während des Baby Blues, weil sie auf jene Sprachlücke verweisen, die bis dahin jede Erklärung ersetzte. Andererseits hat das Kind, das sich die sogenannte Muttersprache aneignet, die Chance, den potentiellen Raum der Sprache in Besitz zu nehmen, um es in den Worten von Lucien Kokh zu sagen. In diesem Raum wiederum findet seit wenigstens drei Generationen die Verständigung statt.

Ein Problem entsteht erst, wenn die Verwechslung von Bedürfnis und Wunsch nach der Geburt fortdauert, weil die physiologische Abnabelung nicht durch Worte der Eltern begleitet war. Dann kann es geschehen, daß die kannibalischen oralen Triebe des Säuglings außer Kontrolle geraten. Um eine solche Psychose zu verhindern, muß dem Säugling unbedingt der Unterschied zwischen Bedürfnis und Wunsch deutlich gemacht werden. Françoise Dolto führte in diesem Zusammenhang immer den Fall jenes im übrigen prachtvollen Kindes an, das in alles hineinbiß, was es zu fassen bekam. Das Kind besaß eine wache Intelligenz, aber es wurde zu einer Gefahrenquelle in der Öffentlichkeit: In Geschäften, im Park, in allen Einrichtungen wollte man es nicht mehr sehen. Françoise Dolto berichtete, daß sie begriff, was diesem Kind widerfahren war, als sie der Mutter beim Stillen seines jüngeren Bruders zusah: Die Mutter sprach dabei kein Wort, statt dessen war sie unablässig damit beschäftigt, das Kind zu zwicken und überall anzufassen. Kurz gesagt: Sie schuf ihm am ganzen Körper neue Mundöffnungen – indem sie es stillte und dabei anfaßte, machte sie es zum Allesfresser. Dieser Mutter gelang es nicht, zwischen dem Bedürfnis ihres Kindes nach Nahrung und seiner Lust am Saugen zu unterscheiden, und damit stiftete sie mit einer Art von »liebevoller Gewalt« eine zwangsweise Bindung. Françoise Dolto faßte das in einem Satz zusammen, den sie dem Kind sagte: »Sie hatte das Bedürfnis, dich zu berühren, und du hast geglaubt, so sei das richtig. Und du dachtest, wenn man andere liebt, dann muß man sie beißen und aufessen.«[5] Natürlich geht es nicht darum, den Müttern die zärtliche Berührung ihres Kindes beim Stillen zu verbieten. Im Gegenteil: Man muß deutlich machen, wie entscheidend jene liebevollen Worte sind, die üblicherweise beim Stillen gesagt werden.

Gelegentlich wird behauptet, das Problem mit dem Baby Blues bestehe darin, jene Verschmelzung von Mutter und Kind aufzulösen, die man auf eine vermeintliche Fusion vor der Geburt zurückführt. Weil der Fetus mit der Gebärmutter eins sei, könne auch zwischen dem Neugeborenen und der Mutter eine unaufgelöste Einheit bestehen, dann nämlich, wenn die Mutter in ihren Zärtlichkeiten und Vertraulichkeiten und in ihrer imaginierten Nähe dem Kind zu eng verbunden sei. Zur Frage der Verschmelzung von Fetus und Mutter haben wir uns bereits geäußert, darum hier nur eine kurze Anmerkung zur Erinnerung: Sobald die Plazentahormone für den Fortgang der Schwangerschaft sorgen, also etwa im vierten Monat nach der Zeugung, bilden Mutter und Kind bereits keine Einheit mehr. In den ersten Tagen findet nur eine verstärkte Zellkernteilung statt, aber ab dem vierten oder fünften Tag zeigt sich die erste Zelldifferenzierung, und das Ei wandert in den Uterus. Aus der Einnistung der *morula,* jenes winzigen befruchteten Eis, in der Gebärmutter ergibt sich, in der darauf folgenden Woche, die Entstehung des Trophoblast und des Chorion villosum. Als Vorläufer der Plazenta ist der Trophoblast, den das Kind vorübergehend ausbildet, bereits ein vermittelndes Element zwischen Fetus und Mutter – man kann also von einem Austausch zwischen Mutter und Kind ausgehen, und damit ist die Annahme, sie bildeten eine Einheit, nicht zu rechtfertigen. Dieser »plazentare Mund« dient dem Kind dazu, zu atmen, sich zu ernähren und die Mutter zu berühren.

Eine andere Lesart dieser Idee der Einheit von Mutter und Kind hat zum Beispiel Professor Lebovici in einer Fernsehsendung geboten: »Ich befasse mich nur mit dem Baby in den Armen der Mutter.«

Das soll bedeuten, daß ein inneres Band der Empfindung Mutter und Kind vereint. Man stützt sich dabei auf Erfahrungen aus der klinischen Praxis, die nicht zu bestreiten sind: In den ersten Tagen werden die Stimmungen der Mutter stets durch das Baby mitvollzogen, später geht diese Hypersensibilität allmählich zurück, die Deutlichkeit dieses Widerhalls nimmt ab, ohne daß er jedoch ganz verschwindet. Heißt das, die beiden sind eine Einheit? Man muß wieder auf den Baby Blues verweisen: Er zeigt, daß die Worte, die an das Kind gerichtet werden, ihm zur Autonomie verhelfen. Indem sie seinen Gefühlen Sinn geben und durch die Wünsche, deren Träger sie sind, erlauben sie dem Kind, seine Gefühle zu »denken«. Und damit konstituieren sie es als autonomes wünschendes Subjekt, das entschlossen ist, sich der eigenen Zukunft zu stellen.

Gérard, ein neugeborenes Kind in Trauer

Wenn es einen Wunsch des Fetus gibt, dann ist es der Wunsch zu leben. Und das gelingt ihm überraschend gut: Die Kinderärztin Marie Thirion verweist darauf, daß 950 von 1000 Kindern ohne Schädigung zur Welt kommen – eine erstaunlich hohe Quote, wenn man es recht bedenkt –, und sie vertritt die Ansicht, dies sei nur durch einen Austausch, eine deutliche Verständigung mit der Mutter möglich: »Um nach der Geburt zu leben, muß das Neugeborene sich in etwas Lebendigem verwurzeln, sich in eine menschliche Beziehung einpflanzen, gerade so wie in den ersten Stunden nach der Befruchtung, wo die Einnistung im Uterus unmittelbar über Weiterleben oder Elimination entscheidet.«[6]

Dieses Verhältnis ändert sich allerdings, physiologisch zweifellos, aber auch psychisch, durch die Geburt: Sie bedeutet einen radikalen Bruch und einen Sprung ins Ungewisse. Das heißt auch, daß sich die Angst einer Mutter nicht mehr in der gleichen Weise überträgt wie in der Zeit vor der Geburt, und sei es nur, weil die Reaktion des Kindes auf einfachere Weise das Verhalten der Mutter beeinflussen kann – und umgekehrt. Man pflegt zu sagen, ein neugeborenes Kind trete dem Leben nackt und ungeschützt gegenüber – auffällig ist jedenfalls, daß es gegen das, was von außen kommt, keine Abwehr zeigt. Das wird auch in der Art und Weise spürbar, wie es die Deutungen aufnimmt. Es erscheint dabei nicht einfach empfänglicher oder weniger empfänglich als ein älteres Kind, sondern es setzt den Deutungen praktisch gar keinen Widerstand entgegen.

Man staunt dann über die unmittelbare und tiefgreifende Wirkung der Deutungen und spricht von Zauberei... Aber daß Neugeborene sogar lebensbedrohende Symptome manchmal innerhalb von Stunden verlieren, hat mit Zauberei nichts zu tun. Es ist zu bedenken, daß die Arbeit des Erinnerns in der Psychoanalyse von Erwachsenen länger dauert, weil man durch zahlreiche »Schichten« hindurch muß. Stark neurotische Erwachsene leiden, was ihre Fähigkeit, zu denken und sich mitzuteilen angeht, unter einer Art Invalidität. Ihre Geschichte ist bestimmt durch unglückliche Worte, durch das Fehlen von Sprache, durch Strukturen wie Mauern, an denen sie sich fast im körperlichen Sinne den Kopf eingerannt haben. Also mußten sie eine Reihe von Schutzmaßnahmen treffen, Reaktionsformen gegen jene eigenen Fähigkeiten der Mitteilung und des Denkens ausbilden, durch die sie in ihre spezifische Situation des Leidens gelangt sind. Weil sie sich zwischen den Ebenen ihrer Geschichte nicht zurechtfinden, brauchen sie Zeit, um wieder Vertrauen in die Sprache des anderen, und damit in die eigene Sprache zu setzen. Aber ihr Gespür für die gewissermaßen körperliche Artikulation ihrer Probleme haben sie sich bewahrt – die Schwierigkeit besteht darin, wie man an diese Sensibilität herankommt.

Bei einem Neugeborenen ist dieser Zugang viel schneller zu finden, weil es nicht so viele Ebenen gibt – dennoch bestehen solche Ebenen, denn selbst ein drei Tage alter Säugling hat ja bereits eine Vergangenheit – die Erfahrung von fast neun Monaten. Wenn er ein Symptom zeigt, kann es sich also auch um die Nachwirkung eines Ereignisses handeln, das vor der Geburt eintrat, eine Krankheit des Fetus oder ein pränatales Schockerlebnis zu Beispiel. Aber das neugeborene Kind begreift besonders schnell, was ihm hilft, ins symbolische Leben einzutreten.

Ich habe diese Einsicht einem kleinen Jungen namens Gérard zu verdanken, der die ersten 48 Stunden seines Lebens im Brutkasten in der Känguruh-Abteilung verbrachte und dabei unablässig weinte. Dieses Weinen war so beunruhigend, daß eine leitende Ärztin, die meine Hilfe normalerweise kaum in Anspruch nimmt, Wert darauf legte, mich auf diesen Fall aufmerksam zu machen und ebenso darauf, daß es Mme Ruyckert, der Mutter des Kindes, offenbar sehr schlecht ging. Sie hatte auch Mme Ruyckert vorgeschlagen, mich hinzuzuziehen; und so traf ich, auf deren Wunsch, mit ihr und Gérard zusammen.

Während dieser Sitzung erzählte sie mir zunächst von ihrer Schwangerschaft. Sie war mit Zwillingen schwanger geworden, einem Mädchen und einem Jungen (eben Gérard) und hatte sich auf die Kinder gefreut. Das Ehepaar Ruyckert beschloß schon vor der Geburt, sich die Kinder »zu teilen«: Sie bekam das Mädchen, er den Jungen, und jeder durfte den Vornamen »seines« Kindes bestimmen. Seither sprach Mme Ruyckert von ihrer Tochter als »mein kleines Mädchen«, den Jungen nannte sie »der andere«. Bald darauf wurde jedoch bei dem Mädchen eine Verlangsamung des intrauterinen Wachstums festgestellt, die eine genauere Beobachtung erforderte. Mme Ruyckert hatte sich dadurch nicht weiter erschüttern lassen: Sie wollte nichts hören von etwaigen Risiken, sondern erklärte, wenn man sie nur ordentlich betreue, werde schon alles gutgehen. Ihre Reaktion bestand einfach darin, ihren Bauch häufig an der Stelle zu streicheln, wo sich das Mädchen befand, um es auf diese Weise zu trösten. Als sie schließlich in die Abteilung für Risikoschwangerschaften der Klinik aufgenommen werden mußte, stellte man fest, daß das kleine Mädchen nach siebeneinhalb Monaten *in utero* gestorben war. Die Ärzte nahmen eine Amniozentese vor, um Aufschluß über die Ursache zu bekommen: Das Fruchtwasser war trüb, so daß man von einer Infektion ausgehen mußte, die auch das Leben des anderen Kindes bedrohte. Da sie dieses Risiko nicht eingehen wollten, entschlossen sich die Ärzte, sofort einen Kaiserschnitt auszuführen. Auf diese Weise kam Gérard zur Welt, und sein Gewicht bei der Geburt war Grund genug, ihn in die Känguruh-Abteilung zu bringen und in den Brutkasten zu legen.

»Ich war untröstlich«, erzählte mir Mme Ruyckert, »das war meine Tochter, und nun war sie tot, unwiderruflich. Der andere weint auch, aber er kann ja nicht wissen, was das alles für mich bedeutet.«

Während der Sitzung brachte ich die Frau dazu, von der mütterlichen Verwandtschaft zu erzählen. Ich erfuhr, daß ihre Großmutter – Gérards Urgroßmutter – ebenfalls ein Zwillingskind gewesen war. Diese Frau war in jungen Jahren Witwe geworden, sie besaß wenig Einkommen und hatte vier Kinder großzuziehen, mit denen sie sehr streng verfuhr. Mme Ruyckert erzählte sogar davon, wie ihre Mutter mißhandelt worden sei. Für diese Ahnherrin zählten nur die männlichen Kinder: Die Jungen bekamen eine Ausbildung, die Mädchen hatten ihnen zu Diensten zu sein. Folglich mußte die Mutter von Mme Ruyckert, als sie noch sehr jung war, bereits eine Stelle als Hausmädchen antreten, um zum Einkommen der Familie beizutragen. Der Hausherr, der seine Frau verloren hatte, verführte sie, und sie wurde von ihm schwanger: Das Kind aus dieser Verbindung, das vom Vater anerkannt wurde, war die spätere Mme Ruyckert. Bald darauf wurde ein Sohn geboren, den die Eltern vergötterten – Mme Ruyckert spielte seither nur noch die zweite Geige. Der erste Abschnitt in ihrem Erwachsenenleben war also bestimmt vom Konflikt mit der Mutter und der Unstetigkeit von Zuneigung, bis zu dem Zeitpunkt, als sie M. Ruyckert kennenlernte und heiratete – abermals ein Mann »aus besseren Kreisen«. Bevor ich mich zu dieser Lebensgeschichte äußerte, die mir wie der Stoff zu einer Geschichte von Dickens vorkam, hielt ich es für dringend geboten, Gérard etwas genauer in Kenntnis zu setzen:

»Deine Schwester, die mit dir im Bauch deiner Mutter zusammen war, wirst du nie mehr wiedersehen, du kannst sie nur im Herzen bewahren. Sie ist nicht lebend zur Welt gekommen, du aber hast beschlossen, geboren zu werden und zu leben.«

Ich sprach mit dem Kind darüber, daß es um seine Schwester trauern müsse, denn manchmal führen gerade die Dinge, die man nicht erwähnt, weil man sie für selbstverständlich hält, zu folgenreichen Mißverständnissen. Es war denkbar, daß Gérard seine Schwester beweinte, aber daß er gar nicht mehr aufhören wollte, ließ sich nur so erklären, daß seine Trauer noch einen anderen Grund hatte, den es zu benennen galt.

Es gehört zur Natur des Menschen, daß er auf dem tiefsten Grund der Trauer unbedingt Ruhe finden muß. Man muß essen, man muß schlafen, »träumen vielleicht«, zum Beispiel von dem, der gestorben ist. Kurz: Man muß leben, um den Toten beweinen zu können und nicht in Melancholie zu versinken. Zweifellos gehört dies zu den eisernen Regeln im Schauspiel des Lebens: »The show must go on! Der König ist tot, es lebe der König!« Daß es Gérard so schwer fällt, das einzusehen, liegt daran, daß man ihm nicht gesagt hat, was geschehen ist.

Ich erinnere mich an ein Kind aus meiner Verwandtschaft, das bei der Beerdigung seines Großvaters keine Regung zeigte, um sich dann auf die Zehenspitzen zu stellen und der Mutter ins Ohr zu flüstern: »Das war aber traurig! Das nächste Mal kommt Großvater hoffentlich wieder zu uns nach Hause.« In der schmerzlichen Situation hatte man einfach nicht daran gedacht, ihm klarzumachen, daß der Tod endgültig ist. Wenn schon ein Kind in diesem Alter manche Selbstverständlichkeiten nicht mitbekommt, wie soll sich dann ein Neugeborenes zurechtfinden?

Bei Kindern, die nach einem Todesfall zur Welt gekommen sind, interveniere ich in der Behandlungspraxis, wo es nur geht, um ihnen die Situation deutlich zu machen. Mir erscheint das sogar als eine nicht unbedeutende Vorsorgemaßnahme, wenn es zum Tod *in utero* oder zur Entfernung eines Embryos gekommen ist, wenn in der Anamnese ein plötzlicher Kindstod erscheint oder gar ein freiwilliger oder medizinisch indizierter Schwangerschaftsabbruch, wenn es eine Fehlgeburt gab oder wenn um ein gestorbenes Kind nicht getrauert wurde. In den meisten Fällen reden die Eltern selbst darüber mit ihrem Kind. Doch manchmal unterlassen sie es – vielleicht, weil sie vor Schmerz verstummt sind, oder weil sie zuviel Rücksicht nehmen (»Ich wollte ihm keinen Kummer bereiten, deshalb habe ich ihm nichts erzählt«), vielleicht einfach nur aus Gedankenlosigkeit. Dann muß sich eine außenstehende Person einmischen, eine Hebamme oder ein Kinderarzt zum Beispiel, jemand, der die Familienverhältnisse kennt und sich diese Intervention zutraut. Aber dabei ist viel Fingerspitzengefühl nötig, denn man darf sich keinesfalls über die Vorstellungen der Eltern hinwegsetzen. Es gilt vielmehr, ihnen nahezubringen, wie wichtig es ist, dem Kind Erklärungen zu geben, manchmal kann man sich dabei auch auf ein Symptom beziehen, dem auf diese Weise beizukommen wäre – letztlich geht es darum, dem Kind aus einem Schweigen herauszuhelfen, das pathogene Wirkung haben könnte.

Doch zurück zu meinem Gespräch mit Mme Ruyckert. Ich sagte ihr, daß es mir so vorkomme, als habe sie ihre Tochter zwar einerseits bevorzugt, ihr andererseits aber auch die Pflicht übertragen, die Rache und Wiedergutmachung für jene beiden Frauen aus früheren Generationen zu übernehmen, die so verächtlich behandelt worden waren. Und ich erlaubte mir eine scherzhafte Bemerkung, die zugleich als Wunsch für die Zukunft formuliert war: Daß sie als erstes Kind einen Sohn bekommen habe, sei doch ein Glück gewesen, weil er die Tochter, die sie später vielleicht einmal haben würde, von dem Fluch befreit habe, der auf den erstgeborenen Töchtern der Familie zu lasten scheine. Dieser Deutung schien sie nicht abgeneigt, und sie beendete unser Gespräch mit einer Frage: Was sollte mit dem Körper des toten Fetus geschehen? Wäre das Kind lebend geboren worden und kurz darauf gestorben, hätte sie vermutlich daran gedacht, es beerdigen oder einäschern zu lassen – aber was nun? Sie hatte den Namen des Kindes ins Familienstammbuch eintragen lassen, doch sie wußte einfach nicht, wie sie mit seinem Körper verfahren sollte.

Einige Tage später hörte ich, wie sich die Dinge entwickelt hatten: Obwohl die Frage, wo das tote Kind seinen Platz finden sollte, ungelöst blieb, waren Gérard und seine Mutter nun ein Herz und eine Seele. Doch für mich blieben dabei einige Fragen offen. Im Innersten hegte ich die Vermutung, daß das andere Zwillingskind vielleicht gestorben war, weil es die ungeheure Last nicht tragen konnte, die ihm auferlegt war. Hatte sich das kleine Mädchen auf dem Altar der Familienneurose geopfert? War der Lebenswunsch des Fetus durch die Signifikanten aus der mütterlichen Vorgeschichte so sehr bestimmt, daß er sich nicht behaupten konnte, so sehr, daß dieses Kind nicht mehr wachsen und nicht geboren werden konnte?

Der Fetus kennt nur ein Ziel: zu leben. Aber was spielt sich bei jenen Feten ab, die diesen Grundsatz irgendwann aufgeben? Von alledem erzählte ich Mme Ruyckert nichts. Es hätte nur jene Schuldgefühle wieder geweckt, die durch unser Gespräch doch gerade beschwichtigt werden sollten – Gefühle, die sich im übrigen fast immer zeigen, wenn ein Kind *in utero* gestorben ist oder es zu einer Frühgeburt kommt. Dann klagen die Mütter: »Ich habe das Kind ja nicht einmal richtig austragen können!« Aber hinter diesem Schuldgefühl verbirgt sich eine Omnipotenzvorstellung der Mutter, die Idee, daß Leben und Tod des Kindes allein von ihren jeweiligen bewußten und unbewußten Haltungen abhängen. Indem man behauptet, daß der Fetus seinen eigenen Lebenswunsch besitzt, und indem man dies der Mutter vermittelt, gibt man ihr zumindest Gelegenheit, eine Vermittlung zwischen dieser Behauptung und ihrer Allmachtsidee zu finden und folglich auch trauern zu können.

Der Schritt von der Geburt zum symbolischen Leben muß getan werden, und er muß von Worten begleitet sein. Denn nach der Niederkunft kommt die Geburt des Subjekts. In diesem entscheidenden Moment zeigt sich der Baby Blues.

Den Augenblick, in dem das Neugeborene zum Subjekt wird, bestimmt es zum einen natürlich selbst, er hängt zum anderen aber auch davon ab, wann die Eltern ihm erlauben, es selbst zu sein. Bis zu diesem Moment bleibt die Situation für das Kind unentschieden: Die Geburt ist Realität und hat das Kind wachgerufen, doch sie ist gewissermaßen noch nicht zur Kenntnis genommen worden. Erfahrungsgemäß sind die meisten Kinder in dieser Phase recht still und friedlich, sie schlafen und erholen sich von ihren emotionalen Erfahrungen. Sie leben in einem Zwischenreich: »Ich bin nicht mehr im Mutterschoß, aber ich bin auch noch nicht ganz unter euch – dafür brauche ich noch etwas Zeit.« Sie sind also da, aber zugleich noch immer anderswo. Dann kommt der Baby Blues, es beginnt die Zeit des Stillens und des Weinens, der Veränderung der Laute des Kindes – erst durch die Nachwirkungen der Geburt erwacht das Kind zu einem neuem Leben.

Von der symbolischen Geburt zum Zeitpunkt des Baby Blues war ja bereits die Rede. Wir hatten festgestellt, daß die Existenz des imaginierten Kindes für das wirkliche Kind aus Fleisch und Blut nicht unbedingt eine Bedrohung bedeuten muß. Um jenes Kind muß nicht getrauert werden, sondern wenn die Mutter etwas betrauern muß, dann ist es das Ende von Fetus und Schwangerschaft, ihre »Ersetzung« durch eine neue Mutter-Kind-Beziehung. So muß man die Äußerungen von Müttern in den schlimmsten Augenblicken ihrer Depression verstehen: »Vorher drehte sich alles um mich, und jetzt geht es nur noch um das Baby.« Sie kommen sich wie Ausschuß vor, wie der Rest bei einer Teilung, die nicht aufgeht. Womit sie in diesem Moment konfrontiert werden, ist etwas, das ihnen völlig unbegreiflich ist: Das reale Kind wird symbolisch – und diese Differenz ist schwer zu überwinden.

Kein Platz für Anne

Für Anne hängt ihr ganzes Leben von der Frage ab, welchen Platz sie in der Abstammungslinie der Familie einnehmen soll. Und die Frage ist nicht nur für das Kind entscheidend, sondern ebenso für die Eltern, die dabei gleich mehrere Probleme zu lösen haben. Zum einen geht es darum, welchen Platz sie beide dem neugeborenen Kind zugestehen wollen. Die Mutter muß sich überdies fragen, welchen Platz sie selbst unter ihren Brüdern und Schwestern einnehmen konnte. Als letzte Verzweigung des Problems stellt sich schließlich die Frage, welche Stellung der Psychoanalytikerin zukommen soll, wodurch ihre Vermittlerrolle gerechtfertigt ist und worin ihr Nutzen besteht. Die Schilderung des Falles wird zeigen, daß es auf diese Fragen keine einfachen und einhelligen Antworten gibt. Denn der Schmerz, den die Geburt eines Kindes bedeutet, läßt nur ganz eigene Antworten zu.

Eines Morgens wurde ich zu Mme Rigaud gerufen, die mit mir sprechen wollte, weil sie ständig weinen mußte. Sie hatte Drillinge bekommen: Anne, die in die Spezialabteilung für Neugeborene verlegt wurde, weil sie bei der Geburt nur 600 Gramm wog, sowie Nathalie und Maxime, die gemeinsam mit der Mutter in der Känguruh-Abteilung versorgt wurden, weil sie ein wenig zu früh zur Welt gekommen waren. Die Mutter machte sich zurecht Sorgen um Annc, weil man sie an den Tropf gehängt hatte – zu der Zeit, als ich mit diesem Fall zu tun hatte, gab es noch keine Verfahren, den Neugeborenen in der Behandlung Schmerzen zu ersparen. Zwei Tage lang konnte die Mutter nicht aufhören zu weinen, obwohl sie Anne besuchen durfte und man ihr versicherte, daß die Aussichten für das Kind einstweilen gar nicht ungünstig seien.

Als ich das Zimmer betrat, waren Herr und Frau Rigaud anwesend; ebenso Nathalie und Maxime, die in ihren Brutkästen lagen. Mme Rigaud begrüßte mich mit den Worten: »In diesem Zimmer ist Platz für so viele, aber trotzdem hat jemand keinen Raum gefunden.«

Sie erzählte mir dann die Vorgeschichte dieser Drillingsgeburt – eine Geschichte mit vielen Wendungen. Sechs Jahre zuvor hatte das Ehepaar seine erste Tochter, Maud, bekommen; die Mutter war darauf in eine Post-partum-Depression verfallen, die sechs Monate andauerte. Danach konnte sie fünf Jahre lang keine Kinder bekommen. Die Sterilität wurde in der Béclère-Klinik behandelt, und am Ende der fünf Jahre führte eine künstliche Befruchtung zur Schwangerschaft. Als man den Eltern in der zweiten Woche mitteilte, daß es drei Embryonen gab, entstand bei ihnen der Eindruck, man dränge sie zu einer Embryonalreduktion, einem Eingriff, der dazu dient, einen Embryo *in situ* zu vernichten, um den anderen, in diesem Fall den verbleibenden Zwillingen, bessere Überlebenschancen zu bieten. Ein solcher Akt ist heikel und bereitet auch den Ärzten Unbehagen: Die Entscheidung, welcher Embryo entfernt wird, ist zwar nicht völlig willkürlich, aber sie bringt dennoch Gewissensprobleme mit sich. Aus den ethischen Erwägungen, die Professor Frydman und seine Mitarbeiter angestellt haben, seit man diese Technik kennt, ergaben sich zwei Grundsätze: Zum einen wird in der Béclère-Klinik der Eingriff grundsätzlich nur dann erwogen, wenn es sich um Mehrlingsschwangerschaften mit vier oder mehr Embryonen handelt, und zum anderen muß er den Eltern zwar vorgeschlagen, er darf ihnen aber keinesfalls aufgedrängt werden. Im Fall von Mme Rigaud, die ihre Erfahrung in einem anderen Krankenhaus machte, kam es in dieser Hinsicht zu einem Mißverständnis: Sie glaubte, die Embryonalreduktion sei ihr aus medizinischen Gründen verordnet worden. Daraufhin verfiel sie in Depression – die Eltern nahmen die Trauer um diesen Embryo vorweg. Als man ihnen, nach ausführlichen Diskussionen, versicherte, daß nichts ohne ihre Zustimmung geschehen könne, lehnten sie den Eingriff ab und beschlossen, der Drillingsschwangerschaft ihren Lauf zu lassen.

Nachdem ich dies gehört hatte, machte ich Mme Rigaud den Vorschlag, Anne auf der Intensivstation zu besuchen und ihr das ganze Durcheinander zu erklären, damit sie wenigstens von ihrer Mutter erfahren konnte, daß die Trauer und Depression am Beginn der Schwangerschaft nicht Ausdruck der Absicht der Eltern waren, eines ihrer Kinder loszuwerden. Anne sollte wissen, daß von ihr nicht die Rolle des Opfers erwartet wurde, das die Eltern niemals zu bringen bereit waren.

Und Anne sollte aus dem Mund ihrer Mutter hören, warum sie leiden mußte und behandelt wurde.

Als ich drei Tage später den nächsten Besuch machte, erfuhr ich, daß Anne, nur wenige Stunden, nachdem die Eltern mit ihr geredet hatten, von den Schläuchen befreit werden konnte und zwölf Stunden ohne die Hilfe der Apparate atmete. Mme Rigaud, deren Mann bei diesem Treffen nicht anwesend war, erzählte mir nun von der Depression, die sie nach der ersten Schwangerschaft erlebte. Damals machten ihr die Reaktionen der Familie ihres Mannes schwer zu schaffen: Zuvor hatte man sie vergöttert, und nun mußte sie erleben, daß sich plötzlich alles nur noch um das Kind Maud drehte und man in ihr nur noch die Mutter sah, die es austrug.

Sie berichtete auch, woran sie sich im Zusammenhang mit der eigenen Geburt erinnerte. Wie ihre Tochter Anne war sie das vierte Kind der Familie gewesen, und sie wußte noch, daß sie kein Wunschkind war – schlimmer noch: Sie hätte ein Junge werden sollen. Die Eltern hatten sogar schon einen Namen ausgesucht (»Paul«), und in ihrer Enttäuschung brauchten sie drei Tage, bis sie einen Namen für ihre Tochter fanden. Die Reaktion von Mme Rigaud auf diese Situation war eindeutig, und sie bestimmte ihr weiteres Leben für lange Zeit: Sie wurde zu einem jener braven Kinder, die alles tun, um nicht aufzufallen und um anerkannt zu werden! Als Erwachsene machte sie es sich zur Pflicht, sich immer wieder zu beweisen, ihre berufliche Karriere zeigte es deutlich genug. Dieser Erfolg war auch ihrer eigenen Familie gewidmet, für deren Unterhalt sie seither sorgte. Als sie ihre erste Tochter zur Welt brachte und sich mit den Reaktionen der Familie ihres Mannes auseinandersetzen mußte, die ja gewissermaßen von ihr verlangte, sich erneut völlig zurückzunehmen, wurde die Erinnerung daran wach, daß sie einen bestimmten Platz niemals einnehmen durfte. »Hier ist Platz für so viele, und trotzdem finden manche keinen Raum.« Glücklicherweise hatte sie die Rolle des braven Kindes schon teilweise aufgegeben, als sie Mutter wurde, so konnte sie sich nun nur noch die Augen ausweinen über die Geburt ihrer Tochter und die eigene Geburt. In diesem zweiten Gespräch gab ich Mme Rigaud den Rat, all das auch ihrer Tochter Anne zu erzählen, die ja ebenfalls bemüht schien, sich zurückzuziehen, um nicht aufzufallen. Ihr sollte klar gemacht werden, welcher Platz ihr zustand, wo sie hingehörte in der

Reihe ihrer Vorfahren und Geschwister. Als wir zum dritten Gespräch zusammentrafen, erzählte mir Mme Rigaud, daß es Anne viel besser gehe, daß ihr Gewicht inzwischen mehr als ein Kilo betrage und daß sie an der Mutterbrust trinke, auch, daß Nathalie und Maxime jetzt nicht mehr im Brutkasten liegen müßten. Und daß sie selbst die Freude am Leben wiedergefunden habe. Dafür traf es aber nun ihren Mann: Mme Rigaud zeigte sich unsicher und niedergeschlagen. Er schaffte es nicht mehr, zusammen mit seiner Frau Anne zu besuchen und mit ihr zu reden. Das ging so weit, daß seine Frau meinte, sie erzähle ihm besser gar nichts mehr, er führe sich ja auf, als sei er ihr fünftes Kind. Während ihre Mutter so über den Vater sprach, meldete sich Maxime deutlich zu Wort. Ich machte daraufhin den Vorschlag, doch den Vater hinzuzuziehen, doch die Mutter versicherte, er werde damit gewiß nicht einverstanden sein – schließlich habe er bereits sein Mißfallen darüber geäußert, daß ich mich eingemischt habe. Und überdies sei das auch ihre Schuld, weil sie es bewußt vermieden habe, ihn über unser erstes Zusammentreffen in Kenntnis zu setzen. Ich begriff nun, weshalb den Vater meine »Einmischung« gestört hatte, und schlug vor, ihm einen Brief zu schreiben. Die Mutter zeigte sich einverstanden. In diesem Brief erklärte ich Mme Rigaud, daß es mir niemals eingefallen wäre, in die Angelegenheiten der Familie einzugreifen, wenn ich nicht davon ausgegangen wäre, daß er informiert sei und seine Zustimmung gegeben habe. Fünf Tage später las der Vater diese Zeilen in Gegenwart seiner Frau, ohne sich dazu zu äußern – aber es ging ihm offensichtlich besser, und er war wieder bereit, sich zusammen mit ihr ans Krankenbett von Anne zu begeben.

Anne allerdings hatte die Sache noch nicht überstanden. Seit man versuchte, sie ohne die Hilfe der Apparate zu versorgen, bekam sie immer wieder Kehlkopfkrämpfe – solange die Schläuche angeschlossen waren, atmete sie ganz ruhig und brauchte eigentlich die Beatmung nicht. Anne zeigte sich unentschlossen. »Soll ich gehen, soll ich bleiben?«[7] Wie von ungefähr fiel mir der Kalender ein, und ich riet der Mutter, ihrem Kind folgendes zu sagen:

»Wir haben jetzt den Tag erreicht, an dem du eigentlich zur Welt kommen solltest. Wärest du nicht vorzeitig geboren worden, dann würdest du jetzt ohne die Hilfe einer Maschine atmen können. Ich weiß, du wünschst dir, daß ich dich wiege, daß ich dich streichle und stille, aber solange dieser Apparat angeschlossen ist, geht das nicht. Sobald es möglich ist, will ich es gerne tun. Ich gebe dir ein Wäschestück, das ich getragen habe – so hast du meinen Geruch immer um dich –, und ich werde oft vorbeikommen, um nach dir zu sehen, mit dir zu reden und dich zu unterstützen, bis wir wieder vereint sind.«

Meine Vorstellung war, daß für Anne vielleicht jener Schlauch die Bedeutung der Nabelschnur hatte, durch die sie mit der verlorenen Plazenta verbunden gewesen war, und daß er nun die Mutter ersetzte, die notgedrungen zu selten anwesend war. Ob ich damit recht hatte, war nicht herauszufinden, es blieb nicht genug Zeit. Mme Rigaud, Maxime und Nathalie verließen schon sehr bald die Klinik, einige Wochen darauf konnte Anne ohne den Schlauch auskommen und durfte ebenfalls nach Hause.

Viel später erfuhr ich, daß danach neue Probleme aufgetreten waren. Anne mußte wiederholt ins Krankenhaus, und am Ende ihres ersten Lebensjahrs hatte sie nicht mehr die Kraft, weiter zu kämpfen. Die Psychoanalyse vermag nicht alles. Ich wünsche mir, daß sie Anne das harte Leben etwas erträglicher machen konnte.

Vor allem wenn eine Depression hartnäckig anhält, stößt man oft auf Probleme, die mit den Großeltern der väterlichen oder der mütterlichen Seite zu tun haben. Es kommen dann die Umstände der Geburt der Mutter oder des Vaters wieder ins Spiel. Das Kind ist konkreter Ausdruck eines Schnittpunkts der Abstammungslinien (väterlicher- und mütterlicherseits) der Mutter (und übrigens auch des Vaters). In der Erinnerung an die Vorfahren des Kindes geht es also, unter der Oberfläche, um die Lebenden wie die Dahingeschiedenen, um das, was über sie gesagt, und das, was verschwiegen wird, darum, ob den Verstorbenen der Familie Ehre erwiesen wird oder nicht. Und diese Geschichte wird in der Gestalt des Kindes gegenwärtig: Es bestätigt die Befähigung einer Frau, im Rahmen ihrer Abstammungslinie selbst Mutter zu werden und zugleich in der Verbindung mit dem Vater eine neue Linie zu begründen. An ihr ist es nun, das Kind nicht nur als ihre »Leibesfrucht« zu verstehen, sondern ihm die symbolische Einschreibung in die Abstammungslinie zu gewähren. Der Baby Blues, so schwierig er sich auch gestalten mag, hat in diesem Augenblick die befreiende Wirkung, das Kind zum Eintritt ins Leben zu ermutigen.

Die Väter

Und die Väter? Auch bei manchen Vätern stellt sich ein Baby Blues ein; sie weinen zwar in dieser Situation nicht so viel, zeigen aber auf ihre Weise, daß es sie erwischt hat: plötzliche und unerklärliche Anfälle von Müdigkeit, vergessene Verabredungen, Fehler beim Autofahren und mehr oder minder schwere Unfälle auf dem Weg in die Klinik. Es ist viel gewitzelt worden über die Bräuche mancher afrikanischen Stämme, bei denen die Väter das Recht haben, sich nach der Niederkunft ihrer Frau ins Bett zu legen und eine Zeitlang gar nichts zu tun. In unseren postindustriellen Gesellschaften würde man auf solche Verhaltensweisen weniger nachsichtig reagieren. Aber da der Mensch nie um einen Ausweg verlegen ist, haben sich entsprechende Ersatzhandlungen auch bei uns herausgebildet.

Worum geht es? Bekommt der Vater den gleichen Baby Blues wie die Mutter? Nicht ganz – seine Lage ist kompliziert: Solange sich sein Kind im Mutterleib entwickelte, konnte er den Eindruck gewinnen, er habe mit der ganzen Sache nicht viel zu tun. Und dann ist da plötzlich dieses kleine Etwas, das alle Aufmerksamkeit fordert. Manche Väter fühlen sich bereits bei der Geburt ausgeschlossen, weil alles plötzlich »Frauensache« (oder eine Angelegenheit der Ärzte) wird, und danach nimmt man sie erst recht nicht zur Kenntnis … Der Vater mag sich zweifelnd an den Ausspruch erinnern: *mater certa, pater incertus!* Jedenfalls ist er zu diesem Zeitpunkt als Vater noch nicht recht anerkannt. Man erwartet natürlich von ihm, daß er den »glücklichen Vater« spielt, aber dies auch dem Kind zu vermitteln, hatte die Mutter noch keine rechte Gelegenheit. Er könnte sich etwas verstimmt zeigen. Oder vielleicht kommt er nicht rechtzeitig in der Entbindungsklinik an, um bei dem »freudigen Ereignis« anwesend zu sein. Er hat ein bißchen Ärger, wie man so sagt: eine schlimme Grippe, eine Autopanne… Aber man weiß ja nie, wo das hinführt: Von der Komik zur Tragik ist es oft nur ein kleiner Schritt, und man muß immer mit dem Schlimmsten rechnen.

Mir ist es einmal passiert, daß ich eine Wöchnerin, wie verabredet, in ihrem Zimmer aufsuchte, und dort im Bett den Ehemann vorfand, eingewickelt in Verbände von der Hüfte bis zu den Ohren, während seine Frau am Krankenlager saß und sich um ihn kümmerte. Es war mit

Sicherheit das erstaunlichste Bild, das sich mir je in einer Entbindungsstation geboten hat. Wie sich herausstellte, hatte sich der Mann am Tag der Geburt bei einem Sturz schwer verletzt, er mußte ins Krankenhaus gebracht werden, also war er mit dem Krankenwagen gekommen, um seine Frau und sein Kind zu besuchen.

Er war im übrigen nicht der einzige, für den diese Geburt eine harte Prüfung bedeutete. Die Mutter war im siebten Monat in die Abteilung für Risikoschwangerschaften eingeliefert worden, weil die Gefahr einer Frühgeburt bestand. Als ich mich mit ihr unterhielt, zeigte sich, daß dieser Krankenhausaufenthalt sie sehr nachdenklich gemacht hatte und sie offenbar zu dem Entschluß führte, eine Psychoanalyse zu beginnen. Ihr Baby Blues war im übrigen sehr heftig, und außerdem gab es das Problem, daß ihre Tochter auf die Känguruh-Abteilung verlegt worden war, weil sie Schwierigkeiten beim Atmen hatte. Eine endgültige Diagnose war noch nicht gestellt worden.

Bei unseren Unterredungen ging es vor allem darum, daß die Geburt dieses Kindes einen schweren Verstoß gegen Verbote bedeutete. Die Mutter hatte ihre Absicht, mit über vierzig noch ein Kind zur Welt zu bringen, gegen erbitterten Widerstand aus den Reihen der Familie durchsetzen müssen – insoweit konnte man diese Schwangerschaft für eine Art bewußter Übertretung halten. Doch sie sagte mir, erst während unseres Gesprächs sei ihr bewußt geworden, wie schwer diese Verbote auf den Schultern beider Eltern und erst recht des Kindes lasteten. Die Symptome ihrer Tochter begriff sie nun als Aufforderung an die Eltern, sich ihr zuzuwenden. Es komme ihr so vor, meinte sie, als fordere die Tochter die Eltern auf, die alten Familienstreitigkeiten beiseite zu lassen und, zusammen mit ihr, eine neue Kleinfamilie zu begründen.

Der Vater begriff, wovon seine Frau sprach, und er reagierte, als der Mann und Vater, zu dem er dank Mutter und Kind geworden war. Er nahm das Kind in den Arm und gab ihm das Fläschchen, ganz langsam und vorsichtig, und die Stille, die dabei die drei Hauptpersonen umgab, war von großen Gefühlen erfüllt. Fast möchte ich von vier Akteuren sprechen, so sehr rührte mich der Anblick dieses Vaters, der im Bett seiner Frau lag und zum ersten Mal dem gemeinsamen Kind das Fläschchen gab und dabei seinen Tränen freien Lauf ließ.

Das Problem mit den »kleinen Mißgeschicken« liegt darin, daß die

Väter auf diese Weise körperlich in die Kindlichkeit regredieren. Eine leichte Infektion, eine Grippe, eine Halsentzündung, ein Schnupfen, Verstauchungen und Knochenbrüche, wenn nicht gar Blinddarmentzündung oder Nierenkolik samt Einlieferung ins Krankenhaus – alles ist ihnen recht, um sich wieder zum Kind zu machen, um das man sich kümmern muß. Und das in einem Moment, in dem ihre Frau ihre ganze Aufmerksamkeit einem anderen, einem wirklichen Kind widmen muß. Der Prozeß der Ablösung bezieht sich bei ihnen auf das Bild der eigenen Mutter, der sie immer noch anhängen. Auch ihnen kann es geschehen, daß sie sich mit der eigenen Geburt auseinandersetzen müssen und mit dem Platz, der ihnen zugewiesen wurde.

Was die Geburt ihres Kindes betrifft, so muß man ihnen zugute halten, daß in unserer Gesellschaft recht wenig getan wird, um ihnen beizustehen. Schließlich befinden sie sich in einer Situation, die sie verunsichern kann: Man behandelt sie zwar als Erzeuger des Kindes, aber noch nicht so recht als Väter. Und es stehen ihnen bei uns auch kaum je die Brüder, die Vettern und andere Mitglieder einer Gemeinschaft bei, wie es in anderen Kulturen üblich ist. Vielleicht werden bei uns die Anzeichen des Leidens, die sich im Baby Blues von Vätern zeigen, einfach nicht ernst genug genommen.

Damit ein Kind geboren werden kann, braucht es eine Mutter, einen Vater und noch etwas anderes – dieses andere hat mit der Sprache und dem Bereich des Symbolischen zu tun, und es wird sich einstellen, sofern sich das Kind als ein Wesen begreifen kann, das seine eigenen Wünsche hat (von der körperlichen Reife und der sozialen Autonomie einmal abgesehen). Das Entscheidende bei dieser Geburt zum Selbst ist die Bindung an den anderen – namentlich an die Mutter, die wiederum für die Weitergabe des Namens und der Pflichten des Vaters an ihrer Seite einsteht. Diese Bindung wird in der Zeit nach der Geburt neu geknüpft, sobald die Mutter das Kind nicht mehr nur als ihre Leibesfrucht und die körperliche Fortsetzung ihrer selbst begreift. Im Baby Blues wird deutlich, daß diese Ablösung eine harte Prüfung für die Mutter bedeutet, die sie besser übersteht, wenn ihr klar ist, daß dieser Schritt für sie selbst, das Neugeborene und letztlich auch den Vater des Kindes heilsame Wirkung hat.

Die anonyme Geburt

Es gibt Neugeborene, die nicht einmal die merkwürdigen Probleme des Baby Blues mit ihrer Mutter teilen können. Diese Kinder kommen auf die Welt, ohne daß die Mutter ihre Identität preisgibt; nach der Geburt kommen sie ins Säuglingsheim, und dort bleiben sie, bis eine Familie sie adoptiert. Im Unterschied zum Baby Blues ist die anonyme Geburt zwar ein seltenes Phänomen – je nach Schätzung sind es in Frankreich zwischen 500 und 700 Fälle pro Jahr –; das in der »Zeit des Werdens« auftretende Bedürfnis nach Sprache ist für diese Babys jedoch ebenso charakteristisch.

Mit ein wenig Galgenhumor könnte man sagen, daß diese in der Anonymität geborenen Kinder das Glück haben, nicht mit den imaginären Erwartungen und Projektionen ihrer Erzeuger konfrontiert zu sein: »Mein Kind hätte ein Junge werden sollen, es ist aber nur ein Mädchen … Meine Tochter wird die gleiche Nase haben wie ich und die Kunstakademie besuchen wie ihre Mutter … usw.« Das kann ihnen eine Hilfe sein. F. Dolto behauptete sogar, mit den von ihren Müttern verlassenen Kindern befinde man sich von vorneherein in einer Analysesituation: »Von dem Augenblick an, wo wir in eine Beziehung mit einem Kind treten müssen, das seine leiblichen Eltern nicht mehr hat …, können wir ihm sagen, daß es ganz allein seine Eltern ist. Wenn es für sich ganz allein die Urszene repräsentieren muß, befindet es sich auf Grund dieser Tatsache in der Lage eines Subjekts … Wenn das Kind mit uns arbeiten möchte, wird es als Subjekt sehr viel weniger belastet sein als die anderen Kinder…«[8] Bei Neugeborenen kommt noch hinzu, daß die von Anfang an eingenommene Subjektposition häufig eindrucksvolle Wirkungen zeitigt und eine positive Entwicklung verspricht, allerdings nur unter der Bedingung, daß man ihnen ihre Geschichte erzählt. Denn auch wenn ihre Eltern sie nicht mehr unmittelbar beeinflussen können, so haben sie sie doch verinnerlicht (F. Dolto nannte sie die *inneren Eltern),* und ihr Verlust ist schmerzlich. Seit der Zeit, als ich an den Sprechstunden in der Rue Cujas teilnahm, habe ich zahlreiche von ihren Müttern verlassene Kinder gesehen, die sich in höchster Not befanden.

Ich habe bereits geschildert, wie ich zu dem Entschluß gelangt bin, in einer Entbindungsstation zu arbeiten – meine beiden Gründe waren das extreme Leid dieser Säuglinge und ihre außergewöhnliche Fähigkeit, es zu überwinden. Dank dieser verlassenen Kinder bin ich zu der Überzeugung gelangt, daß ein Psychoanalytiker den Neugeborenen zuhören und mit ihnen sprechen muß. Ihnen verdanke ich die Erkenntnis, daß einem Baby so sehr die Worte fehlen können, daß es daran stirbt. Heute sind sie mir Ansporn, von meinen Erfahrungen zu berichten.

Die Fragestellung lautete: Kann man dafür sorgen, daß diese Kinder schon sehr früh, bei der Geburt, von ihrem »Vorleben« (der Trennung) erzählt bekommen, auch wenn die Repräsentanten ihrer Geschichte (Vater, Mutter usw.) nicht mehr da sind, um ihnen davon zu berichten? Wenn es eine reizvolle Aufgabe war, in der Entbindungsstation mit den Neugeborenen zu sprechen, deren Leben unter großen Schwierigkeiten begann, dann vor allem wegen dieser Babys, die keinerlei Verbindung mehr zu ihren Eltern und ihren anderen Verwandten hatten. Da diese Kinder ihre kurze Lebensgeschichte nicht in den Rahmen der Geschichte ihrer Eltern und Großeltern stellen konnten, waren sie nicht in der Lage, ihrem künftigen Leben einen Sinn zu geben, so daß man zumindest versuchen mußte, präventiv tätig zu werden, um ihnen dabei zu helfen.

Von ihren Müttern verlassene Säuglinge gehören nicht gerade zum üblichen Tätigkeitsfeld eines Psychoanalytikers. Zunächst, weil sie glücklicherweise nur eine kleine Minderheit der neugeborenen Patienten darstellen, dann aber auch, weil sie ein dringendes Bedürfnis nach Sprache verspüren.

Ein Psychoanalytiker ist nicht an Notfälle gewöhnt; er mißtraut ihnen eher wie einer Falle, die ihn daran hindern könnte wahrzunehmen, daß das Unbewußte nicht an die Zeit gebunden ist. Bei den verlassenen Babys ist Hilfe aber dringend geboten. Zwar bedürfen sie auch einer besonderen Pflege – worum sich das Pflegepersonal heutzutage auf mehr oder weniger glückliche Weise bemüht –, darüber hinaus muß man sie jedoch regelrecht sprachlich in Empfang nehmen, damit sie sich entfalten können. Dabei gilt es, so rasch und so gut wie möglich zu handeln, um die Dinge beim Namen zu nennen und den Kindern ihre Menschwerdung zu ermöglichen; nur zu oft mußten wir mit ansehen, daß dieser Prozeß gefährdet war, wenn dieser Gesichtspunkt vernachlässigt und der Trennungsschmerz dadurch ins Unerträgliche gesteigert wurde.

Von X zu Ixette

Dem Menschenkind einen Namen geben, das kann man hier wörtlich nehmen. So begegnete ich zu Beginn meiner Tätigkeit in der Entbindungsstation einer Säuglingsschwester, die ein Baby wie üblich in einem Tuch um den Bauch trug, um für ständigen Körperkontakt zu sorgen. Sie geht auf mich zu und sagt: »Darf ich dir Ixette vorstellen?« Ich frage zurück: »Ixette? Heißt sie wirklich so?« Und sie erwidert: »Das heißt … Sie ist vor vier Tagen unter X geboren, und da sie keinen Vornamen hat, nennen wir sie einstweilen Ixette.«

Ich war entsetzt. Wie konnte man in einer so fortschrittlichen Entbindungsstation zulassen, daß ein Neugeborenes, das mutterseelenallein in einer Klinik lebt, Ixette genannt wird? »X-« steht für die Eintragung ins Register – wen erinnert das nicht an die Schrecken der Konzentrationslager? Und »-ette« steht für das Geschlecht, bedeutet also kaum mehr, als daß es sich um ein weibliches Wesen handelt. Welche Rückschlüsse ließen sich auf eine Gesellschaft ziehen, die einen solchen Akt symbolischer Gewalt duldete?

Nach diesem Vorfall habe ich mich erkundigt, wie es dazu kommen konnte, und dabei erfahren, daß die Mutter dem Mädchen keinen Vornamen hatte geben wollen. Wie in solchen Fällen üblich, hatte ihm die Hebamme einen Namen gegeben, und zwar Sandra. Daraufhin hatte das Standesamt angeordnet, dem Kind diesen Vornamen wieder zu entziehen, weil es die Auffassung vertrat, die Hebamme habe nicht das Recht, dem Kind einen Namen zu geben. Bis zur nächsten Entscheidung der Gemeinde gab man ihm daher den katastrophalen Vornamen Ixette. Im folgenden stellt sich heraus, daß dieser »legale« Verwaltungsakt nicht nur ein Akt der Gewalt war, sondern im Hinblick auf die damalige Gesetzeslage auch unrechtmäßig. Gegen diese Entscheidung legte der Staatsanwalt auf unsere Bitte hin ziemlich schnell Widerspruch ein, denn sie beruhte auf einer Verwechslung. Der »Irrtum« des Standesamts hatte gewiß seine Logik, doch war er deswegen nicht minder »verrückt«. Das Bürgermeisteramt war nämlich der Auffassung, ihm allein stehe das Recht zu, »Kindern Vornamen zu geben, deren Abstammung unbekannt ist«. Ein Kind, dessen Abstammung geheimgehalten wird, ist nun aber keines mit unbekannter Abstammung. Daher genügten ein paar Telefongespräche, um die Sache wieder in Ordnung zu bringen und Sandra ihren Vornamen zurückzugeben.

Danach sah ich zu, daß ich das Wenige in Erfahrung brachte, das über ihre Geschichte bekannt war, und bat die Säuglingspflegerin, dabei zu sein, wenn ich mit dem Baby sprach. Ich begann mit den Worten: »Du heißt Sandra«, und erzählte ihr dann ihr Vorleben. Während meines kurzen Berichts hat das kleine Mädchen mit einem Gesichtsausdruck reagiert, der mir seither unvergeßlich ist. Es öffnete und schloß den Mund, als würde es meine Worte verschlingen. Ich war von dieser »Reaktion« bewegt, und am Ende des Gesprächs sagte die Säuglingspflegerin zu mir: »Dankeschön in Sandras Namen!« Bei der Reaktion des Mädchens handelte es sich nicht um einen bloßen Saugreflex, sondern um die physische Einverleibung meiner Worte, und bei uns beiden Erwachsenen um die gleichermaßen körperliche Empfindung, Gehör zu finden. Unsere Empfindungen glichen denen von Schauspielern, die einen Text zum ersten Mal auf der Bühne sprechen und dank der Reaktion des Publikums erfahren, welch ungeahnte Wirkungen er hat.

Anfangs hegte ich den Verdacht, ich sei plötzlich sentimental geworden, was mir ansonsten fernliegt. Daß in der Folgezeit zahlreiche verlassene Neugeborene mit dem gleichen Gesichtsausdruck auf meine Ansprache reagierten, hat meine Befürchtung jedoch zerstreut. Glücklicherweise hat die Psychoanalyse Konzepte entwickelt wie das des Zusammenhangs zwischen der Einverleibung (Inkorporation) der oralen Phase und der Identifizierung und Begriffe wie den der symbolischen Nahrung. Damit läßt sich erfassen, daß das Subjekt denkt, sich Begriffe »zurechtbastelt« und daß diese Begriffe zunächst vom Körper gebildet werden. Im vorliegenden Fall ein halbkreisförmig geöffneter Mund bei dem kleinen Mädchen, das dem Leben, das es gerade meistert, zuzulächeln beginnt, und bei der Säuglingsschwester ein Erfassen der Situation des Kindes durch den ständigen Körperkontakt mit ihm.

Von einer Trennung zur nächsten

Über das Schicksal der anonym geborenen Kinder weiß ich nicht Bescheid, sehr wohl aber über ihre unmittelbare Zukunft, die vor der möglichen Adoption in einer Reihe von Trennungen und einem Zustand des Wartens besteht.

Zunächst natürlich die Trennung von der Mutter bei der Geburt, dann aber auch die Entlassung aus dem Krankenhaus und die Aufnahme ins Säuglingsheim, in eine provisorische Pflegefamilie oder bei einer Erzieherin; der nächste Bruch dann, wenn sie in die Familie kommen, die sie adoptiert. Jedes Mal wird das Kind von der gewohnten Umgebung abgeschnitten, und so reaktualisieren diese Trennungen die erste von der Mutter. Ausgangspunkt meiner Überlegungen war folgende Feststellung: Die Symptome einiger dieser Babys verwiesen auf die Bindungen, die sie mit den Personen eingegangen waren, die sich in ihren ersten Lebenstagen im Krankenhaus um sie gekümmert hatten. Da diese Bindungen ebensowenig einen symbolischen Ausdruck fanden wie die unvermeidliche Trennung, die sie zwangsläufig beendete, kam der Bruch im klinischen Symptom zum Vorschein. Daher muß man den Kindern die Begrenztheit dieser Bindungen zu verstehen geben, ihnen sagen, daß sie nur zeitweilig bestehen, daß die Säuglingsschwestern nicht ihre Mutter sind, sondern Personen, die dafür bezahlt werden, daß sie sich um sie kümmern. Man muß ihnen auch sagen, daß die Trennung von ihnen nicht das sich ständig wiederholende Ende einer Geschichte ist, sondern ein wichtiger Abschnitt und ein Aufbruch zu einer neuen Einrichtung, in der sich ihre Zukunft anbahnt – beispielsweise eine künftige Adoption, aber auch jede andere mögliche Zukunft, die sich aus einer sozialen Bindung entwickeln kann. Kurzum, man muß ihnen zu verstehen geben, daß ihr Leben nicht aus sich zwangsläufig ständig wiederholenden Trennungen besteht.

Jeder Abschied ist ein kleiner Tod, lautet ein Sprichwort. Für ein von seiner Mutter getrenntes Neugeborenes, das in Erwartung einer Adoption vom Krankenhaus in ein Säuglingsheim kommt, bedeutet der Abschied bisweilen, daß es kaum am Leben hängt und es wie unbeteiligt erträgt. In der ganzen Literatur zum Thema vorzeitige Trennung sind die verschiedensten Syndrome beschrieben. Zu ihrer Erklärung wurden verschiedene Theorien entwickelt, wobei die berühmteste nach wie vor die des Mangels an *Zuneigung* ist, die ich, wie bereits gesagt, nicht teile. Jenseits der Frage, für welche Option man sich entscheidet – und die Erfahrung zeigt, daß für diese Kinder eine im Säuglingsheim verbrachte Kindheit, ja sogar eine Adoption problematische Lösungen sind –, handelt es sich doch allesamt um Kinder, bei denen das, was sie bei der Geburt oder zuvor im Mutterleib verworren wahrgenommen haben, keinen symbolischen Ausdruck finden konnte und daher in den verschiedenen Syndromen zum Vorschein kam.

Die Gesetzeslage

Lassen wir nun die Adoption beiseite und wenden uns ihrer Hauptursache zu, der Kindsaussetzung, wie man sie früher nannte. In der heutigen Gesetzgebung kommt dieses Wort nicht mehr vor, weil es fast nur pejorativ verwendet wird. Daher gebrauchte man nacheinander die Begriffe anonyme Geburt und Geburt »unter X«, seit kurzem auch den der geheimgehaltenen Geburt.

In Artikel 27 des Familiengesetzes billigt der französische Staat jeder Frau das Recht zu, ein Kind zur Welt zu bringen, ohne die eigene Identität preiszugeben. In diesem Fall ist es jedermann von Gesetzes wegen verboten, öffentlich darauf Bezug zu nehmen, daß dieses Kind das jener Mutter ist. »Jedermann« bezieht sich dabei auf den Bürgermeister wie jeden anderen Repräsentanten der Gesellschaft, auf das Krankenhauspersonal, das bei der Geburt Hilfestellung leistet, und auf das Kind selbst. Spätestens drei Tage nach der Geburt muß das Kind seiner Mutter weggenommen und zum Zwecke der Adoption einer privaten oder öffentlichen Einrichtung anvertraut werden.

Über die geheimgehaltene Geburt wird eine Akte angelegt, die an die DDASS* geschickt wird und bestenfalls folgende Angaben enthält: ob die Mutter die Namensnennung des leiblichen Vaters zuläßt oder verbietet, die Umstände der Geburt und eventuell ein paar Worte der Mutter an ihr Kind. Hinzu kommt das Protokoll der Freigabe zur Adoption, das von der Fürsorgerin, nicht aber der Mutter unterschrieben ist. Wird das

* Direction départementale de l'action sanitaire et sociale: Bezirksleitung der Gesundheits- und Sozialfürsorge

Kind volljährig, kann es diese Akte einsehen und dadurch im Prinzip den Teil des Geheimnisses lüften, den seine Mutter ihm hinterlassen wollte. Wenn seine Adoptiveltern damit einverstanden sind, darf es diese Akte in deren Begleitung sogar schon im Alter von 13 Jahren einsehen.

Innerhalb einer Frist von zwei Monaten kann die Mutter ihre Entscheidung widerrufen, danach soll einer endgültigen Trennung erst einmal nichts mehr entgegenstehen. Soweit die Sachlage nach dem *Gesetz Nr. 96-604 vom 5. Juli 1996 zur Adoption,* ohne jeden weiteren Kommentar.

Dieses Gesetz unterstellt eine perfekte Zusammenarbeit zwischen den verschiedenen Partnern, die darüber zu entscheiden haben, also den Fürsorgerinnen, dem Krankenhauspersonal, den verschiedenen öffentlichen und privaten Einrichtungen, die mit der Adoption befaßt sind, und den zuständigen Behörden. Das ist nicht immer der Fall, doch sind die Beziehungen zwischen der ASE, dem Säuglingsheim von Antony und den Psychoanalytikern seit dem Modellprojekt von F. Dolto vor dreißig Jahren besonders gut. Damals empfing F. Dolto in der Rue Cujas die kranken Kinder in ihrer Sprechstunde und erzählte ihnen ihre Geschichte anhand ihres Symptoms und der Unterlagen, die sie in die Sitzung mitbrachten. Und sie entwickelte mit den Vertretern der ASE ein Verfahren, um die Kinder direkt über den Fortgang ihrer Akte auf dem laufenden zu halten. Deren Vertreter besuchten die Kinder regelmäßig, zuerst auf der Entbindungsstation, dann im Säuglingsheim von Antony, und schilderten ihnen den Stand ihrer Bemühungen: »wir suchen eine Familie für dich«, »wir haben eine gefunden«, »die Suche gestaltet sich nicht ganz einfach, weil du krank bist« etc. Dieses Verfahren wird heute noch praktiziert, es ist die Voraussetzung der sehr guten Zusammenarbeit zwischen dem Säuglingsheim und der DDASS bzw. der ASE. Dennoch tritt immer wieder das Problem der Dringlichkeit auf. Normalerweise kommen die Vertreter der ASE in die Klinik, sobald ihnen eine anonyme Geburt mitgeteilt wird, der Vorsatz, rasch zu intervenieren, ist jedoch zum Scheitern verurteilt, wenn Ferien sind oder eine der beteiligten Dienststellen nicht gut organisiert ist. Die zeitliche Verzögerung kann bis zu mehreren Wochen dauern, und in dieser Zeit spricht dann niemand mit den Babys. Daher muß unbedingt verhindert werden, daß die Kinder aufgrund einer solchen Desorganisation so lange ohne Hilfe bleiben; es müssen Mittel und Wege gefunden werden, damit sie sofort die nötige Ansprache haben. Um das zu gewährleisten, bedarf es gemeinsamer Überlegungen von mir als Psychoanalytikerin mit allen Beteiligten, dem Krankenhauspersonal wie den verschiedenen anderen Partnern.

Ein weiteres Problem tritt im Krankenhaus auf. Soll man es den Müttern untersagen, das Kind zu sehen, das zu verlassen sie sich entschieden haben, oder soll man es dulden? In der Béclère-Klinik verlegen wir das Kind aus Respekt vor der Entscheidung der Mutter sofort auf die Kinderstation. Wenn sie es wünscht, lassen wir sie gleichwohl ihr Kind besuchen, allerdings nur in Begleitung einer Fürsorgerin oder Hebamme, die dafür einsteht, daß es sich auch wirklich um die Mutter handelt. Es gibt keine Bestimmung, die das ausdrücklich verbietet. Das Personal der Kinderabteilung sieht sich auch nicht befugt, ihr zu untersagen, das Kind zu baden oder sich um es zu kümmern. Andererseits erklären wir ihr, daß sie ihr Kind nicht mehr zu sehen bekommt, sobald es das Krankenhaus verlassen hat. So interpretieren wir in diesem Fall die unklare Rechtslage.

Was einen bei der Arbeit auf der Entbindungsstation zuallererst frappiert, ist die Wirkung der anonymen Geburt auf das Pflegepersonal. Eine solche Entbindung ist von einer dramatischen Aura umgeben und ruft daher emotionsgeladene, unkontrollierte persönliche Reaktionen hervor, wenn man sich nicht gar als Staatsbürger oder Wähler angesprochen fühlt. Man ist entweder dafür oder dagegen, man freut sich oder ist betrübt, man möchte es verhindern oder etwas zum Gelingen beitragen. Unter diesen Umständen fällt es außerordentlich schwer, ein Minimum an Neutralität zu bewahren, obwohl gerade dies wünschenswert wäre, damit Mutter und Kind nicht mit moralischen oder ideologischen Anforderungen konfrontiert werden, die ihre Kräfte übersteigen. In der Entbindungsstation hat es zahlreiche Fauxpas gegeben, so daß man auch dort zu einer Art Protokoll übergehen, das heißt besondere Vorschriften erlassen mußte, um die unabsehbaren Wirkungen solcher Ausrutscher einzudämmen. Ihre peinlichen Reaktionen erschienen den Mitarbeitern, denen sie unterlaufen waren, im nachhinein als völlig unerklärlich und wesensfremd, sie sind aber wirklich passiert …

Eine begabte Kinderärztin, die ihren Beruf nicht nur mit dem nötigen Ernst ausübt, sondern auch feinfühlig mit den »Baby-Persönlichkeiten« umgehen kann, sollte eines Tages ein anonym geborenes Kind in die Kinderabteilung am anderen Ende des Krankenhauses bringen, wo es bis zur Verlegung ins Säuglingsheim bleiben sollte. Die Kinderärztin hatte es in diesem Fall mit einem Kind aus ihrem Heimatland zu tun und war ganz verstört über das unglückliche Schicksal, das ihm ihres Erachtens blühte. Auf dem Weg von der einen Station in die andere konnte sie sich merkwürdiger Gedanken nicht erwehren – sie selbst hat mir das hinterher gestanden. Sie beschloß spontan, das Baby mit nach Hause zu nehmen, um es mit ihren eigenen Kindern großzuziehen. Gegen alle Vernunft sagte sie in Gedanken zu dem Kind: »Armes Kleines, ich nehme dich mit nach Hause, ziehe dich mit meinen Kindern groß, damit du eine richtige Familie bekommst«, usw.

Dieser Gedanke hatte sie den ganzen Weg entlang beschäftigt, und sie war bereit, ihr Leben von einem Moment zum anderen von Grund auf zu verändern. Doch habe etwas an ihr selbst – war es der weiße Arztkittel? – sie noch zurückgehalten und sie bewogen, so schnell wie möglich in die Kinderstation zu laufen, um im Kreise ihrer Kollegen wieder zur Besinnung zu kommen. Was sie dann auch tat, glücklich, ihrer ersten Anwandlung nicht erlegen zu sein. Da die unwiderstehlichsten Regungen jedoch häufig auch die hartnäckigsten sind und man das Unbewußte nicht durch eine »Gewissenserforschung« zum Schweigen bringen kann, hinterließ sie eine Spur ihres ursprünglichen Wunsches. Entgegen dem grundlegenden ärztlichen Sicherheitskodex, den sie ansonsten immer einhält, vergaß sie, ihren Kollegen mitzuteilen, daß die Mutter des Kindes an Diabetes litt und man daher den Blutzucker des Babys kontrollieren mußte. Glücklicherweise wurde das Versäumnis erkannt und das Kind entsprechend versorgt.

Wie kommt es, daß die abgebrühtesten Profis so aus der Rolle fallen? Während sich die von ihrer Mutter verlassenen Babys im Krankenhaus befinden, leben sie in einem Niemandsland, in einer Art schwerelosem Zustand, in dem sie bei allen Beteiligten Phantasien potentieller Elternschaft auslösen. Jedermann kann sich berufen fühlen, diesen Kindern Vater oder Mutter zu sein, wobei dieses Gefühl nicht notwendig bewußt sein muß. Gleichwohl kann es vorkommen, daß man diesem imaginären Appell einen Augenblick lang erliegt. Dabei fallen die Reaktionen nicht zwangsläufig »großzügig« aus, noch häufiger ist eine negative und ablehnende, zumeist moralisierende Haltung.

Eines Tages weigert sich eine Mutter, die ihr Kind anonym auf die Welt gebracht hat, das Baby zu sehen. Ein Assistenzarzt aus dem Heimatland der Mutter, für den es eine unerträgliche Vorstellung war, daß eine Frau aus seiner Heimat ihr Kind verläßt, stürzt daraufhin in den Kreißsaal und legt ihr das Baby mit Gewalt in die Arme. Und er sagt auch noch zu ihr, es sei ein Prachtkerl von einem Kind, sie solle es sich nur anschauen und festhalten. Ein andermal hält ein Anästhesist eine junge Frau, die ihr Kind zur Adoption freigeben will, für zu ungebildet, als daß sie den Ablauf einer Entbindung unter Periduralanästhesie verstehen könnte, und glaubt daher, er brauche diese Art von Anästhesie bei ihr nicht anzuwenden. Soll sie möglicherweise dafür leiden, daß sie das Kind verläßt? In diesem Fall habe ich selbst die Hebamme darum gebeten, der jungen Frau die Spritze zu geben – die jede x-beliebige Frau in einem anderen Kontext bekommen hätte –, was sie dann auch tat.

Bei anderer Gelegenheit lehnt ein Standesbeamter den Vornamen Mohammed ab, den eine Mutter ihrem zur Adoption freigegebenen Sohn gegeben hatte, weil der Vorname zu typisch sei und »das arme Kind ohnehin schon genug Schwierigkeiten hat«. In einem weniger gravierenden Fall nannte eine Krankenschwester ein von seiner Mutter verlassenes Baby, um das sie sich kümmerte, ständig »mein armes Kleines«. Muß es dem »armen Kleinen« da nicht schwerfallen, später groß und glücklich zu werden?

Es ist schwer, solche unangemessenen Reaktionen ganz zu vermeiden oder zumindest den Frauen, die um eine anonyme Geburt nachsuchen, nicht Absichten zu unterstellen, die im Gegensatz zu ihren eigenen stehen. Auch um den Mitarbeitern einen Teil dieser Last zu nehmen, habe ich daher im Lauf der Zeit ein Verfahren für den Umgang mit der anonymen Geburt entwickelt.

Das Bedürfnis nach Sprache

Pierrettes Reise

Pierrettes Fall ist beispielhaft dafür, daß eine Mutter, die ihr Kind verläßt, damit die Absicht verbinden kann, den künftigen Adoptiveltern ein Geschenk zu machen (im Französischen kommt dies auch darin zum Ausdruck, daß das Wort für Kindsaussetzung *abandon* das Wort *don* ›Gabe‹ enthält). Dieser Fall hat mich sehr nachdenklich gestimmt und darin bestätigt, wie notwendig es ist, ein Verfahren zu entwickeln, wie man diesen Frauen in ihrer Notlage respektvoll begegnen kann.

Eines Tages kam die 13 Jahre alte und im achten Monat schwangere Pierrette in die Béclère-Klinik, um dort zu entbinden und ihre Situation darzulegen. Sie erschien in Begleitung ihrer Mutter. Auf Pierrettes Bitte hin empfing ich die beiden gemeinsam.

Sie schienen einander sehr verbunden, obwohl sie sich noch kaum kannten. Pierrette hatte ihre Eltern bis zum Alter von 3 Jahren nur ab und zu kurz gesehen, die zehn Jahre danach aber nicht mehr. Pierrettes Mutter stammt aus Schwarzafrika und war mit ihrem Mann zum Studium nach Frankreich gekommen, als ihre Tochter 3 Monate alt war, Pierrette hatte sie in ihrem Heimatland zurücklassen müssen und ihrer Schwester anvertraut. Drei Jahre nach der Geburt des Babys erhielt der Vater als Regimegegner Aufenthaltsverbot in seinem Land. Pierrettes Brüder und Schwestern hatten daraufhin in Frankreich Asyl gewährt bekommen, während sie selbst in Afrika in der Obhut ihrer Tante verblieb. Kurz vor unserer Unterredung war der Vater einem Herzstillstand erlegen. Dadurch hatte die Mutter endlich die Erlaubnis zur Familienzusammenführung erhalten, die ihr bis dato verweigert worden war. Der Trauer um ihren Vater verdankte Pierrette das Wiedersehen mit ihrer Familie. Sie kam also nach Frankreich.

Nun hatte man bei der zur Einwanderung erforderlichen ärztlichen Untersuchung festgestellt, daß Pierrette schwanger war. Sie sagte mir, sie habe damals nichts davon bemerkt. Im übrigen habe sie erst kurz zuvor ihre Regel bekommen und von Sexualität keine Ahnung. Der Bruder einer Freundin habe sie vergewaltigt. Jedenfalls wußte sie, daß sie schwanger war, als sie in Frankreich ankam und ihre Mutter wiedersah. Als diese von der Schwangerschaft erfuhr, beschloß sie, mit ihrer Tochter die Béclère-Klinik aufzusuchen. Angesichts dieser Situation erklärte ich ihnen die Problemlage und die verschiedenen Lösungsmöglichkeiten: die einfache Adoption, das Säuglingsheim, die Pflegefamilie, die Möglichkeit, das Kind von der Großmutter großziehen zu lassen, die anonyme Geburt etc. Und ich bat sie, darüber nachzudenken und einen zweiten Termin zu vereinbaren, was sie dann auch taten.

Bei der zweiten Unterredung waren sie sich über ihre Antwort im klaren, beide sagten einstimmig: »Wir verschenken es!«

Ein hübsches Geschenk, und noch dazu besonders wertvoll, weil der Spender anonym bleibt. Danach nannten beide ihre Gründe. Pierrettes Mutter erklärte, sie habe das Pro und Contra gegeneinander abgewogen: »Ich hätte mich gern selbst um das Kind gekümmert. Wenn mein Mann noch am Leben wäre, wäre das sicher möglich gewesen. Doch geht mir sein Tod noch zu nahe, die Wunde ist noch zu frisch, als daß ich mich in der Lage sähe, dieses Kind großzuziehen.«

Pierrettes Antwort fiel lakonischer aus:

»Ich bin 13 Jahre alt und kann nicht Mutter sein. Ich möchte in die Schule gehen.«

Sie entschieden sich dafür, das Kind dem Jugendamt anzuvertrauen. Beide, Mutter und Großmutter, besprachen die Zukunft des Kindes. Die Mutter wollte es nicht sehen, versprach aber, für es zu beten. Die Großmutter wollte ihm unbedingt etwas hinterlassen; in Übereinstimmung mit ihrer Tochter schlug sie vor, bei der Geburt zugegen zu sein, ihm Vornamen und eine Medaille zu geben. Nur selten enthält die Akte einer anonymen Geburt so präzise Angaben wie in diesem Fall. Nach der Geburt haben die Großmutter und ich mit dem Kind gesprochen. Pierrette hatte uns gebeten, ihm alles zu sagen außer der Vergewaltigung und ihrer eigenen Identität. Das Kind war ein reizendes Mädchen. Unter Tränen hielt die Großmutter es den ganzen Besuch über in den Armen. Gemeinsam haben wir ihm von seinem Vater erzählt, daß er nichts von seiner Geburt weiß, daß es kein Kind der Liebe ist, seine Mutter dafür hoffe, daß es in einer anderen Familie Liebe finde. Die Großmutter fügte dem noch alle rührenden Wünsche hinzu, deren sie in ihrer Großherzigkeit fähig war. Danach kam das Kind auf die Kinderstation und dann ins Säuglingsheim.

Wie man sieht, habe ich mich absichtlich jeden Ratschlags und jeder Beurteilung enthalten. Beides ist völlig unangebracht bei den Gesprächen mit Frauen, die ihr Kind anonym auf die Welt bringen möchten. Dabei fälle ich nie ein Urteil oder ermutige zu einer bestimmten Lösung. Ich beschränke mich strikt auf Hinweise zum weiteren Verfahren:

»Nichts wird ohne Sie entschieden. Wir, die Fürsorgerin und ich, sind nur dazu da, um Sie über die Möglichkeiten aufzuklären, die das Gesetz Ihnen zubilligt, und über die Bedeutung, die Ihre Mitarbeit für das Kind hat. Ich bin nur da, um Ihre Wünsche entgegenzunehmen und ihnen Gesetzeskraft zu verleihen. Die Entscheidung müssen Sie selbst treffen.«

Die bewegende Entwicklung der beiden Frauen im Lauf der zwei Gespräche ist hoffentlich ein beredtes Plädoyer für eine solch aktive Neutralität. Gewiß ist Pierrette selbst noch ein Kind und will daher relativ unbekümmert ihr Baby loswerden. Gewiß wiederholt sie damit vielleicht das Moment ihrer eigenen Geschichte, als sie im Alter von drei Monaten von ihrer Mutter verlassen wurde. Gewiß wird mit der Vorstellung eines Geschenks auch die Erinnerung an etwas getilgt, das sie nie wirklich ungeschehen machen kann, obwohl sie sich weigert, es zuzugeben. Doch ist dieses Geschenk insofern wirklich ein Akt des Gebens – und nicht nur des Weggebens –, als Pierrette und ihre Mutter diesen Schritt ausführlich besprochen haben.

Zur Betreuung von Mutter und Kind

Um Menschen in höchster Not eine Entwicklung zu ermöglichen, mußte eine für alle verbindliche Verfahrensweise gefunden werden, mit der man sowohl den Müttern mit dem nötigen Respekt vor ihrem Schmerz zuhören, sie unterstützen und in ihrer Notlage begleiten als auch mit den Kindern sprechen kann.

Als ich auf die Entbindungsstation kam, wurden Mütter, die ihr Kind anonym auf die Welt bringen wollten, üblicherweise von einer der beiden Fürsorgerinnen in Empfang genommen. Wir haben mit ihnen eine Arbeitsgruppe zu diesem Thema gebildet. Die Idee bestand darin, sich untereinander auszutauschen und sowohl mit den Leuten von der Entbindungsstation als auch mit den Verantwortlichen des Säuglingsheims von Antony zusammenzuarbeiten, das die Mehrzahl der der ASE anvertrauten Babys aufnimmt. Zu den Treffen der Arbeitsgruppe kamen die Mitarbeiter der Entbindungs- wie der Kinderstation, die sich betroffen fühlten, Ärzte, Hebammen, Säuglingspflegerinnen etc. Von außerhalb der Klinik erschienen außerdem Vertreter des Kinderheims von Antony, höhere Beamte der ASE und der für die Adoption zuständigen Abteilungen sowie einige Mitarbeiter dieser Stellen auf Distriktebene; Simone Chalon, die Leiterin der Famille Adoptive Française (des privaten Hilfswerks, an das sich vor allem die Mütter wenden, die nicht zur ASE wollen) und ihre Mitarbeiterinnen; die Leute von Moïse (einem Verein, der schwangere Frauen betreut, die in Schwierigkeiten sind und ihre Kinder weggeben wollen) und von Illithye (einem Verein, der Wohnungen verwaltet, in denen schwangere Frauen, die eine anonyme Geburt anstreben, während der Schwangerschaft wohnen und Unterstützung finden können). Bei diesen alle zwei Monate stattfindenden Treffen fand ein reger Gedankenaustausch statt, es wurde leidenschaftlich diskutiert. Kein Thema war tabu, vom Vornamen bis zu den geltenden Gesetzen. Man debattierte, was man machen kann, was nicht, was zweideutig bleibt, wo Rechtsunsicherheit herrscht und vieles andere mehr. An einem bestimmten Punkt drehte sich die Diskussion um die Notwendigkeit, mit den Neugeborenen zu sprechen, und zwar unverzüglich, sowie um die Mittel und Wege, dieses Ziel realisierbar zu machen. Obwohl alle willens waren, zum Wohl des Kindes zusammenzuarbeiten – wie auch immer sie es im einzelnen interpretierten –, wandten sich einige gegen meine Praxis mit der Begründung, der Conseil de famille (Familienrat beim Vormundschaftsgericht) als gesetzlicher Vormund habe darüber zu befinden, was man dem Kind um »seines Wohles« willen sagen soll, und nicht einer der unmittelbar Beteiligten. Ich habe mich über diesen Einwand hinweggesetzt, war mir doch klar, daß das Kind in der Zwischenzeit – und bis der Rat zusammentritt, kann es lange dauern – im Unklaren gelassen wird.

Was die Dringlichkeit anbelangt, so hatte ich die Mitarbeiter der Klinik davon verständigt, daß sie mich bei einer anonymen Geburt auch am Wochenende anrufen können. Ich würde dann kommen, um mit dem Baby zu sprechen. Es ging darum, so früh wie möglich zu intervenieren, weil die Gefahr eines totalen Bruchs droht. In einem solchen Fall ist das Kind bei der Geburt nämlich vollständig von seinen vorgeburtlichen Wahrnehmungen abgeschnitten; man muß da sein, um darüber zu sprechen, um ihnen einen Sinn zu geben, um eine Brücke zu bauen zwischen der intrauterinen Vergangenheit des Kindes, seiner Gegenwart und Zukunft.

Dabei handelt sich um eine Art Erster Hilfe oder genauer, um eine »präventive« Maßnahme. Sie zielt eher darauf ab, dem Schaden vorzubeugen, als ihn wiedergutzumachen, was im psychischen Bereich ohnehin unsinnig wäre, da die Wiedergutmachung darin bestünde, daß ein Psychoanalytiker die Position des Analytikers verläßt und zur Tat schreitet. Aber es handelt sich um einen Notfall. Gewiß muß man bisweilen mit einem Neugeborenen sprechen, wenn es krank ist, wenn es sich selbst töten oder sterben lassen will oder wenn es wieder in den Mutterleib zurück will. In solchen Fällen bringt das Symptom das dringende Bedürfnis nach Sprache zum Ausdruck.

Bei dem von seiner Mutter verlassenen Neugeborenen ist das Symptom jedoch sozialer Natur; es gilt, rasch zu handeln, weil man weiß, daß dem so ist. Wenn man nichts tut, besteht das Risiko »echter«, in diesem Fall klinischer Symptome.

Die Zusicherung, daß die Sache unmittelbar ernst genommen wird, wirkt im übrigen nicht nur beruhigend auf die Kinder und ihre Mütter, sondern auch auf andere Beteiligte, zunächst auf das Personal der Klinik. Wenn mir meine Kollegen von ihren Erfahrungen in anderen Krankenhäusern berichten, wo man weder weiß, wohin mit den Kindern, noch wer sich um sie kümmern soll, dann ist die Situation bei uns wirklich besser. Hier weiß man, was man tun kann und was nicht. Es gibt unter den Mitarbeitern weder Unsicherheit noch Unbehagen mehr angesichts der bloßen Vorstellung, sich um eine Mutter kümmern zu müssen, die ihr Baby anonym zur Welt bringen will, denn man weiß, daß dies ein Notfall ist und man sich dafür an die Psychoanalytikerin wenden muß. Das bedeutet auch weniger Streß für die anderen Mitarbeiter, so daß sie effizienter arbeiten können. Dies gilt für beide Abteilungen, die Entbindungs- wie die Kinderstation, in denen ich in solchen Fällen mit Einwilligung der beiden Stationschefs interveniere.

Wenn ich mit den Babys über ihr Leben spreche, versäume ich es auch nicht, ihnen zu sagen, wer sich warum um sie kümmert:

»Frau Y kümmert sich um dich, sie ist da, um dich zu trösten, wenn du traurig bist, um dich zu füttern, usw. Dafür ist sie da, das ist ihr Beruf. Eines Tages wirst du dich von ihr trennen müssen, doch wird es immer jemanden geben wie sie, der sich um dich kümmert, bis man eine Familie gefunden hat, die dich adoptiert«, usw.

Für die Säuglingsschwestern haben diese einfachen und eindeutigen Erklärungen den Vorteil, daß sie die Lage entdramatisieren. Dadurch, daß man sie von vorneherein für ersetzbar erklärt, begeben sie sich erst gar nicht in die Rolle der Ersatz»mutter« mit der ganzen affektiven Belastung, die das mit sich bringt. Außerdem spreche ich mit ihnen auch über das, was ich mache und warum. Ich entlaste sie von dem, was nicht zu ihrem Tätigkeitsbereich gehört, damit sie mir helfen, meine Funktion zu erfüllen – beides zum Nutzen des Neugeborenen. Durch diese gemeinsamen Überlegungen läßt sich vermeiden, daß die verschiedenen Teams in ungute Situationen geraten.

Als es diese besondere Verfahrensweise noch nicht gab, verlegte man die »unter X« geborenen Kinder in die »Känguruh-Abteilung«, die Mutter-Kind-Abteilung, mit dem Argument, dies sei der einzige Ort, an dem man Zeit habe, sie zu verwöhnen. Dort wurden sie denn auch mehr als gehätschelt, die Mitarbeiter überboten einander bei diesen Babys noch mehr als sonst in kleinen Aufmerksamkeiten. Man schenkte ihnen Kleidung mit jeder Menge Bändern und Schleifen, man ließ sie in bestickten Gewändern auf besonders modischen Kinderstühlchen mit viel Plüsch thronen; jeder blieb stehen, um mit ihnen zu sprechen und sie zu liebkosen; sie waren ganz einfach »ihre« Babys. Das Unbehagen wurde dadurch aber nicht geringer. Um es zu beseitigen, mußte noch einmal überlegt werden, worin das Charakteristikum der »Känguruh-Abteilung« besteht. Sie ist eine *Mutter-Kind*-Abteilung, und damit stellte sich die Frage: Was haben von ihren Müttern verlassene Neugeborene eigentlich in einer Abteilung zu suchen, die eigens dazu eingerichtet ist, die Bindung zwischen Mutter und Kind zu verstärken? So wurde einfach der Beschluß gefällt, die anonym geborenen Kinder in die Neonatologie zu verlegen, wenn sie intensive Pflege brauchen, und auf die Kinderstation, wenn dies nicht der Fall ist.

Im Abschnitt über Pierrette habe ich bereits gesagt, daß Schwangere, die ihr Baby anonym zur Welt bringen wollen, zu mir in die Sprechstunde müssen. Das war nicht immer so, und auch hier war ein neues Verfahren die Lösung. Bis zu diesem Zeitpunkt bekam ich die Frauen, die ihre Babys weggeben wollten, trotz meines gegenteiligen Wunsches, während der Schwangerschaft kaum je zu Gesicht, da ich die Fürsorgerinnen, die sie empfingen, gebeten hatte, ihnen zu sagen, daß es in ihrem Ermessen liege, mich zu konsultieren. Die Mütter lehnten es häufig ab, mich zu treffen; schließlich wurde mir klar, daß die Gründe für diese Ablehnung in neun von zehn Fällen auf einem Mißverständnis beruhten. Offenbar dachten sie, ich würde sie zur Rechenschaft ziehen! Als sich die beiden Fürsorgerinnen, mit denen ich das erlebt hatte, ein neues Betätigungsfeld suchten, habe ich das Verfahren mit ihren Nachfolgerinnen weiter praktiziert.

Zur selben Zeit wurde ich zu einem Vortrag über die anonyme Geburt[9] bei einem Kolloquium der Ärzte von der Protection Maternelle et Infantile (PMI) eingeladen. Unter den Hörern befand sich die Psychologin Sophie Marinopoulos, die einen Verband von Erwachsenen leitet, die in ihrer Kindheit von ihren Eltern verlassen wurden. Gemeinsam mit ihrer Kollegin, der Fürsorgerin Sylvie Babin, hatte sie in der Entbindungsstation einer Klinik in Nantes eine Sprechstunde für Mütter in Schwierigkeiten eingerichtet. Besondere Aufmerksamkeit schenkte man dort den Müttern, die ihr Kind anonym zur Welt bringen wollen. Sie wurden während der Schwangerschaft betreut, erhielten Gelegenheit, den Plan in sich reifen zu lassen, und man half ihnen sowohl bei der Geburt als auch bei der Auswahl der Informationen, die sie dem Kind hinterlassen wollen.

Da Frau Marinopoulos keine psychoanalytische Ausbildung hat, stellte sie sich erst gar nicht die Frage, ob sie ohne ein Ersuchen von seiten der Frauen berechtigt sei, sie anzuhören. Jede Frau muß zu ihr in die Sprechstunde, es ist keine Ermessensfrage. Ich möchte ihren Beitrag hier ausdrücklich würdigen, denn ihr verdanke ich die Einsicht, worum es dabei geht. Ihr Vorbild hat mich dazu ermutigt, die Sprechstunde bei mir für obligatorisch zu erklären, wobei ich mir darüber im klaren bin, daß ich in dieser Notsituation streng genommen nicht als Psychoanalytikerin handle, sondern als Spezialistin mit psychoanalytischer Ausbildung im Rahmen einer Anfrage, die an die Klinik gerichtet ist – und nicht an mich als Psychoanalytikerin. Wenn sich heute eine Frau wegen einer anonymen Geburt an die Entbindungsstation wendet, erhält sie die Antwort: »Wenn Sie in der Béclère-Klinik ihr Kind anonym zur Welt bringen wollen, müssen Sie zuerst zur Fürsorgerin und dann zu Dr. Szejer.« Im Gegensatz zur Praxis in Nantes, wo die Psychologin und die Fürsorgerin gemeinsam die Sprechstunde abhalten, bin ich mit den Müttern allein, die Fürsorgerinnen sprechen getrennt mit ihnen. Aus unserem Gedankenaustausch haben Sophie Marinopoulos und Sylvie Babin ihrerseits die Idee übernommen, daß es notwendig ist, mit dem Kind zu sprechen, und dies in der Folgezeit systematisch in die Tat umgesetzt. Insgesamt ist das neuartige Aufnahmeverfahren also das Ergebnis unserer Zusammenarbeit.

Dieses Gespräch bietet die Gelegenheit zuzuhören und das Vorhaben zu begleiten. Es findet unter noch strengerer Geheimhaltung statt, als es die ärztliche Schweigepflicht gebietet, das heißt, ich notiere den Inhalt des Gesprächs nicht im Krankenblatt, sondern nur die Entscheidungen der Patientin in bezug auf die rechtlichen Optionen. Mein Ziel ist zu klären, was dem Kind zu übermitteln ist, vor allem wenn die Mutter es nicht sehen will; schließlich bin ich es dann, die mit dem Kind sprechen wird. Diese Informationen möchte ich gewissermaßen aus maßgeblicher Quelle erhalten. Dabei gibt es häufig Riesenüberraschungen. Selbst wenn ich einmal ein Vorurteil gegen den Entschluß einer Frau zur anonymen Geburt hegte, weil ich ihn für leichtfertig hielt, gab es bisher noch keinen Fall, in dem ich im Lauf des Gesprächs nicht vom Gegenteil überzeugt worden wäre. Die Offenheit der Frauen und ihre unwiderlegbaren Gründe für ihr Ersuchen, die ihnen häufig erst im Lauf des Gesprächs so richtig klar werden, machen jedes Vorurteil zunichte.

Dabei bin nicht die einzige, die sich wundert, und auch nicht die einzige, die ihre Meinung ändert. Auch die junge Frau, von der ich im folgenden berichte, kam aus dem Staunen nicht heraus. Sie hatte mir im Lauf eines Gesprächs mitgeteilt, daß sie ihr Kind anonym auf die Welt bringen wolle. Sie wolle das Kind unter gar keinen Umständen haben, ihr Freund und sie lebten zwar zusammen und hätten das Kind gemacht, ihr Freund sei aber nicht liebevoll genug, und sie habe mit ihm Schluß gemacht. Er wisse nicht, daß sie schwanger sei. Sie wolle auch nicht, daß ihre Familie etwas davon erfährt. Das Kind sei in einer echten

Familie besser aufgehoben als bei ihr, die als Arbeitslose »schön im Schlamassel« sitze. Als ich das hörte, sagte ich spontan zu ihr:

»Aber letzten Endes habt ihr es doch gewollt, das Baby.«

Mit dieser dahingesagten Bemerkung wollte ich eigentlich nur nachfragen, ob ich richtig gehört hatte, daß sie das Kind ganz bewußt empfangen hatte (sie hatten keinerlei Verhütungsmittel verwendet). Als ich ihre weit aufgerissenen Augen sah und ihre Zustimmung darin las – als hätte ich genau das gesagt, was sie dachte –, wußte ich, daß meine Aussage eine Interpretation war, die Enthüllung ihres unbewußten Wunsches.

Und als solche hat sie ihren Zweck erfüllt, bei der nächsten Sprechstunde hatte sich die junge Frau dafür entschieden, das Kind zu behalten. Zur zweiten Unterredung kam sie in Begleitung einer ihrer Freundinnen und Vertrauten, mit der sie unser erstes Gespräch noch einmal durchgegangen war. Sie war wie verwandelt, strahlte übers ganze Gesicht mit ihrem Bauch und sagte, sie lebe wie im Märchen. Sie hatte wieder Kontakt zu ihrem Freund aufgenommen, nachdem sie sich darüber klar geworden war, daß sie nicht verpflichtet ist, ihr Leben mit ihm zu verbringen, nur um dem Kind einen Vater zu geben. Soweit sie ihn verstanden hatte, war er nicht gerade begeistert über das Baby. Wir waren beide der Meinung, daß das Baby ihn vielleicht doch noch umstimmen wird, wenn es erst einmal da ist; wenn nicht, wäre er stark genug, sich in seine Rolle zu fügen, da man ihn ja davon in Kenntnis gesetzt hat. Beide würden sie sicher von ihren Familien unterstützt, vor Freude über die Ankunft des neuen Erdenbürgers hatten sie es versprochen.

Nebenbei bemerkt, lassen sich mit dem Bericht von diesem Gespräch einige vorgefaßte Meinungen revidieren. Die erste lautet, die anonyme Geburt diene einigen Müttern nur als zweitbeste Notlösung nach der verpaßten Abtreibung. Ich habe nicht den Eindruck, daß sich die Sache in Wirklichkeit so abspielt, zumindest habe ich noch keinen Fall erlebt, in dem das so gewesen wäre. Diese junge Frau hätte unter keinen Umständen abgetrieben, sie sah sich vielmehr außerstande, für den Lebensunterhalt des Kindes aufzukommen. Das zweite Vorurteil lautet, den Antragstellerinnen die Modalitäten der Adoption zu erklären, sei gleichbedeutend mit einer Ermutigung zur anonymen Geburt. Das obige Beispiel beweist das Gegenteil.

Ein solches Gespräch wird auch zum Zwecke der Information geführt. Gemeinsam mit den Müttern legen wir peinlich genau eine Akte an. Ich sage ihnen immer wieder, welche Rechte das Gesetz ihnen zubilligt, ich frage sie, was sie dem Kind hinterlassen wollen und auf welchem Wege. Soll es ein Brief sein, sollen es Gegenstände sein oder direkt an das Kind gerichtete Worte? Wir besprechen gemeinsam, was gesagt und was verschwiegen werden soll – soll der Name des Vaters erwähnt werden oder nicht? –, alles nach ihren Wünschen. In einigen Kliniken und Säuglingsheimen wird neben der Akte eine Art Tagebuch mit Fotos geführt, in dem das Pflegepersonal die ersten Tage des Babys für es nacherzählt. Sophie Marinopoulos und Sylvie Babin haben für die Tagebücher der Klinik in Nantes sogar schon einen Preis gewonnen, mit dessen Hilfe wunderschöne, gebundene Alben entstanden. Auch in der Kinderabteilung der Béclère-Klinik führt man so ein Tagebuch mit einfachen Sätzen, die vor allem das Kind betreffen: »Heute hast du gut getrunken, … gestern hast du den ganzen Tag geweint, … die Psychoanalytikerin hat dich besucht und dir deine Geschichte erzählt, seither schläfst du viel besser.« Die Alben sind für diese Kinder genauso wertvoll wie die Fotoalben, die andere Kinder von ihren Müttern liebevoll angelegt bekommen. Die Adoptivkinder hüten sie »wie ihren Augapfel«; da sie keine Mutter haben, die ihnen von den ersten Augenblicken ihres Lebens erzählen könnte, ist dieses Album ihr einziger Zeuge.

Die Mütter unterstützen ist die eine, mit den Babvs sprechen die andere, mindestens ebenso entscheidende Sache. Das Kind hat eine Trennung durchgemacht, die für es selbst noch keinen Sinn hat und die für die anderen tabu ist. Es braucht daher jemanden, der ihm auf die eine oder andere Weise davon spricht: seine Mutter, einen Psychoanalytiker, wenn es denn auf einen trifft, oder zumindest jemanden, der die Rolle der dritten Person übernimmt und die von ihm gespeicherten vorgeburtlichen Wahrnehmungen in Worte faßt. Wenn all das, woran sich ein Neugeborenes in den ersten Augenblicken seines Lebens orientieren kann – der Geruch, die Wärme, die Stimme der Mutter und die Muttersprache, vielleicht sogar die Stimme des Vaters, die Atmosphäre in der Familie, aber auch die genaue Erzählung der »Familiengeschichten« –, unwiederbringlich verloren ist, dann muß dafür Ersatz geschaffen werden. Jeder Mensch, der sich imstande sieht, mit dem Kind zu sprechen, der seine Geschichte von der Mutter kennt oder weiß, was die Eltern ihm mitgeben wollten, sollte sich der Aufgabe stellen, ihm dies mitzuteilen. Denn diese Worte, die er zu ihm spricht und die dem, was es durchmacht, Sinn verleihen, sind die einzig mögliche Verbindung. Er ist sozusagen ein *go-between,* ein Vermittler zwischen Mutter und Kind. Er ist derjenige, der die Dinge beim Namen nennt und nicht derjenige, der tröstet (letzteres kann das Pflegepersonal besser). Er kann mit dem Kind reden, weil er es auf Bitten der Mutter tut. Doch muß man auch in den problematischeren Fällen, in denen die Mutter keinerlei Spuren hinterlassen hat, in der Lage sein, mit dem Kind zu sprechen, und sei es nur, um ihm die Umstände seiner Geburt zu schildern.

Ich kann gar nicht genug darauf insistieren, wie wesentlich diese sprachliche Vermittlung ist, die manch einem nur als Formsache erscheinen mag, denn die endgültige Trennung ist eine schwere Prüfung für ein Neugeborenes. Der Gesetzgeber hat die Frist für den Widerruf der Freigabe zur Adoption von drei auf zwei Monate verkürzt, doch selbst wenn er sie auf sechs Wochen reduziert hätte, wäre das noch lang genug für ein Neugeborenes, das in einer Art schwerelosem Zustand in einem nicht definierten symbolischen Raum gehalten wird. Damit ein menschliches Wesen sich als Mensch denken kann, muß es den Bruch geben, von dem im Abschnitt über den Baby Blues die Rede war. Bei einem von seiner Mutter verlassenen Baby muß ein Dritter diesen Bruch sprachlich nachvollziehen und damit eine Art psychischen Entwurf anfertigen, der für seine weitere Entwicklung notwendig ist. Diese Realisierung in der Sprache sollte ihm auch im folgenden keinen Moment lang vorenthalten werden – wir werden noch sehen, daß dies der Fall sein kann –, damit es aufwachsen kann, ohne über die Löcher eines Geheimnisses zu stolpern. Von da an kann es seinen Platz in der ganz besonderen Geschichte einnehmen, die ihm vorausgeht und es durchdringt.

Alle Prinzipien dieses Vorgehens sind einfach. Ihr Vorzug besteht meines Erachtens darin, daß die künftigen Mütter – die häufig nicht Bescheid wissen – informiert werden und daß sie in Kenntnis der Sachlage entscheiden können. Ihnen zuhören, sie betreuen, sie auf die Trennung vorbereiten, wenn sie diese Entscheidung treffen, sie durcharbeiten, mit dem Kind sprechen – durch all diese Maßnahmen läßt sich das durch die geltenden Gesetze geschaffene Unbehagen möglichst gering halten. So kann man sie anwenden und zugleich auf die Kinder und ihre Eltern Rücksicht nehmen. Damit nimmt man dem Kind eine Last ab und stiftet Sicherheit unter den Mitarbeitern, weil sie wissen, daß die Dinge ausgesprochen werden und es von daher nicht ihre Aufgabe ist, ein betrübliches Schicksal »wiedergutzumachen«, indem sie entgegen ihrem Auftrag zur Tat schreiten. Ein Geheimnis ist schließlich nicht gleichbedeutend mit einem verborgenen Unglück, und man braucht auch ein Mindestmaß an Ausgeglichenheit, um es zu wahren.

Die sozialen Umstände

Von Schmerz ist hier jedoch sehr wohl die Rede. Eine anonyme Geburt ist, wie man sich denken kann, häufig die Folge sozialer Dramen, von Vergewaltigung und Inzest, materiellem oder psychischem Elend, psychologischem, wenn nicht gar physischem Druck der Umgebung. Soweit die schmerzlich konstante Liste der Umstände.

In einigen Ländern sterben Kinder, wenn sie »schlecht geplant« waren (das heißt außerehelich, in ehebrecherischen Verhältnissen etc. gezeugt wurden), weil sie bei der Geburt nicht die nötige Pflege erhalten. Oft sind die Pressionen so stark, daß auch die Mütter ihr Leben riskieren, denn man setzt ihnen so zu, daß sie glauben, es wäre besser für sie zu sterben, als Schande über ihre Familie zu bringen.

Vor einigen Jahren noch kamen Frauen aus diesen Ländern für eine anonyme Geburt nach Frankreich. Das Recht, ein Kind zur Welt zu bringen, ohne die eigene Identität preiszugeben, gibt es nämlich nur in Frankreich und Luxemburg. Diese Frauen sagten, sie kämen zu uns, weil sie sich und ihre Kinder von Racheakten der Familie bedroht fühlten, denn ihre »illegitime« Schwangerschaft gelte als unverzeihlicher Fehltritt. Sie sprachen von strenger Isolierung, Verschleppung, ausgesetzten Babys usw. Sie forderten gewissermaßen politisches Asyl für ihr Ungeborenes und wollten es aus diesem Grund anonym zur Welt bringen. Heutzutage gibt es solche Fälle praktisch nicht mehr. Die Politik der eingeschränkten Vergabe von Visa hat ihnen diese Tür verschlossen. Wem geht es da eigentlich besser? Den Frauen, deren Kindern oder den Einwanderungsbehörden?

Jetzt kommen Frauen aus Pariser Fundamentalistenkreisen zu uns, die ihre Schwangerschaft vor ihrer Familie geheimhalten, ihr Kind anonym zur Welt bringen und dann wieder in ihre Familien zurückkehren, als wäre nichts gewesen. Sie leben zwar nicht *de jure,* aber *de facto* im Untergrund und sehen für sich keinerlei Möglichkeit, ein Kind großzuziehen. Jede andere Wahl außer der anonymen Geburt ist ihnen quasi untersagt. Würden sie, um ihr Kind zu behalten, ihr soziales Umfeld verlassen und staatliche Hilfen annehmen, so würden sie sich und ihr Baby in Lebensgefahr bringen, wenn ein Familienmitglied sie findet. Auf jeden Fall bleiben sie Ausgestoßene. Soll man im Namen des Respekts vor fremden Kulturen und des Gehorsams gegenüber der Einwanderungspolitik unserer Parlamentarier Dinge wie diese verschweigen, die dauernd passieren? Das kann niemand verlangen.

Auch wenn einer anonymen Geburt kein soziales Drama zugrundeliegt, ist sie doch fast immer ein psychologisches. Wenn wir von einem dramatischen Kontext sprechen, heißt das jedoch nicht, daß nur Frauen, die den »neuen Armen« zuzurechnen sind, zu uns kommen oder aus Völkern, die von Elend und/oder Krieg betroffen sind. Unter denen, die ihr Kind anonym zur Welt bringen wollen, sind Frauen aus allen sozialen Schichten vertreten.

Glücklicherweise gibt es nicht nur dramatische Konflikte, sondern auch Gegenbeispiele, in einigen Fällen kann man beinahe von einer Zustimmung beider Elternteile sprechen. Beispielsweise bei der 45 Jahre alten Frau, die wegen akuter Bauchschmerzen in die Ambulanz kam. Der Assistenzarzt, der sie untersuchte, vermutete ein Fibrom und wies sie in die Notaufnahme der Entbindungsstation ein, wo man feststellte, daß sie schlicht in Geburtswehen lag. Die Frau hat also erst bei der Geburt erfahren, daß sie schwanger war. Ich war auf der Station, während sie sich im Warteraum vor dem Kreißsaal befand, und man bat mich, zu ihr zu gehen, weil sie verständlicherweise in heller Aufregung war. Die Ärzte und Hebammen waren sich der Extremsituation, in der sie sich befand, wohl bewußt, mußten sich jedoch um andere Notfälle kümmern, weshalb es mir zufiel, ihr beizustehen.

Bei dem Gespräch hat sie mir erzählt, daß sie bereits drei Kinder hat und das vierte jetzt zu einem Zeitpunkt kommt, in dem die Beziehung des Paares am Ende ist. Sie fühle sich an der Seite ihres Mannes so unglücklich, daß ihre drei Kinder bereits darunter litten, und wolle nicht auch noch das vierte ins Unglück stürzen. Ihr Mann sei Alkoholiker, gewalttätig und behandle sie schlecht, das reiche ihr. Sie befand sich in einer schrecklichen Lage und schilderte ihr Dilemma herzzerreißend: Sie erkenne das Kind zwar an, denke aber im selben Augenblick, daß sie es nicht annehmen könne, aus Angst, ihm ihr Unglück aufzubürden. Die bestmögliche Lösung schien zu sein, »daß es in einer vergnügten Familie aufwächst mit einer glücklichen Mutter, die in der Lage ist, ihre Kinder glücklich zu machen«. Also hat sie anonym entbunden und das Kind zur Adoption freigegeben. In der Akte, die wir gemeinsam anlegten, hat sie einen Brief mit ihren Personalien hinterlegt, in dem Wunsch, daß ihr Kind Einsicht nimmt, sobald es das will. Der Vater wurde verständigt und stimmte zu.

Meistens fällt der Entschluß jedoch nicht spontan, und es gibt auch Frauen, die gar nicht wissen, daß sie das Recht haben, ihr Kind anonym auf die Welt zu bringen. Die meisten Frauen schildern ihre Probleme im Lauf einer Sprechstunde während der Schwangerschaft oder kurz nach der Niederkunft. Wir haben demnach die Aufgabe, sie zu informieren und ihnen alle Möglichkeiten zu erklären, damit sie ihre Wahl treffen können.

Wenn dann allerdings die Entscheidung für eine anonyme Geburt gefallen ist, sind alle Frauen sehr bewegt, auch diejenigen, die das Kind nicht behalten wollen, auch diejenigen, die in dieser ihnen durch das Gesetz zugebilligten Möglichkeit ein Geschenk sehen, das sie dem Kind machen.

Einige Frauen ändern ihre Meinung im Lauf der Zwei-Monats-Frist, die ihnen das Gesetz einräumt. Es sind nur wenige, und um der Wahrheit die Ehre zu geben, muß man leider sagen, daß ihr Meinungsumschwung meistens betrübliche Folgen hat. Häufig besuchen sie das Baby just ab dem Augenblick nicht mehr oder nur selten, in dem sie es wieder haben wollen. Für das Kind ist das Ergebnis wahrscheinlich das schlimmste, das man sich nur vorstellen kann; es wird *de facto* verlassen, aber nicht *de jure,* das heißt, es kann nicht adoptiert werden, solange seine Eltern sich, und sei es auch nur gelegentlich, noch melden. Wenn die Lage so verworren ist, wird es im Säuglingsheim großzogen. In anderen Fällen nehmen die Mütter ihr Kind zwar wieder zu sich, behandeln es dann aber schlecht. Fast immer wiederholen sie damit Mißhandlungen, denen sie selbst in ihrer Kindheit ausgesetzt waren.

Einige Frauen schwanken lange hin und her, ohne eine klare Entscheidung zu fällen. Eines Tages habe ich eine Mutter, wie üblich, gefragt, ob wir gemeinsam mit dem Baby sprechen sollen oder ob sie lieber will, daß ich allein zu ihm gehe. Sie wollte, daß ich mitkomme, und als sie das Baby sah, sagte sie zu ihm: *»Je ne t'abandonne pas!«* Man kann sich vorstellen, wie verlegen ich war, denn das früher übliche Wort *abandonner* (verlassen, in Verbindung mit dem Wort »Kind«: aussetzen), das nicht einmal mehr in den Gesetzestexten vorkommt, kann, wie in diesem Fall, recht zweideutig verwendet werden. Was bedeutet es, wenn man ein Kind einerseits zur Adoption freigibt und andererseits zu ihm sagt: *»Je ne t'abandonne pas!«?* Wollte sie ihr Kind nun zur Adoption freigeben, oder wollte sie es nicht? Wollte sie sagen, daß sie ihre Entscheidung widerrufen will, oder einfach nur, daß sie ihr Kind nicht vergessen wird? Letzteres war denn auch gemeint. Allerdings war ich mir zu der Zeit noch nicht über ihre Ambivalenz im klaren, die bis ans Ende der gesetzlichen Frist anhalten sollte.

Die weitere Geschichte dieser Unentschiedenheit ist mir erst später zu Ohren gekommen. Nach der Geburt wurde das Kind wegen Atembeschwerden wieder in die Kinderstation eingeliefert. Ich habe es damals wiedergesehen und ihm eine Interpretation seiner Symptome gegeben, die Früchte trug. Wie ich meinte, versuchte es, durch seine Beschwerden einen Kommunikationsmodus vor der Abnabelung wiederzufinden, das heißt einen Kommunikationsmodus vor dem Einsetzen der eigenen Atmung. Ich sagte zu ihm:

»Daß du ins Krankenhaus zurückgekommen bist, das ist, als suchtest du deine Mutter dort, wo sie dich verlassen hat. Sie ist aber nicht mehr da, und sie hat ihre Meinung auch nicht geändert. Sie hat dich ins Säuglingsheim gegeben, bis man eine Familie findet, die dich adoptiert. Was du wiederfinden kannst, solange du willst, und was du nie verlieren wirst, das ist die Erinnerung an sie, die kannst du im Grunde deines Herzens immer behalten.«

Die Atembeschwerden hörten auf, und das Kind konnte wieder ins Säuglingsheim zurück. Kurze Zeit später ist die Mutter wieder in die Klinik gekommen, um Anspruch auf es zu erheben. Man hat ihr gesagt, es sei im Säuglingsheim. Danach hat sie bis drei Monate nach der Niederkunft gewartet, ganz genau bis einen Tag nach Ablauf der schicksalhaften Frist, um das Kind wieder zurückzufordern. Ein Teil von ihr wollte es verlassen, der andere Teil wehrte sich dagegen, der zweite war jedoch weniger stark, und so hat sie einen Ausweg gefunden, indem sie die Frist verstreichen ließ, womit der erste die Oberhand gewann.

Als die Mitarbeiter des Säuglingsheims sahen, daß das Kind den ambivalenten Wünschen seiner Mutter ausgeliefert war, beschlossen sie, es in die Sprechstunde eines ihrer Psychoanalytiker zu schicken. Sie wollten wissen, ob das Kind psychologisch zur Adoption bereit war. Soviel ich gehört habe, schien es dazu bereit.

Familiengeheimnisse als Staatsgeheimnis

Bei anonymen Geburten bleibt etwas geheim, und das französische Wort für Geheimnis *secret* trifft die Sache über die unmittelbare Wortbedeutung hinaus. Es stammt vom lateinischen *secretus* ab, was soviel bedeutet wie das »Abgesonderte«, »Getrennte« (vom Verb *secernere,* absondern, trennen). Derselben Etymologie zufolge ist die *secretio,* die Absonderung oder Trennung, ein Akt des *Beiseitelegens.* Wenn nun aber bei diesen Geburten der Schleier des Geheimnisses über etwas gebreitet, wenn etwas *beiseitegelegt* werden soll, dann liegt dieses Etwas meistens in den näheren Umständen der Zeugung. Es bestehen gute Aussichten, daß dieses Geheimnis für das adoptierte Kind und die Generationen danach zu einem *Familiengeheimnis* wird. Und Familiengeheimnisse sind das Los aller Kinder dieser Welt, nicht nur derer, die von ihrer Mutter zur Adoption freigegeben werden.

Familiengeheimnisse und Familienromane

Lassen wir einen Moment lang das sehr spezielle Thema anonyme Geburt außer Betracht und wenden uns den Familiengeheimnissen zu, die alle Welt betreffen. Was sind Familiengeheimnisse? Nicht mehr, aber auch nicht weniger als das, woraus sich alle Familienromane speisen, nämlich der Ödipuskomplex. Diese Geheimnisse wirken im übrigen auch dann, wenn sie nicht an den Tag kommen; es genügt, daß es sie gibt. An den Tag kommen können sie beispielsweise im Baby Blues, also in dem Augenblick nach der Geburt, der die Öffnung des Unbewußten bewirkt, von der bereits die Rede war. Er ist häufig Anlaß, Familiengeheimnisse zu lüften, über »uneheliche« Kinder und andere »Leichen im Keller« zu sprechen. Nicht nur Großeltern und Tanten werden redselig, wenn sie ihre neugeborenen Enkel oder Neffen besuchen.

Unabhängig davon, ob das Neugeborene im Mutterleib etwas von diesem Geheimnis gespürt hat oder nicht, es profitiert davon, daß es gelüftet wird. Man sollte deshalb dafür sorgen, daß die Enthüllung in seiner Gegenwart stattfindet, versuchen, die Eltern zum Reden bringen, sie alles aussprechen lassen, was sie sonst nicht gesagt hätten – manchmal wird ihnen selbst dabei erst die Tragweite des von ihnen gehüteten Geheimnisses klar. Dadurch besteht die Chance, daß dem Kind zusätzlich zu den mehr oder weniger schwierigen Umständen seiner Zeugung oder Geburt nicht auch noch das Schuldgefühl aufgeladen wird, das mit dem Geheimnis verbunden ist.

Familiengeheimnisse können nicht nur Neugeborene belasten, sondern sogar schon den Fetus. Catherine Dolto-Tolitch hat bei einem Treffen der Organisation »La Cause des bébés« gesagt, wenn ein Paar bei einer Haptonomie-Sitzung ein Familiengeheimnis lüfte, spüre sie die Reaktion des Fetus. Sollte er um das das Geheimnis wissen? Vom vorgeburtlichen Empfindungsvermögen war bereits die Rede, und in diesem Sinne könnte man auch hier sagen, daß das Kind etwas davon weiß, allerdings ohne zu wissen was. Wenn C. Dolto-Tolitch sagt, daß die Lüftung des Familiengeheimnisses über die Schwangere den Fetus bewegt, dann ist das so zu verstehen, daß er Wahrnehmungen speichert, die er nach der Geburt mit Worten verbinden kann oder auch nicht.

Das Charakteristikum der Familiengeheimnisse, die die Familien zu solchen erklären und die unausgesprochen weitergegeben werden, besteht in der Überlieferung einer Kluft, die die Generationen durchdringt. Davon sind nicht nur der Fetus oder das Neugeborene betroffen, sondern jedermann im Laufe seines Lebens, sogar die Nachkommen bleiben nicht davon verschont. Zur Illustration dessen, was es mit dem Familiengeheimnis auf sich hat, mögen hier Beispiele genügen, die Serge Tisseron in seinen Werken zitiert.[10]

Dank der Publikationen dieses Autors ist das Familiengeheimnis des

Schöpfers von *Tintin,* Hergé, mittlerweile wohlbekannt. Hergés Vater und dessen Zwillingsbruder wußten nicht, wer ihr Vater war. Ihren Familiennamen Remi verdankten die beiden einer Ehe, die ihre Mutter eingegangen war, damit ihre Zwillinge nicht unehelich auf die Welt kommen. Die Großmutter hüllte sich in Stillschweigen über ihren Geliebten und ließ den romantischen Mutmaßungen ihres Enkels Georges damit freien Lauf. Der Junge glaubte jedenfalls, sein Großvater sei sehr hoher Abkunft, vielleicht sogar der belgische König gewesen. Die ganze Phantasiewelt des Kindes rankte sich um dieses Geheimnis. Als Erwachsener schuf Georges Remi dann sein bekanntes Werk unter dem Pseudonym Hergé – Eingeweihte wissen auch, woher der Name kommt, nämlich von RG, den Initialen von Remi Georges. Tisseron behauptet nun, Hergé habe sich einer literarischen Vorlage bedient und zwar sowohl als Erklärungsmodell für seine eigenen Familiengeheimnisse als auch als Quelle der Inspiration für sein Werk. Diese literarische Vorlage ist im Hinblick auf unser Thema recht aufschlußreich, handelt es sich doch um den Roman *Sans famille* von Hector Malot. Hergé hatte seine speziellen Gründe, warum er ihn für ein Meisterwerk hielt. Der Held der Geschichte hieß Rémi, einer seiner Brüder Alexis wie Hergés Vater und eine seiner Schwestern Lise, also bis auf einen Buchstaben genauso wie Hergés Mutter Lisa. Die adelige Herkunft Rémis, der seinen Eltern weggenommen und von einer anderen Familie in bescheidenen Verhältnissen großgezogen wurde, mußten Hergé besonders beeindrucken. Auch die Figuren und Schauplätze in *Tintin* enthalten viele Bezüge auf die der literarischen Vorlage *Sans famille,* wie Tisseron an einer Fülle von Beispielen zeigt.

Geheimnis und Anonymität - die Sichtweisen des Gesetzgebers und des Psychoanalytikers

So liefert das eine Buch, wie in unserem Beispiel, den Stoff zu einem nächsten. Die Familiengeheimnisse durchdringen die Generationen und schaffen eine Art Leerstelle, die die Nachkommen dazu herausfordert, sich darin wiederzufinden. Im Fall von Hergé ist dies der künstlerischen Betätigung zum Vorteil gereicht und die Sublimierung hervorragend gelungen, wie die Liebhaber von *Tintin* bestätigen werden. Diese Familiengeheimnisse sind gewissermaßen die Lücke schlechthin, das Loch im Gewebe, das sich nicht stopfen läßt. Diese Kluft ist konstitutiv für alle Familien, keiner entgeht ihr. Dennoch werden wir darüber nicht alle verrückt, weil uns ein imaginärer Ausweg offensteht, so deformiert er auch sein mag: Wir können uns auf die Geschichten unserer Vorfahren, die realen Verwandtschaftsverhältnisse beziehen. Wenn wir aus dieser Perspektive noch einmal die anonyme Geburt betrachten, sehen wir, daß dieser imaginäre Ausweg in solchen Fällen äußerst erschwert ist.

Nun stiftet die französische Gesetzgebung aber noch mehr Verwirrung, wenn das denn überhaupt möglich ist. Für übermittelbar und nicht der Geheimhaltung unterliegend erachtet sie folgende Merkmale, da sie »keine Feststellung der Identität gestatten«: Körpergewicht der Mutter, Größe, Farbe der Augen, Hautfarbe, etc. Alles weitere, das doch gerade den Sinn eines Lebens ausmacht, darf nicht übermittelt werden. So schützt die Gesetzgebung zwar die Anonymität der Mütter, läuft damit aber Gefahr, ihren Kindern das Recht auf ihre Herkunft zu verweigern.

Durch das Recht auf Anonymität, das den Müttern gesetzlich zugebilligt wird, kann Frankreich seiner Bestimmung als Asylland treu bleiben. Dadurch werden Menschenleben gerettet, beispielsweise das der besonders gefährdeten Frauen, von denen eben die Rede war. Indem der Gesetzgeber jedoch nach seinem Gutdünken eine Auswahl aus den Merkmalen trifft, die keine Feststellung der Identität gestatten, verweigert er den Adoptivkindern, die über ihre Herkunft im unklaren gelassen werden, einen ständigen und uneingeschränkten Zugang zu ihrer Geschichte. Das Kind ist auf der Suche nach einer Antwort auf die Frage: Warum haben mich meine Eltern verlassen? Diese Antwort ist für es noch lebenswichtiger als das Wissen um ihre Identität. Wenn es darauf eine Antwort findet, kann es sich leichter in eine neue Familie einfinden, in deren Geschichte und in die neue Identität, die sie ihm bietet.

In der Praxis verpflichtet das Gesetz das Kind dazu, nicht zu wissen, was es *unbewußt* doch weiß. Denn was geschieht mit diesen Kindern nach der Geburt? Als elternlose Babys sind sie den Projektionen potentieller Elternschaft ausgeliefert, die sie bei allen Beteiligten auslösen. Meistens werden sie in die Obhut des Präfekten und der Départementversammlung gegeben, die vermittels der Aide Sociale à l'Enfance (des Jugendamts) und des Conseil de famille (Familienrats) bis zur Adoption die Verantwortung für sie übernehmen. Diese Vormundschaftsinstanzen sprechen sich das Recht zu, aus ihrer Geschichte das auszuwählen, was ihnen »im Interesse des Kindes« gut dünkt, und ihm nur das zu übermitteln. Damit ermächtigen sie sich zur Zensur bestimmter Informationen, die die Mutter ihm hinterlassen hat, die sie hingegen für irrelevant erklären. Diese Zensur findet angeblich im Interesse des Kindes statt, doch geht es dabei häufig eher um das Interesse oder den Ruf der Adoptiveltern. Wie sollten die Adoptiveltern bei dieser Regelung auch der Versuchung widerstehen, die Erinnerung an die betrübliche Vorgeschichte der Adoption auszulöschen? Und selbst wenn sie dieser Versuchung nicht erliegen, wie soll das Kind sich darin wiederfinden? Durch diese Zensur unter dem Deckmantel pädagogischer oder moralischer Motive idealisieren diese Einrichtungen eine bestimmte Sicht der Mutter- wie der Elternschaft. Eine solche Vorstellung kann dem Kind meines Wissens gar nicht dienlich sein, denn sie schafft eindeutig kollektive Bindungen des Schweigens. Durch diese Geheimhaltung zum Nutzen der Gesellschaft werden Sprachwaisen geschaffen, Kinder, die sich nur zu gut adoptieren lassen, Kinder ohne jede Verwandtschaft, Kinder, die aller Welt und niemandem gehören.

Meistens möchten die Frauen, die ihr Kind anonym zur Welt bringen wollen, aus den näheren Umständen der Zeugung ein Familiengeheimnis machen, vor allem, wenn es sich um eine Vergewaltigung oder einen Inzest handelt. Sie wollen, daß ihr Kind davon nichts erfährt. Manchmal geht das so weit, daß sie ihm nichts über den leiblichen Vater mitteilen. Diese Wünsche sollte man respektieren, da sie von der Mutter des Kindes kommen. In solchen Fällen sollte man dann aber in der Akte vermerken: »Frau X möchte weder über den leiblichen Vater reden noch über die Umstände der Zeugung des Kindes, da sie das für ihre Privatsache hält.« Eine solche Notiz allein würde schon genügen, um die Sachlage vollkommen zu verändern, weil es damit einen Hinweis darauf gäbe, daß der leibliche Vater existiert.

Ganz anders stellt sich die Lage dar, wenn eine Fürsorgerin aufgrund ihres Wissens »Vergewaltigung« oder »Inzest« in die Akte schreibt, der Familienrat das liest und zur Zensur schreitet. In diesem Fall wird es vollkommen verrückt, denn da wird aus einem *Familiengeheimnis* ein *Staatsgeheimnis* gemacht, als ob sich der gesetzlich vorgesehene Familienrat selbst für die Familie hielte. Der Familienrat sollte diese Informationen ganz im Gegenteil gutheißen und sie vollständig an die Familie, die das Kind adoptiert, weitergeben. Wenn diese dann aufgrund ihrer Vorstellungen von Kindererziehung zeitweise Details verschweigt, dann ist sie trotzdem noch in der Lage, das Kind so zu erziehen, wie es ist.

Eine Adoptivfamilie, die von einem Familiengeheimnis Kenntnis hat, das von der leiblichen Mutter übermittelt wurde, kann die Verantwortung dafür übernehmen und zu dem Kind sagen: »Wir wissen nichts, weil deine leibliche Mutter es so gewollt hat.« Das ist ein Riesenunterschied zur staatlichen Zensur, denn so wird wenigstens die Zukunft des Kindes intakt erhalten.

Nehmen wir zum Beispiel die Frauen aus Ex-Jugoslawien. Die Politik planmäßig durchgeführter Vergewaltigungen im Rahmen der ethnischen Säuberung ist wohlbekannt, ebenso wie die eugenischen Experimente des Dritten Reichs. Einigen Bosnierinnen ist es gelungen, ihr Kind in Frankreich anonym zur Welt zu bringen. Das war ein Beitrag dazu, daß aus dem unsäglichen Leid dieser Frauen Menschliches hervorgehen konnte, wie eine lebende Antwort auf die Barbarei, die es verursacht hatte. Nehmen wir an, eine Familie adoptiert ein bosnisches Kind in Kenntnis seiner Herkunft. Wenn sie dem Kind nichts davon sagt, und sei es auch nur, um es nicht zu verletzen, dann würde sie gewissermaßen von ihm verlangen, daß es sich nach einem Vorbild von Kind richtet, das es nicht ist. Auch dieses Kind hat ein Gedächtnis, zumindest ein unbewußtes. Man braucht sich dann nicht allzusehr zu wundern, wenn es sich in dem Kleid, in das man es steckt, nicht besonders wohl fühlt, weil es nicht das seine ist. Nicht die Adoption bereitet diesen Kindern Schwierigkeiten, sondern die Art und Weise, wie sie gehandhabt wird.

Bisweilen treten bei Adoptivkindern später Symptome auf, die mit den sie belastenden Geheimnissen zusammenhängen. Dann haben sie wenigstens die Möglichkeit, den Versuch zu unternehmen, das Geheimnis zu lüften und sich zu erkundigen, so weit sie es können und wollen. Das muß nicht heißen, daß man das Geheimnis zur Gänze lüften muß und der Patient nur dadurch von seinem Symptom befreit werden kann (obwohl das erfahrungsgemäß häufig der Fall ist), sondern zumindest, daß er so damit umgeht, wie er es versteht. Es ist also immer Aufgabe der Familien, der leiblichen und der Adoptiveltern – und sicher nicht die des Familienrats –, zu bestimmen, was sie wann sagen. Sie können das eine oder andere verschweigen, wenn sie der Meinung sind, daß das Kind dafür noch zu jung ist. Dann handelt es sich um ein zeitweiliges Geheimnis, das aus erzieherischen Gründen gewahrt wird, und nicht etwa um eine endgültige Tilgung der Spuren, um eine Realitätsleugnung und um die Ablösung eines Teils dessen, was sein Leben ausmacht. Die für die Adoption zuständigen Stellen raten heutzutage den Familien, die ein Kind adoptieren wollen, ihm die Wahrheit über seine Herkunft zu sagen. Dafür darf sie vorher aber nicht verfälscht worden sein!

Muß man das Geheimnis über die Herkunft wahren oder die Anonymität der Eltern gewährleisten? Das Gesetz neigt eher dazu, ersteres vorzuschreiben, während aufgeschlossene Fachleute[11] die Beschränkung auf das zweite verlangen. Ich befürworte einen Mittelweg, eine behutsame Anwendung des Gesetzes zur Adoption. Als Psychoanalytikerin gehe ich davon aus, daß jeder mögliche Diskurs Lücken aufweist. So gesehen stellt die Lage eines Kindes, das ohne Kenntnis der Identität seiner Mutter auf die Welt kommt, keine Ausnahme dar. Doch darf sich niemand in seiner Praxis das Recht anmaßen, eine Auswahl zu treffen und damit darüber zu entscheiden, wie die vielen Lücken im Unbewußten zu füllen sind. Ich verlange nur soviel von der Gesellschaft bzw. von den Institutionen, die ihre Grundlage bilden, daß sie diese Regel beachten, das heißt, daß sie die Merkmale, die keinen Rückschluß auf die Identität zulassen, nicht nach ihrem Gutdünken manipulieren. Die Realität ist nämlich vielgestaltig, und für jedes Problem gibt es eine eigene Lösung. Das Jugendamt gewährleistet strengste Geheimhaltung. Diese zuverlässige und verantwortungsbewußte Einrichtung kann jedem, der es verlangt, garantieren, daß nichts oder fast nichts verlautet. Sie bietet den Frauen größtmögliche Sicherheit, die den totalen Bruch wollen, die etwa das Kind nach der Geburt nicht sehen wollen, die ihm weder einen Brief noch einen Gegenstand hinterlassen oder verlangen, daß es über den Vater nichts erfahren darf.

Wenn Mütter hingegen von dem adoptierten Kind Nachrichten erhalten möchten oder wenn sie hoffen, daß man ihm die Briefe oder

Gegenstände übermittelt, die sie für es hinterlassen haben, dann sind private Hilfswerke dafür besser geeignet. Dort achtet man mehr auf Transparenz.

Und es gibt Fälle, in denen es noch großzügiger zugeht. So gibt es in Französisch-Polynesien mittlerweile schon beinahe eine Tradition des »Kinderverschenkens«. Der erste Schritt der Adoption besteht dort in einer vorläufigen Übertragung der elterlichen Autorität auf die Adoptiveltern für zwei Jahre. Zwei Jahre (oder genauer zwei Jahre und zwei Monate, weil man die Widerrufsfrist hinzurechnen muß) lebt das Kind dann bei seinen Adoptiveltern. Wird der Vertrag zwischen den leiblichen und den Adoptiveltern nicht annulliert, wird die Adoption danach juristisch vollzogen. Manche Franzosen holen sich in Tahiti ein Kind, lernen seine Familie kennen und bekommen die elterliche Autorität übertragen. Wenn sie wieder in Frankreich sind, bleiben sie und das Kind in Kontakt mit seiner leiblichen Familie, sie schreiben einander und schicken sich Videokassetten und Fotos. Kommt es zur Adoption, so scheint alles bestens zu laufen in dieser besten aller möglichen Welten, beide Familien erkennen sich wechselseitig an. Eine überraschende, aber doch logische Folge dieser Form von Adoption besteht darin, daß die Polynesier kaum Empfängnisverhütung betreiben, denn wenn man ein Baby mehr hat, dann schenkt man es eben her.

Niemand wird die Notwendigkeit einer Gesetzgebung auf diesem Gebiet bezweifeln oder gar bestreiten, daß die ASE und die privaten Hilfswerke bei der wirksamen Anwendung des Gesetzes zur Adoption gute Arbeit leisten. In Frankreich wurde das Gesetz, das die Umstände der anonymen Geburt regelt, übrigens während des Zweiten Weltkriegs verabschiedet. Das Ziel war zunächst, die Ehre der Gefangenen zu retten, wenn während ihrer Abwesenheit ein Kind geboren wurde. Heute dient es dagegen vorwiegend dem Wohl von Frauen (und Kindern), die im Krieg oder anderswo Opfer männlicher Gewalt geworden sind.

Gesetze haben ihre Vorzüge, aber auch ihre Grenzen. Einer ihrer Vorzüge besteht darin, daß sie die Gesellschaft zur besseren symbolischen und moralischen Anerkennung ihrer Mitglieder anhalten; ihre Begrenztheit liegt darin, daß sie immer auch dazu neigen, zugleich die konservative Grundeinstellung derer zu schützen, die ihre Anwendung unterminieren.

Das Gesetz achten und eine gesetzliche Regelung wollen, ist jedoch nicht gleichbedeutend mit einer Vorliebe für geordnete Verhältnisse. Ein Psychoanalytiker kann durchaus die Auffassung vertreten, daß eine Frau, die ihr Kind weggibt, dies möglicherweise aus Liebe tut. Bei einer Frau, die ihr Kind überfüttert, kann er hingegen der Meinung sein, daß sie nicht aus Liebe zu ihrem Kind handelt. Mit anderen Worten, ein Gesetz mag einer guten Absicht entspringen, seine Auslegung kann jedoch Verwirrung stiften. Einzig eine gute Ausbildung des Pflegepersonals, das mit solchen Problemen konfrontiert ist, kann dazu beitragen, daß das Gesetz im Interesse des Kindes, seiner Mutter und seines Vaters angewandt wird.

Samia fühlt sich nicht stark genug

Bedarf es noch eines Beispiels? Wenn die Gesellschaft Frauen in Not einen Platz in einem Wohnheim für alleinstehende Mütter, eine Unterstützung für Alleinerziehende oder irgendeine andere Hilfe gewährt, dann geschieht das in guter Absicht. Aber ist man sich eigentlich darüber im klaren, daß man dieses Angebot mit einem Schlag zunichtemacht, wenn man dafür von der Mutter verlangt, daß sie auf ihre Familie, Vater, Mutter und Geschwister, verzichtet bzw. mit ihr bricht, daß sie auf den verschwundenen Geliebten verzichtet, auf das Brauchtum ihrer Familie, ihre Kultur, die Feste usw.? Was für einen Platz in der Gesellschaft, was für eine Zukunft, was für Ideale gibt man diesen Frauen da eigentlich mit auf den Lebensweg, damit sie Mutter sein und ihr Kind großziehen können? Samia befand sich in dieser Art von Dilemma. Sie war arabischer Herkunft und von einem jungen Franzosen schwanger, mit dem sie zusammenlebte und den sie schon lange kannte. Die beiden hatten keine Empfängnisverhütung betrieben, wahrscheinlich wünschten sie sich sogar ein Kind.

Keine der beiden Familien war mit der Verbindung einverstanden. Die des jungen Mannes sympathisierte mit dem Front national, die des Mädchens hatte eher islamistische Ansichten. Beide Familien duldeten schon kaum die Beziehung der beiden und gaben bei jeder Gelegenheit rassistische Äußerungen über die Nachbarn von sich.

Im vierten Monat der Schwangerschaft, als der Zustand seiner Freundin nicht mehr zu verheimlichen war, hatte der Vater des Kindes plötzlich erklärt, er wolle das Kind nicht mehr. Da es ihm nicht gelang, seine Freundin (vielleicht auch sich selbst) mit Worten zu überzeugen, hatte er angefangen, Samia zu schlagen. Danach bekam sie regelrecht Angst, nicht nur um sich, sondern auch um ihr Baby. Daher hatte sie die gemeinsame Wohnung verlassen und war zu einer Verwandten gezogen. Ein paar Monate später war sie zur Entbindung in die Béclère-Klinik gekommen und hatte ihren Willen bekundet, das Kind zur Adoption freizugeben.

Warum hatte der junge Mann, entgegen seinem sonstigen Verhalten, so gewalttätig reagiert? Meine Hypothese lautet, daß er, mit dem Rassismus seines Vaters konfrontiert, nicht mehr die Kraft hatte, sich zu seinem Kind zu bekennen. Er wollte nicht mehr der Vater dieses Kindes sein, sobald die Schwangerschaft für jedermann, also auch für seinen Vater, sichtbar wurde. Das Mädchen bekam von seiner Familie zu hören, es befinde sich nur deshalb in einer so schwierigen Lage, weil es sich ausgerechnet einen Franzosen ausgesucht hat, und auch sie fühlte sich zu schwach, um gegen die Mächte der Intoleranz anzukämpfen. Beide hatten sie dafür nicht die nötige Kraft. Finanziell hätten sie sich ihr Wunschkind durchaus leisten können, doch hätten sie dafür beide mit ihren Familien brechen müssen, und das war ihnen zuviel. Wer könnte ihnen daraus einen Vorwurf machen? Ich jedenfalls nicht, denn ich weiß aus Erfahrung, daß die meisten Frauen, die ihr Kind zur Adoption freigeben, keine Kraft mehr haben.

Ich habe Samia Beistand geleistet bei dem Entschluß, ihr Kind anonym zur Welt zu bringen. Damit suchte sie den Bruch mit ihrer Familie zu vermeiden und zugleich zu verhindern, daß ihr Freund wieder gewalttätig wird. Sie wollte ihr Kind nach der Geburt nicht sehen, hat ihm aber Vornamen gegeben und mich gebeten, ihm ihre ganze Geschichte zu erzählen. Danach hat sie einen Brief verfaßt und ihre Personalien hinterlassen, damit es sie wiedersehen kann, wenn es möchte, gemäß den gesetzlichen Modalitäten, auf die wir sie hingewiesen haben. Schließlich bat sie darum, das Kind einem privaten Hilfswerk anzuvertrauen, damit der Brief auch wirklich unzensiert in die Hände des Kindes gelangt.

Zum Schluß stehe ich nicht an zu behaupten, daß ein Verfahren, wie wir es praktizieren, eine unerläßliche Ergänzung der gesetzlichen Regelung ist. Vor dem Gespräch mit Samia war ich so schlechter Laune, daß das Anlaß für jeden möglichen Fauxpas hätte sein können. Ich kannte bis dahin nur die Akte und war so weit, mich zu fragen, warum sie gekommen war, zuvor war sie während der Schwangerschaft nicht zu den ärztlichen Untersuchungen erschienen. Ihr Ersuchen schien mir ziemlich unbegründet, und ich war drauf und dran, ihr eine Predigt der Art zu halten, daß der Anstand es gebietet, ein Kind nicht einfach im Stich zu lassen, weil einem danach ist. Ich fragte mich, ob sie ein junges Mädchen war, das sich nicht nur nicht als Mutter »fühlt«, sondern auf keinen Fall Gefahr laufen will, es zu werden. Zwar hat Élisabeth Badinter in ihrem Buch ausführlich nachgewiesen, daß es den Mutterinstinkt nicht gibt, aber sei's drum. Ich ging so weit, Samias Ersuchen zu interpretieren, noch bevor ich sie angehört hatte, und dachte dabei an ähnliche Fälle aus der Vergangenheit. War sie vielleicht auch so ein Fall wie das junge Mädchen, das seinem Kind keine Chance geben wollte, es zur Mutter zu machen, weil es unter keinen Umständen auf die eigene Mutter verzichten und den Status des Kindes verlieren wollte? Ich ließ mich zu Unterstellungen hinreißen und war so auf dem besten Weg zu einem der Fauxpas, wie ich sie weiter oben angeprangert habe.

An dem Tag stand ich noch deutlich unter dem Eindruck des Gesprächs, das ich kurz zuvor mit einem anderen sehr jungen Mädchen geführt und das mich in meinen Grundfesten erschüttert hatte. Auch dieses Mädchen hatte überhaupt nichts »gegen« das Kind. Es war ihr gelungen, die Schwangerschaft vor ihrer Familie geheimzuhalten – erstaunlich, wie es Frauen, die ihre Schwangerschaft leugnen oder verbergen wollen, immer wieder gelingt, ihr Ziel zu erreichen. Eines frühen Morgens hatte das Mädchen dann ihr Kind zur Welt gebracht, ohne jemanden von der Familie zu wecken, und es danach im Depot für die Mülleimer abgelegt. Ich habe »abgelegt« gesagt, hätte aber besser »hinterlegt« sagen sollen, denn die junge Mutter hatte sich des Babys nicht einfach entledigt, sondern es sorgfältig in ein Frottierhandtuch gehüllt und es in besagtem Raum in dem Haus, wo sie wohnt, regelrecht untergebracht. Danach war sie in die Schule gegangen. Polizisten hatten das Baby gefunden, die Mutter bald ausfindig gemacht und sie umgehend in Polizeigewahrsam in die Klinik gebracht. Dort waren wir einander begegnet. In meinen Vorurteilen befangen hatte ich dem Mädchen die Frage gestellt:

»Was haben Sie sich eigentlich gedacht, was mit dem Kind in dem Mülleimer passiert?«

Sie hatte mir ganz konsequent geantwortet, sie habe gewußt, daß die Mülleimer an diesem Morgen geleert werden, daß man es also bald finden werde; danach hätte passieren können, was wollte, sie hätte daran nichts ändern können. In all ihren Ausführungen fand sich keine Spur von Geringschätzung gegenüber dem Leben ihres Kindes, sie war nur ganz einfach unfähig, sich als Mutter dieses Babys zu sehen.

Wie im Fall von Pierrette habe ich auch in diesem im Lauf des Gesprächs, durch das ich zum Zuhören verpflichtet war, meine Meinung radikal geändert. Dadurch gelang es mir wieder, mich meiner Aufgabe als Psychoanalytikerin zu widmen. Ohne diese Gespräche wäre die Anwendung des Gesetzes einfach nur ein Verwaltungsakt gewesen und hätte keinerlei Sinn gehabt, weder für das Mädchen noch für mich.

Als Psychoanalytikerin bin ich verpflichtet, den Wahrheitsgehalt des Satzes: *dura lex, sed lex* (das Gesetz ist hart, aber es ist ein Gesetz) zu überprüfen. Es gibt das Gesetz, um so besser; es stiftet Verwirrung, das ist schade. Jenseits der Akten und Protokolle, die durch das Gesetz vorgeschrieben sind, müssen wir, Psychoanalytiker, Pflegepersonal und die Vertreter der Vormundschaftsinstanzen, jedoch auf die Modalitäten seiner Anwendung achten, auf daß den Neugeborenen nicht allzu viele Seiten im Text ihres Lebens fehlen.

Auf die Welt kommen genügt nicht

Baby Blues und *anonyme Geburt* werden in diesem Kapitel zusammen behandelt, obwohl ersterer ein häufiges und letztere ein seltenes Phänomen ist. Beim ersten durchleben Mutter und Kind gemeinsam eine schwierige Zeit, beim zweiten geht es um ihre Trennung und deren Folgen. Im einen Fall handelt es sich um eine schwer aufrechtzuerhaltende Beziehung, beim anderen um eine schwer zu lösende. Was haben die beiden aus der Sicht des Psychoanalytikers gemeinsam?

Beide kennzeichnen den entscheidenden Schritt von der Geburt zur Menschwerdung, und sie verdeutlichen die Schwierigkeit dieser Zeit, die das Kind in einer Art Limbus oder Zwischenreich verbringt. Das lateinische Wort *limbus* heißt *Rand* oder *Schwelle:* In den Augen derer, die es in Empfang genommen haben, befindet sich das Kind am Rand oder an der Schwelle zur Vollendung seiner Geburt. Was zeichnet diesen Rand oder diese Schwelle, diesen Schwebezustand zwischen dem Realen und dem Symbolischen aus? Ist er für das Kind eine Zeit bangen Wartens, eine des Hoffens oder einfach nur ein undefinierter Zeitraum? Die Etymologie spricht für die optimistische Version. Im Kirchenlatein des 14. Jahrhunderts sind die *limbi* eine »Stätte am Rande des Paradieses«, der Aufenthalt der Seelen der Gerechten, die vor der Ankunft Christi gestorben sind, und dort auf ihre Erlösung warten; nach heutigen Lexika eine »Vorhölle, Aufenthalt der Seelen der verstorbenen, ungetauften Kinder«.

Die Kinder, die von ihrer Mutter anonym zur Welt gebracht werden, sind der Hölle vielleicht näher als dem Paradies. Man muß mit ihnen sprechen, damit sie diese Schwelle überwinden und über die Trennung hinwegkommen. Manchmal wird eine Verbindung zwischen ausgesetzten Kindern und Selbstmördern hergestellt. Kindsaussetzung und Selbstmord gelten als störender und bedrückender Verstoß gegen die Moral. Zu allen Zeiten hat man nach Modalitäten gesucht, die Kindsaussetzung so zu regeln, daß »gefallene Mädchen« ihren »Fehltritt« quasi auslöschen konnten. Zu diesem Ergebnis gelangte die Historikerin Yvonne Knibiehler. Früher dachte man, das »gefallene Mädchen« »könne keinerlei Zuneigung zu seinem Kind empfinden, da es ein Kind der Schande ist, und auch das Kind selbst könne nur Verachtung und Groll hegen für diejenige, die ihm ein solches Leben zumutet. Ein gefallenes *Mädchen* könne nicht *Mutter* sein ... Die historische Forschung ergibt, daß Frauen ihren Kinderwunsch nie frei äußern konnten ... Das Problem ist das seiner *Humanisierung,* seiner Eingliederung und seines Funktionierens im Dienste *zivilisierter* menschlicher Gesellschaften.«[12]

Sowohl die Kinder, die anonym zur Welt gebracht werden, als auch diejenigen, die den Baby Blues mit ihrer Mutter durchmachen, müssen die Schwelle überwinden, um symbolisch auf die Welt zu kommen. Sollte die Geburt gar keine so natürliche Angelegenheit sein?

In die Gesellschaft geboren werden

Auf der Entbindungsstation beginnt alles mit der Geburt. Dieser Binsenweisheit widerspricht kaum, daß in derselben Abteilung der Klinik Risikoschwangerschaften betreut werden und die künstliche Befruchtung praktiziert wird, denn auch hier bleibt die Geburt oberstes Ziel. Man sagt, sie sei der erste natürliche Akt des Lebens.

Aus medizinischer Sicht gibt es keinerlei Ursache, sich mit einer solchen Behauptung zufriedenzugeben. Die Ärzte, die auf einer Entbindungsstation arbeiten, sind nämlich mit jeder Menge ungeklärter Vorfälle konfrontiert, mit grundlos »mißlungenen« Entbindungen, mit unvorhergesehenen Todesfällen *in utero,* mit prophylaktischen Behandlungen, die aus unerklärlichen Gründen scheitern, mit plötzlichen Todesfällen, die durch nichts zu verhindern sind, usw. Soll man angesichts dieser Tatsachen dem natürlichen Gang der Dinge freien Lauf lassen und alles auf das Schicksal schieben? Das wäre zuviel verlangt von einem Geburtshelfer, für den das Begreifen solcher Vorgänge das Fundament seiner Forschung, seiner Kultur, seines Könnens und seiner Leidenschaft darstellt.

Für Anthropologen ist die Geburt zunächst eine kulturelle Angelegenheit und nicht in erster Linie eine schlichte biologische Tatsache. Die Anthropologin Françoise Héritier behauptet, bislang sei keine Gesellschaft bekannt, in der Abstammung und Zeugung nicht auseinandergehalten werden.[13] Ein Sprichwort aus Samoa lautet: »Das Wort macht die Abstammung, das Wort nimmt sie auch wieder zurück.« Ohne Benennung durch die Gemeinschaft, in die es hineingeboren ist, wird das Kind nicht nur von der Gesellschaft ausgestoßen, sondern existiert gar nicht.

Für die Mitglieder der Ethik-Kommissionen und all diejenigen, die sich mit neuen Techniken künstlicher Befruchtung, der anonymen Geburt oder der Adoption auseinandersetzen müssen, ist die Geburt zugleich ein eminent soziales Problem. Die Debatte fängt schon mit der bloßen Möglichkeit an, beispielsweise mit der Frage, ob es für jeden bzw. jedes unfruchtbare Paar ein Recht auf ein Kind gibt, nur weil neue Techniken ihm dazu verhelfen können? Und geht dann weiter mit der Frage: Kann man sich auf das Recht eines (noch nicht existenten) Kindes auf seine Geburt berufen, um diese Techniken unter allen Umständen anzuwenden? Wie soll der Gesetzgeber entscheiden und letzten Endes bestimmen, wer der Vater eines Kindes ist, wenn sein totgeglaubter Vater wieder auftaucht, die Mutter nach einer angemessenen Zeit der Trauer aber wieder geheiratet hat? Wie soll die Entscheidung ausfallen, wenn eine Mutter, die das Kind einer anderen Frau austrägt, ein Recht auf die Erziehung dieses Kindes geltend macht mit dem Argument, sie habe einen diesbezüglichen Vertrag mit den Eltern geschlossen? (Das Beispiel stammt aus den USA, in Frankreich ist so etwas verboten.) Wie auch immer die Rechtsprechung auf diesem Gebiet ausfällt – und sie ist hier von großer Bedeutung –, das Problem ist immer das gleiche: Wer ist Sohn oder Tochter von wem? Aufgrund welcher Intervention der Gesellschaft entscheidet ein Gesetz, das die Verwandtschaftsbeziehungen regelt, über die Existenz eines Neugeborenen?

Von der Geburt zur Anerkennung

Der Gesetzgeber hat folgende Entscheidung getroffen: Die Geburt hat für ihn die Anerkennung zur Folge. Die Eltern melden die Geburt an, der Standesbeamte oder, wie in großen Entbindungsstationen üblich, sein Vertreter in der Klinik beurkundet sie: »Heute wurde Jean/Jeanne, Sohn/Tochter von Maurice Gendron und seiner Gattin Julie, geborene Jarniguet, geboren; das haben wir, der unterzeichnende Standesbeamte, heute beurkundet«, usw. Wenn die Eltern die Geburt nicht anzeigen, muß es jemand anderer tun. Bei einem Findelkind oder wenn die Eltern keinen Vornamen offiziell mitgeteilt haben, ist es ein Beamter des Bürgermeisteramts, bei einer anonymen Geburt die Hebamme. Es folgt die Erklärung der Anerkennung als Sohn bzw. Tochter von XY. Das geht automatisch, wenn die Eltern verheiratet sind; ist dies nicht der Fall, so muß sich die Mutter und gegebenenfalls auch der Vater dafür ins Bürgermeisteramt begeben. Im Falle der Nicht-Anerkennung durch einen Elternteil oder des Widerrufs wird die Sache ein bißchen komplizierter. Das gilt zum Beispel für den gesetzlich vorgesehenen Fall der »Anerkennung vor der Geburt«. Bei unverheirateten Paaren kann die Mutter das Kind schon vor der Geburt anerkennen, dann erhält es ihren Namen. Nach der Geburt kann auch der Vater das Kind anerkennen, dann bekommt es einen Doppelnamen. Die Gesellschaft interveniert auch noch auf andere Weise bei der Geburt. Auch wenn dieser Spielraum heutzutage nur selten genutzt wird, so kann doch das Standesamt oder auf dessen Ersuchen hin der Staatsanwalt einen Vornamen, den Eltern ihrem Kind geben wollen, »im Interesse des Kindes« ablehnen. Es kann sogar eine biologische Untersuchung der Verwandtschaft angeordnet werden. Familien- bzw. Personenstandsregister gibt es erst seit etwas mehr als zweihundert Jahren. Deren Vorläufer, die Taufregister, waren bekanntlich unvollständig. Kurzum, die statistische Erfassung ist ein Erfordernis moderner Gesellschaften. Diese Intervention der Gesellschaft hat jedoch Folgen für das Neugeborene, bisweilen sogar recht absurde. So haben Neugeborene vor Ablauf der Drei-Tages-Frist, die das Gesetz für die Anmeldung vorsieht, keinerlei rechtmäßige Existenz. Während ihres Aufenthalts auf der Entbindungsstation existieren sie schlicht nicht bzw. nur in den Augen ihrer Familie und des Pflegepersonals. Die einzige Art und Weise, wie das Kind dieser absurden Situation, zwar am Leben, aber nicht existent zu sein, entkommen kann, ist die Überweisung in eine andere Abteilung der Klinik, beispielsweise in die Kinderstation. Dann erst wird es unter seinem Namen angemeldet. Bis dahin wurde nur seine Mutter bei der Aufnahme in die Entbindungsstation von der Klinikverwaltung registriert. Hat sie vielleicht einen blinden Passagier eingeschmuggelt?

Die Benennung

Bei der Geburt kommt ein von zwei anderen menschlichen Wesen gezeugtes menschliches Wesen auf die Welt. Mit der Geburt endet dessen ausschließliche physiologische Abhängigkeit von der Person, die es ausgetragen hat, und es wird als Mitglied der menschlichen Gemeinschaft anerkannt. Dabei geht es um ein Benennen, das sich nicht von selbst versteht bzw. um einen Sprachakt. Selbst wenn es ein Wolfsjunge oder Kaspar Hauser wäre, müßte ein Kind gleichwohl von seinesgleichen anerkannt werden, um zu wissen, daß es lebt. Für den Psychoanalytiker geht es hier um die Sprache und den Körper, genauer um die *an den Körper gebundene Sprache.* Ein Neugeborenes, das nicht auf die eine oder andere Weise von den Menschen angenommen wird, die es aufnehmen sollen, unterscheidet sich gewissermaßen kaum von einem UFO. Auf die Frage nach dem Status des Kindes zwischen der Geburt und der Anmeldung der Geburt antwortet ein Psychoanalytiker, er wisse, daß es lebt aufgrund der Wünsche, die es bis dahin gebracht haben; er wisse aber auch, daß die Nicht-Anerkennung seines Wunsches für ihn den Tod bedeuten kann, zumindest den symbolischen. Die Benennung ist in diesem Fall selbstredend keine bloße Frage der Beurkundung oder der Vergabe eines Vornamens. Es ist dabei auch unerläßlich, dem Kind seine Geschichte zu erzählen. Das Kind muß ein Mindestmaß an Informationen über seine Geschichte und über seine Stellung in der Geschichte seiner Familie (d.h. über seinen Vater und seine Mutter, wenn möglich auch über deren Vorfahren) *zu hören bekommen.* An diesem Punkt kann ein Dritter intervenieren, wenn die Eltern das nicht tun können oder wollen. Sonst kann das Nicht-Gedachte symptombildend wirken.

Die Geburt ist weder eine natürliche Tatsache noch eine einfache Angelegenheit. Gedanklich ist sie vielleicht noch schwerer zu fassen als der Tod, weil sie nicht unvermeidlich ist. Wir haben gesehen, daß Babys sich zum Sterben entschließen können, noch bevor sie auf die Welt kommen. Es geht uns wie Roberto aus Umberto Ecos Roman *Die Insel des vorigen Tages:* »Er begann über seine Geburt nachzudenken, von der er noch weniger wußte als von seinem Tod. An die Ursprünge zu denken ist das Proprium des Philosophen, sagte er sich. Den Tod zu rechtfertigen ist für den Philosophen leicht: daß man am Ende in die Finsternis stürzen muß, ist eine der klarsten Sachen der Welt. Was den Philosophen umtreibt, ist nicht die Natürlichkeit des Endes, sondern das Geheimnis des Anfangs. Es kann uns gleichgültig sein, welche Ewigkeit nach uns kommt, aber wir können uns nicht der bangen Frage entziehen, welche Ewigkeit vor uns war …«[14]

Der Tod ist bekanntlich die *conditio sine qua non* des Lebens, und das Wissen um den Tod die Bedingung für ein gutes Leben.

Daher ist es die Antwort auf die Frage: Sind wir da, um so glücklich wie möglich zu leben?, die beim Eintritt in die Gesellschaft auf dem Spiel steht. Was sich in den ersten drei oder vier Tagen des Lebens abspielt, läßt sich insgesamt in den einfachen Worten zusammenfassen: »Auf die Welt kommen genügt nicht, man muß auch leben!« Der Chor der Neugeborenen erwidert darauf rasch: »Genau das wollen wir!«

Nichtsdestotrotz scheint es ein paar falsche Töne in dem Chor zu geben, denn einige Babys verhalten sich, als sei das gar nicht so selbstverständlich.

Die Entscheidung zu leben

Das Wort ist der Mensch, sein Gedächtnis
und sein Werden.
Edmond Jabès

In der Klinik und in öffentlichen Einrichtungen ist die Psychoanalyse nicht mehr wirklich willkommen, wie sie es in den siebziger Jahren war. Wir werden gebeten, uns diskret zu verhalten. Mein Fall ist da keine Ausnahme von der Regel, denn mein Wechsel von der Psychiatrie zur Praxis der Psychoanalyse in einer öffentlichen Einrichtung hing teilweise auch mit den ablehnenden Bescheiden zusammen, die ich vom CMP (Centre Médico-Psychologique) und von der PMI (Protection Maternelle et Infantile) erhalten hatte.

Es ist auch keine günstige Zeit mehr für eine Zusammenarbeit zwischen Psychiatrie und Psychoanalyse, wie dies in der Vergangenheit der Fall war. Die offizielle Psychiatrie bezieht sich kaum noch auf die Psychoanalyse, und umgekehrt bedauern viele Psychoanalytiker den Mangel an Vernetzung und die teilweise ziemlich unfruchtbaren Diskussionen zwischen den beiden Disziplinen. Beide könnten sich zumindest darauf einigen, daß sie jenseits ihrer verschiedenen Positionen und ihrer jeweiligen Ethik eine gemeinsame gesellschaftliche Aufgabe haben, die Verantwortung für die Patienten, die zu ihnen in die Sprechstunde kommen.

Um diese Aufgabe zu erfüllen, ohne den Patienten Gewalt anzutun, zielt die Psychoanalyse darauf ab, die Wahrheit über jedes Individuum zu erkennen, bevor sie es auf sein Symptom reduziert. Darin liegt die Modernität der Psychoanalyse. Dieser ethische Anspruch verpflichtet sie auch, sich immer wieder zu erneuern, indem sie sich neue Arbeitsfelder erschließt, neue Behandlungsformen entdeckt und ihre Effizienz steigert.

Auf dem Gebiet der Perinatalperiode, mit dem wir uns beschäftigen, ist die »Zeit des Werdens« eines der neuen Arbeitsfelder. Der Baby Blues, mit dem wir uns ausführlich befaßt haben, entzieht sich seiner

Natur nach der üblichen psychiatrischen Behandlung. Weder ist er als besondere Störung oder Krankheit in der offiziellen Nomenklatur verzeichnet, noch wird er als solche »behandelt«, wenn er auftritt. Der Psychoanalytiker, der darin einen Schlüssel zur Konstitution des Subjekts sieht, wird sich hingegen bemühen, aufmerksam hinzuhören. Darüber hinaus muß er sich in Bereiche begeben, die von den angebotenen Therapien nicht abgedeckt werden, die aber gleichwohl lebenswichtig sind: die Betreuung nach der Entbindung, die Unterstützung von Säuglingen und Eltern in Schwierigkeiten, aber auch der Beistand bei der Geburt und die Berücksichtigung des vorgeburtlichen Lebens, lauter Bereiche, über die es aus psychoanalytischer Sicht viel zu sagen und in denen es viel zu entdecken gibt.

Was die Behandlungsformen betrifft, so könnte eine der ersten Innovationen für den Psychoanalytiker darin bestehen, daß er seine Praxis verläßt und sich zum Patienten begibt, in die Entbindungsstation, in die Klinik, also überall dorthin, wo er durch sein Zuhören den Krankheitsverlauf ändern kann. Dazu müßten jeweils genaue, psychoanalytisch fundierte Vorgehensweisen für die Prävention oder allgemein die Behandlung der Anliegen, mit denen man als Analytiker konfrontiert ist, eingeführt werden. Ausführlich war davon beim Thema anonyme Geburt die Rede, ebenso im Zusammenhang mit den präventiven Maßnahmen bei Frühgeburten oder bei Neugeborenen, deren Geschichte von Trauererlebnissen geprägt ist, und allgemein der Art und Weise, wie wir mit dem Ersuchen der Eltern und/oder der Kinder umgehen. Am dringendsten erscheint derzeit die Frage, wie der psychoanalytische Rahmen in eine öffentliche Einrichtung übertragen werden kann. Die Nachfrage wächst ständig, und die soziale Krise stellt auch für die Psychoanalytiker eine Herausforderung dar. In einer Zeit, in der es allenthalben heißt, angesichts der Vielzahl sozialer Dramen müsse möglichst rasch Abhilfe geschaffen werden, können Psychoanalytiker ihren Anspruch, dem Leid ihrer Patienten zuallererst zuzuhören, selbstbewußt aufrechterhalten. Auf der Ebene der Effizienz, die sich auch im Sozialbereich nach der Behandlungsdauer bemißt, geht es vorrangig darum, neue Behandlungskapazitäten zu schaffen. Denn wenn der Baby Blues nicht in den ersten drei oder vier Tagen nach der Geburt behandelt wird, kommt es danach in manchen Fällen zu einer anhaltenden Depression, und die Behandlung dieser Depressionen dauert um so länger, je länger der zeitliche Abstand zum Baby Blues ist. Ist es da nicht »wirtschaftlicher«, schon präsent zu sein, bevor man es mit einem ausgeprägten Symptom zu tun bekommt? Das war im übrigen auch das Motiv dafür, daß wir uns bei anonymen Geburten einschalten; es gilt aber ebenso für andere problematische Situationen. Hier bestätigt sich eine grundlegende Erfahrung, die wir in unserem Beruf immer wieder machen: Die Wirkung einer Interpretation bemißt sich weniger an ihrer Stichhaltigkeit als an der Fähigkeit, rechtzeitig zu intervenieren. Wie wir bereits in der Einleitung gesagt haben, ist die Interpretation eine Sache der Skandierung, und bei der neuartigen Arbeit mit Neugeborenen hat man es vielleicht mit dem ersten entscheidenden Augenblick zu tun.

Indem wir uns so ausführlich mit der »Zeit des Werdens« befassen, unternehmen wir nichts weiter als den Versuch, die psychischen, sozialen und finanziellen Kosten frühzeitiger Störungen beim Kind zu verringern. Daß ein Psychoanalytiker dabei die Präventionsaufgaben übernimmt, finden die Mitarbeiter der Béclère-Klinik begrüßenswert, selbst wenn es mit den Erfordernissen ihrer Tätigkeit zunächst nichts zu tun zu haben scheint. Dasselbe kann sich auch andernorts als nützlich erweisen.

Das Jugendamt, das Säuglinge zum Psychoanalytiker schickt, beweist damit Mut und bestätigt, daß die Kosten der Psychoanalyse im Verhältnis zu ihrem Ertrag weder ungerechtfertigt noch zu hoch sind.

Die Eltern, die einen Psychoanalytiker aufsuchen, denken weitgehend genauso. Wenn sie nach einigen Sitzungen eine Möglichkeit gefunden haben, mit ihrem Neugeborenen zu sprechen, und sei es aus tiefstem eigenen Leid heraus, sind sie froh darüber, ihm damit Störungen ersparen zu können, die bis dahin allen direkt oder indirekt Beteiligten das Leben schwer gemacht haben.

Die enge Verflechtung der Symptome, speziell bei Kindern und Neugeborenen, erschwert in vielen Fällen eine klare Diagnose. Bisweilen sieht es so aus, als bräuchten sie dringend psychotherapeutische Hilfe und dann handelt es sich um eine organische Störung. Noch häufiger aber zeigt sich, daß unklare und schwer therapierbare physiologische Störungen auf psychische Ursachen zurückzuführen sind.

Ein drei Jahre altes Kind war von seinem Kinderarzt an mich überwiesen worden, er war besorgt, weil es sehr schlecht schlief und seine

Schlaflosigkeit auf keine der vielen Behandlungen ansprach. Das Kind hatte bereits alle denkbaren medizinischen Untersuchungen durchlaufen, den Computertomographen kannte es in- und auswendig. All diese Untersuchungen ergaben jedoch keinerlei Hinweis für eine mögliche Diagnose, das Kind litt weiterhin unter Schlaflosigkeit. Das einzige Resultat war eine an eine Phobie grenzende, solide Abneigung des Kindes gegenüber der Medizin und Krankenhäusern. Nach einer einmonatigen Behandlung in meiner Praxis war das Symptom verschwunden, wie dies manchmal der Fall ist.

Was soll man davon halten, daß viele Kinder, die immer wieder Ohren- bzw. Nasen- und Rachenschleimhautentzündungen bekommen, weniger anfällig werden, sobald sie sich in psychotherapeutische Behandlung begeben? Warum sind Kinder, die jahrelang Antibiotika geschluckt haben, ihre meist mehrere Jahre alten Symptome nach ein paar Monaten Psychotherapie schon los? Die klinische Tatsache ist erwiesen. Man kann aus dieser Korrelation, je nach Berufsethos, Schlüsse auf den Zusammenhang der beiden ziehen oder nicht, der Sachverhalt läßt sich kaum bestreiten.

Ich habe auch schon erlebt, daß ein langjähriger Asthmatiker, der zuvor von Pontius zu Pilatus geschickt worden war, im Laufe einer Psychoanalyse geheilt wurde. Es handelte sich um einen sieben Jahre alten Jungen. Er selbst und seine Eltern hatten sich in ihrem Lebenswandel schon ganz auf die Krankheit eingestellt, und jede Ferien fuhren sie auf die verordnete Badekur. Die Eltern des Jungen hatten einen renommierten Allergologen konsultiert, der verärgert war, als das Symptom auf seine Behandlung nicht ansprach. Als ihn die Eltern fragten, ob er eine Psychoanalyse für zweckmäßig hielte, antwortete er: »Wenn Sie zu viel Zeit und zu viel Geld haben, dann schicken Sie ihren Sohn doch dorthin!«

Es bedurfte einiger Monate, vielleicht eines Jahres, um all die familiären Probleme aufzudecken, die ihm keine Ruhe ließen. Seine Eltern hatten bis dahin versucht, sie von ihm fernzuhalten, und sie ahnten nicht, in welch unerträgliche Situation sie ihren Sohn damit gebracht hatten. Er war daran buchstäblich fast erstickt. Jedenfalls war der kleine Patient sein Asthma los, nachdem er einige Zeit mit der Psychoanalyse verplempert hatte!

Ein Psychoanalytiker, dem die therapeutische Wirkung seines Ansatzes am Herzen liegt, darf sich nicht anmaßen, außerhalb seines Fachgebiets tätig zu werden. Er darf sich nicht für einen Geburtshelfer halten, wenn er auf der Entbindungsstation arbeitet, selbst wenn er sozusagen Worte entbindet, und er darf sich auch nicht als Arzt betätigen, denn dann hört er auf, Psychoanalytiker zu sein. Wenn er Psychiater und Psychoanalytiker in einer Person ist, muß er sich für eine der beiden Aufgaben entscheiden. In der Entbindungsstation der Béclère-Klinik bin ich entweder als Psychiaterin tätig und stelle in dieser Funktion Rezepte oder Überweisungsscheine aus; in diesem Fall gebe ich Patienten, die mich danach fragen, die Adresse eines Analytikerkollegen, den sie dann aufsuchen können oder nicht; oder ich handle als Psychoanalytikerin, dann verordne ich nichts. Nur um diesen Preis ist psychoanalytische Arbeit therapeutisch wirksam. Umgekehrt kann ein Arzt um so effizienter arbeiten, wenn er sich nicht auch noch als Psychologe betätigt. Aufgrund seiner klinischen und menschlichen Erfahrung kann er Patienten dazu hinführen, sich für eine psychotherapeutische Behandlung zu entscheiden, die dann aber nicht in sein Ressort fällt. Viele Menschen haben Hemmungen gegenüber Psychologen, und es ist delikat, einem Patienten zu erklären, daß sein Leiden eher psychischer als physiologischer Natur ist. Doch einem Patienten dabei zu helfen, seine Angst zu überwinden und einen Fachmann zu konsultieren, ist bereits ein wichtiger therapeutischer Schritt, und auch Ärzte können von dem Synergieeffekt profitieren, statt die Überweisung an einen Psychologen als Eingeständnis eigenen Versagens zu deuten.

Wenn wir von dem entscheidenden Zeitraum der ersten drei oder vier Tage nach der Geburt gesprochen haben, dann haben wir bislang die merkwürdige Parallele zu dem entsrpechenden Zeitraum nach der Empfängnis noch nicht erwähnt. Nach der Vereinigung von Ei und Spermium wandert ersteres am vierten Tag vom Eileiter in die Gebärmutter, und das ist der Beginn des Lebens; in den ersten Tagen nach der Geburt beginnt die Menschwerdung mit der symbolischen Geburt. Vielleicht ist das eine Variante der »organischen Uhr« von F. Dolto?

Jedenfalls verweist die Parallele auf der metaphorischen Ebene ganz auf die Dimensionen der Sprache und des symbolischen Kodierens, für die sich die Psychoanalyse interessiert. Das Wirkliche existiert, es ist unumgänglich, erfassen läßt es sich aber nur durch die Verbindung mit der

Vielfalt der Bilder, die es hervorruft, und mit dem Symbolisierungsprozeß jedes einzelnen. Wir hoffen, dies anhand des Leidens der Neugeborenen in der »Zeit des Werdens« gezeigt zu haben. Doch auch in anderen medizinischen Extremsituationen, überall, wo es um die Entscheidung leben oder sterben geht, beispielsweise auf der Intensivstation, kann man von psychoanalytischer Hilfeleistung profitieren. Es geht dabei nicht unbedingt darum, Sterbenden Beistand zu leisten, sondern in manchen Fällen möglicherweise herauszufinden, ob ein »Sich-Sterben-Lassen« nicht auf einen unbewußten Wunsch zurückzuführen ist.

Einer meiner Patienten hatte mich zu sich ins Krankenhaus rufen lassen, nachdem er im Anschluß an einen Herzinfarkt operiert worden war. Er war äußerst depressiv und wollte sterben, obwohl die Operation offenbar erfolgreich verlaufen war. Im Gespräch mit mir begriff er, daß seine Depression Gründe haben könnte, die er zunächst nicht vermutet hatte. Daß sein Wille zu sterben nicht der seine war, sondern die Wirkung eines anderen unbewußten Wunsches, daß er sich damit dem Haß seiner Mutter auf ihn fügen würde. Worauf er lakonisch über sie bemerkte: »In Anbetracht ihres biblischen Alters gibt es nur eine Erklärung: Das einzige, was sie am Leben hält, ist, daß ich noch nicht tot bin.«

Die Hintergründe dieser Bemerkung lassen sich im Rahmen dieses Buchs nicht ausführen: der Ursprung des fehlenden Abstands meines Patienten zu dem imaginären Auftrag seiner Mutter, den er sich so sehr zu Herzen nahm, daß er seinen eigenen Lebensfaden buchstäblich am Wunsch seiner Mutter aufhing. Mein Patient hat die Freiheit zu leben nichtsdestotrotz wiedergefunden. Das veranlaßt mich zu dem Schluß, daß der psychoanalytische Ansatz auch in medizinisch schweren, ja aussichtslosen Fällen von Bedeutung sein kann.

Seine Wirkung liegt auf der gleichen Ebene wie bei den Neugeborenen. Es gilt, ihnen die Sprache wiederzugeben, ihnen Zugang zu ihrer Geschichte zu verschaffen und ihnen die Möglichkeit zu bieten, sich zwischen dem Todestrieb, der sie gefangen hält, und dem Wunsch zu leben, den sie gerade erst entdecken, zu entscheiden. Das ist die Lektion Menschlichkeit, die uns die Babys lehren. Dadurch verweisen sie uns auf den Sinn der Arbeit des Psychoanalytikers: Sie soll es jedermann ermöglichen, in Übereinstimmung mit den eigenen Wünschen ständig neu auf die Welt zu kommen und dem Leben wiedergeboren zu werden.

Anmerkungen

Geburtsanzeigen

1 Jacques Lacan, »Die logische Zeit und die Assertion der antizipierten Gewißheit«, in: Schriften III, Weinheim; Berlin (Quadriga) 1986, S. 103.

2 In Frankreich billigt der Artikel 47 des Familiengesetzes jeder Frau das Recht zu, ein Kind zur Welt zu bringen, ohne die eigene Identität preiszugeben, damit die Geburt geheimgehalten werden kann. Diese gesetzliche Möglichkeit nennt man *accoucher sous X* (unter X gebären), da anstelle der Eltern im Geburtsschein ein »X« erscheint. Die Erzeuger haben die Möglichkeit, die Freigabe ihres Kindes zur Adoption innerhalb von drei Monaten zu widerrufen. Ist diese Frist verstrichen, übernimmt der Staat die Vormundschaft, und das Kind kann adoptiert werden. Frankreich ist das einzige Land der Europäischen Gemeinschaft, in dem es eine anonyme Geburt gibt. In Deutschland kann die Mutter vor oder nach der Geburt den Wunsch äußern, ihr Kind zur Adoption freizugeben, sie kann aber nicht anonym bleiben. Vor der Geburt ist nur eine vorläufige Freigabe möglich; die Mutter behält das Recht, innerhalb einer Frist von acht Wochen nach der Geburt ihre Meinung zu ändern, erst danach gibt sie ihre unwiderrufliche und notariell beglaubigte Zustimmung.
Auf die Probleme der anonymen Geburt gehe ich weiter unten ausführlicher ein (siehe S. 172 ff.). Vgl. hierzu auch: Caroline Eliacheff, Das Kind, das eine Katze sein wollte. Psychoanalytische Arbeit mit Säuglingen und Kleinkindern, München (Kunstmann) 1994.

Im Interesse der Kinder

1 Welchen Einfluß auf die Psychoanalyse F. Dolto hatte, zeigt schon ihre beeindruckende Bibliographie. Bekanntlich hat sie sich oft und gern geäußert, für den Leser bestand das Problem immer darin, sich in der Vielzahl ihrer Belege aus der klinischen Praxis zurechtzufinden. Mir scheint das Buch von Gérard Guillerault (Le corps psychique, Paris [Ed. universitaires] 1989) als ein besonders gelungener Versuch, die Neuartigkeit und den theoretischen Kontext der Arbeiten von F. Dolto verständlich zu machen.

2 Siehe bes. Charpak et al. »Ray-Martinez Kangaroo Mother Program: An alternative way of caring for low birth weight infants?«, in: Pediatrics, Bd. 14, Nr. 6 (Dezember 1994), S.804-810.

3 Vgl. Daniel Stern, Die Lebenserfahrung des Säuglings, Stuttgart (Klett-Cotta) 1996; siehe vor allem S. 61 ff.

4 D. Vasse, L'ombilic et la voix, Paris (Seuil) 1974, S. 18.

5 F. Dolto, Das unbewußte Bild des Körpers, Weinheim (Quadriga) 1987, S. 43.

Man wird mindestens zweimal geboren

1 Sigmund Freud, Drei Abhandlungen zur Sexualtheorie, in: ders., Drei Abhandlungen zur Sexualtheorie und verwandte Schriften, Frankfurt a.M. (Fischer) 1972, S. 137.

2 Sigmund Freud, »Schlußwort der Onaniediskussion«, in: ders., Gesammelte Werke, Bd. VIII, Frankfurt a.M. (Fischer) 1945, S. 342.

3 Winnicott bezeichnet als primäre Mütterlichkeit die gesteigerte Empfindsamkeit der Mutter am Ende der Schwangerschaft und nach der Geburt. Dieses extreme, wenn nicht gar »abnorme« Eingehen auf die Bedürfnisse des Babys nimmt in dem Maße wieder ab, als die Identifikation der Mutter mit dem Kind zurückgeht – auf diese Weise kann das Kind nach und nach einen Unterschied zwischen der Mutter und seinem eigenen »Selbst« machen. Siehe D. Winnicott, »Primäre Mütterlichkeit«, in: ders., Von der Kinderheilkunde zur Psychoanalyse, Frankfurt a. M. (Fischer Taschenbuch Verlag) 1983, S. 157 f.

4 Zu diesem Thema siehe M. C. Busnel, F. Morel, Le langage des bébés, hg. v. Jacques Grancher, Paris 1993 (darin vor allem den Erfahrungsbericht von F. Morel, »Écoute, mon bébé, c'est ta maman«, (S. 96-98) und den Beitrag von M. Couronne, »Le prématuré, un bébé à part entière« (S. 130-138). Siehe auch J.-P. Lecanuet, C. Granier-Deferre, M.-C. Busnel, »Sensorialité fœtale. Ontogenèse des systèmes sensoriels, conséquences de leur fonctionnement fœtal«, in: Médecine péri-natale I, Paris 1989, S. 201-222.

5 Für Freud wird das Ideal-Ich nach dem Muster des kindlichen Narzißmus gebildet: es geht vom Bild des eigenen Körpers im Spiegel aus. Das Ich-Ideal dagegen, der erste moralische Anspruch des Über-Ich, formt sich unter dem Zwang der elterlichen Vorbilder. Beide Formen haben ihren Anteil an den Identifikationen, von denen die Herausbildung des Ich bestimmt wird. Die Entstehung oder gar die Funktion dieser beiden Instanzen werden gern verwechselt, man muß daher festhalten, daß sie unterschiedlichen Ebenen zugehören: dem Imaginären im einen und dem Symbolischen im anderen Fall.

6 Die Literatur zu diesem Thema ist äußerst umfangreich. Unter den neueren Publikationen sind vor allem die folgenden zu empfehlen: J.-P. Lecanuet, »L'experiénce auditive prénatale du nourisson«, sowie C. Fassbender, »La sensibilité auditive du nourisson aux paramètres acoustiques du langage et de la musique«, in: Naissance et développement du sens musical, hg. v. I. Deliège und A. Sloboda, Paris (PUF) 1995, S. 7-38 u. S. 63-69; J. Mehler et. al., »Discrimination de la langue maternelle par le nouveau-né«, in: C.R. Acad. des Sciences de Paris, Bd. 303, Folge III, Nr. 15, 1986. Aus der englischsprachigen Literatur: M.-C. Busnel, »Pre- and perinatal audition and the relationship between mother and baby«, in: C.R. Acad. Sc., New York 1992, sowie »Is there prenatal culture?«, in: Gardner et al., The Ethological Roots of the Culture, Doordrecht 1994, S. 285-314.

7 L.A. Petitto, P.F. Marentette, »Babbling in the manual mode: evidence for the ontogeny of language«, in: Science, März 1991, Bd. 251, S. 1493-1496.

8 Patrick Süskind, Das Parfum. Die Geschichte eines Mörders. München (Diogenes) 1985.

9 Françoise Dolto, Das unbewußte Bild des Körpers, a.a.O., S. 190

10 A.Green, »Un psychanalyste face aux neurosciences«, in: La Recherche, Nr. 247, Bd. 23 (Oktober 1992), S. 1166-1174.

11 S. Kierkegaard, Die Wiederholung, Düsseldorf (Diederichs) 1955, S. 28

12 Eine gute Schilderung solcher Situationen unter dem humoristischen Aspekt findet man immer noch bei Raymond Devos, »Les oublis«, in Matière à rire: Sketches, hg. von Helmut Keil, Stuttgart (Reclam) 1994.

13 Claude Simon, Der Wind, München, Zürich (Piper) 1985, S. 307.

14 Boris Cyrulnik, Das Drehbuch menschlichen Verhaltens: was Tiere uns voraus haben, München (dtv) 1996. S. 58 f.

15 Alessandra Piontelli, Vom Fetus zum Kind: die Ursprünge des psychischen Lebens ; eine psychoanalytische Beobachtungsstudie, Stuttgart (Klett-Cotta) 1996.

16 Die Ergebnisse dieser Arbeit und die Methodologie werden in der genannten Studie dargelegt (s.o.).

17 M. Szejer, R. Stewart, Ces neuf mois-là, Paris (Robert Laffont) 1994.

18 So lautete der Titel einer berühmten Veröffentlichung des Psychoanalytikers Didier Anzieu.

19 Die nachfolgenden Überlegungen orientieren sich an den Arbeiten von C. Dolto-Tolitch, die in Frankreich den entscheidenden Beitrag zur Förderung und Verdeutlichung der Haptonomie leistet. Wer über die Haptonomie mehr erfahren möchte, sei auf die folgenden Aufsätze verwiesen: C. Dolto-Tolitch, Haptonomie pré- et postnatale«, in: Journal de pédiatrie et de puériculture, Nr.1 (1991), S. 36-46; dies., »Génération, espoir et souffrance«, Actes du colloque »Souffrances, quel sens aujourd'hui?«, Érès (1992), S. 111f.; sowie Frans Veldman, Haptonomie - Science de l'affectivité, Paris (PUF) 1989.

20 Marie Thirion, Les compétences du nouvéau-né, Paris (Ramsay) 1986.

21 F. Dolto, a.a.O., S. 190f.

22 Françoise Dolto, Fallstudien zur Kinderanalyse, Stuttgart (Klett-Cotta) 1989, S. 193.

23 Ebd. S. 195, 197.

24 M.-C. Busnel, Beitrag auf dem IV. Salon international Psychiatrie et système nerveux central, Paris, 19. Oktober 1996.

25 Antonio R. Damasio, Descartes' Irrtum: Fühlen, Denken und das menschliche Gehirn, München (dtv) 1997.

26 G. M. Edelman, Göttliche Luft, vernichtendes Feuer, München (Piper) 1995, siehe dort bes. das 12. Kapitel (»Sprache und Bewußtsein höherer Ordnung«) sowie das Nachwort (»Geist ohne Biologie: Ein kritisches Nachwort«).

27 G.M. Edelman, a.a.O., S. 342.

28 Ebd., S. 352.

29 Ebd., S. 315.

30 Boris Cyrulnik: Was hält mein Hund von meinem Schrank? Zur Entstehung von Sinn bei Mensch und Tier ; Plädoyer für eine nicht-vergleichende Verhaltensforschung, München (dtv) 1995, S. 52.

31 Ebd., S. 50.

32 Ebd., S. 48.

33 Gisèle Gelbert, Lire, c'est vivre, Paris (Odile Jacob) 1994.

34 Paul Valéry, Tel Quel, Paris (Gallimard), S. 497.

35 Jacques Derrida, Résistances, Paris (Galilée) 1996.

36 Daniel Stern, Die Lebenserfahrung des Säuglings, Stuttgart (Klett-Cotta) 1995, S. 251.

37 Zur Frage der Beziehung zwischen Mutter und Kind während des Stillens, siehe A. Naouri, »La bouche et le vœu tu«, in: Revue de Médecine psychosomatique, Sept. 1987.

38 Zit. n. Israel Rosenfield, L'invention de la mémoire, Paris (Eshel) 1989, S. 177.

39 Boris Cyrulnik, Das Drehbuch menschlichen Verhaltens, a.a.O., S. 58 f.

40 J.-P. Tassin, »Peut-on trouver un lien entre l'inconscient psychanalytique et les connaissances actuelles en neuro-biologie?«, in: Neuro-Psy, Bd.4, Nr.8 (1988) S. 421-434; »Schizophrenie et neuro-transmission: un excès de traitement analogique?«, in: L'Encéphale, 1996, Supplement III, S. 91-98.

41 Pascal Quignard, Le nom sur le bout de la langue, Paris (POL) 1993.

42 Vgl. Michel Jouvet, Die Nachtseite des Bewußtseins. Wovon wir träumen, Reinbek (Rowohlt) 1994.

43 Seit kurzem haben in Frankreich auch Männer die Möglichkeit, sich zur Hebamme aus-

bilden zu lassen. Ihre Berufsbezeichnung (sage-femme) bleibt weiblich - andererseits gibt es so viele Bezeichnungen für Fachärzte, die keine weibliche Form kennen ...

44 Denis Vasse, Se tenir debout et marcher, Paris (Gallimard) 1995, S. 248.

Von der Geburt zum Beginn des Lebens

1 Françoise Dolto, Praxis der Kinderanalyse: Ein Seminar, Stuttgart (Klett-Cotta) 1985, S. 181.

2 Das Verfahren der symbolischen Bezahlung ist von Françoise Dolto eingeführt worden; es besteht darin, Kinder, die zu klein sind, um wirtschaftlich für sich selbst zu sorgen, dennoch aufzufordern, für eine Behandlungssitzung zu bezahlen - mit einer Kastanie, einem Kieselstein, mit irgendeinem Gegenstand ohne spezifische Bedeutung, der die Rolle des Geldes übernimmt. Auf diese Weise werden sie, obwohl finanziell abhängig, in die Lage versetzt, ihren Wunsch nach einer Behandlung zu äußern, oder, indem sie nicht »zahlen«, ihre Ablehnung deutlich zu machen.

3 F. Dolto, Praxis der Kinderanalyse, a.a.O., S. 125.

4 A. Didier-Weill, Les trois temps de la loi. Paris (Le Seuil) 1995.

5 Françoise Dolto, Dialogues québecois, S. 71f.

6 Marie Thirion, a.a.O., S. 37

7 *Vorrei, e non vorrei,* singt Zerline in ihrem berühmten Duett mit Don Giovanni, in Mozarts gleichnamiger Oper.

8 F. Dolto, Fallstudien zur Kinderanalyse, Stuttgart (Klett) 1989, S. 110.

9 Mitteilung an den Kongreß der ABREPP (association brésilienne pour l'étude du psychisme pré- et périnatal) im Jahre 1993 in Sao Paolo, gleiches Referat auf dem Kongreß der PMI, als Aufsatz erschienen unter dem Titel »Silence, on adopte«, in: Profession sage-femme, Okt. 1996. Die Begriffe »Sprachwaise«, »Bedürfnis nach Sprache«, »kollektive Bindungen des Schweigens« und alle meine weiteren, nachfolgenden Ausführungen dazu stammen aus dieser Zeit.

10 S. Tisseron, Secrets de famille mode d'emploi, Paris (Ramsay) 1996; dt. Ausgabe: Die verbotene Tür. Familiengeheimnisse und wie man mit ihnen umgeht, München (Kunstmann) 1998.

11 G. Delaisi, Enfant de personne, Paris (Odile Jacob) 1994.

12 Y. Kniebiehler, »Désir d'enfant«, in: Études freudiennes, Nr. 32, Nov. 1991, S. 143 -157.

13 F. Héritier, Masculin/Féminin, Paris (Odile Jacob) 1996.

14 U. Eco, Die Insel des vorigen Tages, München (Carl Hanser Verlag) 1995, S. 507.